本著作系陕西师范大学2023年研究生领航人才培养项目"数智时代高校劳动教育课程体系建设研究"（编号：LHRCTS23113）
陕西教师发展研究院2022年度研究生创新基金资助项目重点课题"高校劳动教育课程实施保障机制研究"（2022YJBZD001）的阶段性成果。

新时代
高校劳动育人的理论与探索

郑伟民　吴海翠◎著

武汉理工大学出版社
·武汉·

图书在版编目（CIP）数据

新时代高校劳动育人的理论与探索 / 郑伟民, 吴海翠著. —— 武汉 : 武汉理工大学出版社, 2024.9.
ISBN 978-7-5629-7250-1

Ⅰ.G40-015
中国国家版本馆CIP数据核字第20241MF866号

责任编辑：	尹珊珊		
责任校对：	严 曾	排 版：	米 乐

出版发行：武汉理工大学出版社
社　　址：武汉市洪山区珞狮路122号
邮　　编：430070
网　　址：http://www.wutp.com.cn
经　　销：各地新华书店
印　　刷：北京亚吉飞数码科技有限公司
开　　本：710×1000　1/16
印　　张：15.25
字　　数：242千字
版　　次：2025年3月第1版
印　　次：2025年3月第1次印刷
定　　价：96.00元

凡购本书，如有缺页、倒页、脱页等印装质量问题，请向出版社发行部调换。
本社购书热线电话：027-87391631　87664138　87523148

·版权所有，盗版必究·

前　言

在中国式教育现代化推进过程中，高等教育承担着关键作用。高等教育强国建设既是中国式现代化的有机组成部分，又是以自身发展为全面建设社会主义现代化国家提供基础性、战略性支撑，促进社会发展，实践和拓展中国式现代化理论与实践的关键环节。高等教育强国建设需要高校"为党育人、为国育才"，为社会主义现代化建设、实现中华民族伟大复兴培养和输送一大批德、智、体、美、劳全面发展的社会主义建设者和接班人。在"五育并举"教育方针指导下，劳动育人的价值日益彰显。可以说，面对"两个大局"，扎实推进高校劳动教育，既是新时代党对教育的新要求，又是全面培养高层次人才体系的重要组成部分，也承载着以高等教育助力教育强国建设的重要使命。

从理论演进逻辑看，教育必须同生产劳动相结合，这是马克思主义劳动观和教育观的重要内涵。从历史发展逻辑看，劳动不仅造就了中华民族的兴盛与辉煌，在西方文明发展史上同样有着重要地位。从现实发展逻辑看，当前高校学生在一定程度上存在着"不爱劳动、不会劳动、不能劳动"的现象，因而加强高校学生劳动教育，充分挖掘劳动育人价值至关重要、迫在眉睫。劳动具有重要的育人价值，劳动育人是一个既富有历史感又具有现实性的时代命题。

认真梳理人类社会发展的漫长历史，社会存在决定社会意识，社会意识反作用于社会实践，现实社会中的人是人类社会存在和发展的基础，而人的发展和进步又是从自然界获取各种物质生活资料的漫长劳动历程中逐渐进化发展而来的。从这个维度上而言，劳动创造了人。通过劳动，人类不仅创造出丰富的物质财富，也创造出丰裕的精神财富，在创造物质财富和精神财富的过程中实现了人类的升华，即人类自身的进化和发展。可以说，劳动是人类改造自然界进而改造人类社会和人类自身的根本途径。然而，劳动对人类成长和社会发展的影响又受到生产力发展水平、生产关系的复杂性、生产资料所有制形式等各种因素的限制。在私有制社会中，少数人或部分群体利用某种优势或特权享有大多数人通过劳动获取的成果，导致出现劳动异化现象，劳动者的积极性和创造性被极大地压制。按照马克思、恩格斯的相关理论，要实现人的自由而全面的发展，只有消灭私有制，消除异化劳动，才能实现自由劳动。在社会主义新时代，发挥社会主义的优越性，激发人民群众的创造性，让劳动真正成为一种自主、自觉、自发的社会活动成为可能和现实。在中国共产党的领导下，全国各族人民正以昂扬的奋斗姿态劳动在各行各业，人人皆可成才、人人尽展其才。

随着新一代人工智能、大数据、5G、量子技术等科技的迅猛发展，劳动类型和劳动方式逐渐发生深刻变化，劳动呈现出智能化、数字化、个性化、多元化等特征，这对新时代劳动者的综合素质提出了更多新要求和新挑战。在可以预见到的不远未来，社会日渐网络化、信息化、数字化、虚拟化、智能化和一体化，并在这些作用下形成的世界动态变化加剧，生产力因科技创新加速、知识会聚碰撞、生产要素创新性配置、新型产业崛起、产业深度转型升级。在这种背景下，发展新质生产力是未来劳动领域出现的新业态。面对劳动场域发生的新变化，以2020年7月教育部印发的《大中小学劳动教育指导纲要（试行）》为指导，重点针对学校劳动教育教什么、怎么教等问题，细化相关要求。高校作为人力资源聚集地，加强大学生劳动教育，提升大学生劳动意识、劳动技能和劳动素养至关重要。在新时代，通过加强劳动教育进而以劳育人，实现劳动育人与德育育人、智育育人、体育育人、美育育人五育相融合，有着极为重要的理论与现实意义。因此，高校在推进劳动教育的过程中，要把准劳动教育价值取向，引导广大学生树立正确的劳动观，崇尚劳动、尊重劳动，增强对劳动人民的感情，报效国家，奉献社会；把握劳动育人的战略导向、认知导向、情感导向和实践导向。通过开展丰富多样、效果突出的劳动教育课程，让广大青少年懂得"劳动最光荣、劳动最崇高、劳动最伟大、劳动最美丽"的真谛，在劳动教育中始终坚持马克思主义劳动观，旗帜鲜明地反对一切不劳而获、贪图享乐、崇尚暴富的错误思想，让中华民族勤俭、奋斗、创造、奉献的劳动精神不断发扬光大，让劳动光荣、创造伟大成为铿锵的时代强音。

  本著作基于2020年3月中共中央、国务院颁布的《关于全面加强新时代大中小学劳动教育的意见》，以及2020年7月教育部印发的《大中小学劳动教育指导纲要（试行）》等系列文件精神，立足中国式高等教育现代化的实际，认真梳理高校劳动教育的发展脉络，结合习近平总书记关于劳动教育的重要论述，分析当前高校劳动教育推进过程中存在的问题，进而提出劳动育人的实施原则、实施策略。最后，针对劳动教育开展的实际，挖掘整理当前部分高校在劳动育人方面总结的典型经验或案例，以期为新时代高校劳动育人提供理论支撑和实践借鉴。

作　者
2024年5月

目 录

第一章　新时代高校劳动育人的本原追溯　　1
 第一节　劳动的内涵、演进及其现实价值　　1
 第二节　新时代高校劳动育人的内涵与特征　　11
 第三节　新时代高校劳动育人的价值旨归　　16

第二章　新时代高校劳动育人的理论阐释　　27
 第一节　马克思主义理论中关于劳动育人的理论性论述　　27
 第二节　中华优秀传统文化中关于劳动育人的思想启迪　　33
 第三节　中国共产党关于劳动育人的劳动教育政策支撑　　48

第三章　新时代高校劳动育人的主要内容　　55
 第一节　劳动行为观念　　55
 第二节　劳动知识技能　　66
 第三节　劳动身体素质　　70
 第四节　劳动审美素养　　78
 第五节　劳动创新能力　　87
 第六节　劳动心理品质　　95
 第七节　劳动法律意识　　101
 第八节　数字劳动技术　　114

第四章　新时代高校劳动育人的主要形式　134

第一节　服务性劳动育人　134
第二节　生产性劳动育人　140
第三节　生活性劳动育人　146
第四节　创造性劳动育人　149
第五节　情感性劳动育人　155
第六节　数字性劳动育人　159

第五章　新时代高校劳动育人的问题审视　163

第一节　教育观念的保守僵化　163
第二节　教育内容的单一枯燥　167
第三节　教育方式的错位异化　169
第四节　教育条件的保障滞后　171
第五节　教育评价的标准缺乏　174
第六节　课程实施的效果不佳　177
第七节　数智技术的风险冲击　178

第六章　新时代高校劳动育人的优化路径　186

第一节　更新思想观念，提升劳动教育地位　186
第二节　丰富教育内容，供给劳动教育要素　190
第三节　创新教育方式，防止劳动教育异化　196
第四节　提供教育条件，保障劳动教育资源　205
第五节　创新教育评价，完善劳动考评标准　210
第六节　强化课程治理，规范劳动教育课程　217
第七节　注重数智伦理，把握劳动育人属性　221

后记　230

参考文献　232

第一章　新时代高校劳动育人的本原追溯

劳动是人类社会存在和发展的基础。随着科技的迅猛发展和社会变革的深入推进，劳动育人的内涵和外延也在不断扩展和深化。因此，高校劳动育人首先要引导学生树立正确的劳动观念，认识到劳动的价值和意义，培养他们热爱劳动、尊重劳动、崇尚劳动的精神。劳动不仅是生存的手段，更是实现个人价值和社会价值的重要途径。高校应该通过劳动教育引导学生树立正确的价值观、人生观和世界观，培养他们的社会责任感和历史使命感，从而促进他们的全面发展。另外，在引导学生树立正确的劳动观念的同时，还应培养他们的实践能力和创新精神，进而促进他们的全面发展，实现劳动教育与社会发展的深度融合，为培养新时代高素质人才奠定坚实基础。

第一节　劳动的内涵、演进及其现实价值

一、劳动的内涵

劳动这一自人类诞生之初便与之相伴的实践活动形式，在推动人类社会的发展与进步中扮演了举足轻重的角色。在不同的历史时期、不同的文化背景下，人们对劳动的理解呈现出多元而丰富的面貌。

在我国东汉时期，著名学者许慎在所著的《说文解字》中对劳动进行了

深入的解析。其中,《说文解字·卷十三·力部》提到:"勞,[魯刀切],劇也。从力,熒省。熒,火燒冂,用力者勞。"这一描述生动地将劳动与"用力""努力"相联系,强调劳动中的付出与辛勤。在对"动"字的解释中,"動,[徒總切],作也。从力重聲"。则进一步揭示了劳动的动态性和活动性,即劳动是一种积极的、有创造性的行为。

《汉语大词典》对"劳"的解释则更为全面,它指出劳动是人类创造物质或精神财富的活动。这一解释不仅涵盖了体力劳动,如春耕秋收、开山辟地等,也包括了脑力劳动,如科学研究、艺术创作等。无论是体力劳动还是脑力劳动,都是人类智慧的结晶,是推动社会进步的重要力量。

在古代文献中我们可以看到许多关于劳动的生动描述。例如,《庄子·让王》中的"春耕种,形足以劳动",描绘了农民在春天辛勤耕种的场景;《三国志·魏志·华佗传》中的"人体欲得劳动,但不当使极尔"则强调了适度劳动对身体健康的益处。宋代朱彧的《萍洲可谈》卷三中的"但人生恶安逸,喜劳动,惜乎非中庸也",进一步探讨了劳动与人生价值观之间的关系。

除了对个人和社会的影响外,劳动还涉及了更广泛的政治、经济和文化领域。例如,《三国志·魏志·锺会传》中提到:"诸葛孔明仍规秦川,姜伯约屡出陇右,劳动我边境,侵扰我氐羌。"这里的"劳动"指战争中的军事行动,强调了劳动在政治和军事领域的重要性。曹植在《陈审举表》中的"陛下可得雍容都城,何事劳动銮驾暴露于边境哉!"表达了对统治者过度劳民伤财的担忧和批评。

在中国古代,劳动被赋予了极高的价值。唐代诗人王建在《酬于汝锡晓雪见寄》诗中写道:"劳动更裁新样绮,红灯一夜剪刀寒。"这句诗以"劳动"为纽带,将裁制新衣的辛苦与寒冷夜晚的孤独相融合,既体现了劳动者的辛勤付出,又展示了他们坚韧不拔的精神风貌。

在清代,劳动成为日常生活中不可或缺的一部分。《红楼梦》第四十二回中,贾母对贾宝玉说:"劳动了。珍儿让出去好生看茶。"这里的"劳动"一词既是对贾宝玉辛勤付出的肯定,也体现了贾母对家族晚辈的关爱与呵护。

蔡东藩在《清史演义》第二回中曾言:"人人说满洲强盛,看这等老弱残兵,教咱们一队兵士,已杀他片甲不留,各部将弁,都可休息,主子更不必劳动呢。"此句以生动的笔触描绘了当时战场的激烈与残酷,亦展现了对满洲兵士的轻蔑与不屑。然而，透过这些文字，我们更能体会到"劳动"一词所蕴含的丰富内涵。

老舍在《四世同堂》三十中描述道："正在这个时候，院中出了声……晓荷迎到屋门：'劳动！劳动！不敢当！'"这里的"劳动"一词更多地体现了人与人之间的礼貌与尊重，凸显了社交场合中的谦逊与得体。

从上述文献中可以看到，"劳动"一词在历代文学作品中有着广泛的应用。不仅如此，以"劳"为词根，还可以衍生出众多与劳动相关的词汇，如劳力、劳逸、功劳（功业，成绩）、按劳分配等。这些词汇不仅丰富了汉语的表达能力，也为我们更深入地理解劳动的内涵与价值提供了有力的支持。

在现代社会，劳动依然扮演着举足轻重的角色。无论是体力劳动还是脑力劳动，都是推动社会进步与发展的重要动力。因此，应该尊重劳动、崇尚劳动，让劳动成为我们生活中不可或缺的一部分。同时，应该关注劳动者的权益与福祉，为他们创造一个更加公平、和谐的工作环境。

在西方语言文化中，"劳动"的英文为"labor"，从英语词义来理解，其带有"痛苦和费力"[①]之意。因此，从词义上理解，不管是中国文化抑或是西方语境，对劳动的认知几乎是一致的，人们认为劳动需要耗费身体的力气，是一种相对费力费心的活动。

在《中国大百科全书·哲学卷》中，"劳动"被定义为"人类特有的基本的社会实践活动，是人类通过有目的的活动改造自然对象并在这一活动中改造人自身的过程。劳动体现了人与自然、人与人两方面关系的统一。"[②]

根据马克思、恩格斯等伟大思想家的观点，人通过劳动不仅塑造了自身的存在，更在劳动中创造了丰富多彩的世界，同时逐步实现了人的自我解放。劳动作为人类生存和发展的基石，具有深远的意义和重大的价值。

马克思说："任何一个民族。如果停止劳动，不用说一年，就是几个星期，也要灭亡。"[③]在这里，劳动被马克思赋予了神圣的意义，成为洞悉人类历史发展规律的一把金钥匙。同时，马克思通过对商品关系的分析，阐明了商品的

---

① 李惠红. 新中国劳动教育思想解析[D]. 福州：福建师范大学，2012：9.
② 中国大百科全书总编辑委员会. 中国大百科全书[M]. 北京：中国大百科全书出版社，2009：324.
③ 中共中央马克思恩格斯列宁斯大林著作编译局编译. 马克思恩格斯选集（第2版第4卷）[M]. 北京：人民出版社，1995：580.

二因素和生产商品的劳动二重性、价值量和价值规律等，形成了科学的劳动价值论。同样地，作为无产阶级革命的思想导师，恩格斯着重论述了劳动对人的进化的重要作用："从人类与自然进行长期抗争的历史进程中不难看出，是劳动促进猿人手脚的分工和脑的发育，促进了从猿到人的转化，劳动是人有目的、有意识地制造和使用工具按照事物的本质和规律改造客观世界的社会活动，这种能动性正是人与动物的最大区别。"①

恩格斯在其著作中指出，劳动是人类社会生活的第一基本条件，是区分人与动物的根本标志。随着自然环境的变迁，古猿在自然界中获取生活资料的方式也在不断演变。在这一过程中，劳动起到了至关重要的作用，使古猿的手脚功能逐渐分化，手从行走的功能中解脱出来，进而获得了掌握新技能的自由。这种灵活性在物种进化中得以遗传，使那些不能适应新环境的物种在自然选择中逐渐消亡。手作为劳动的重要器官，在进化过程中与劳动相辅相成。为了适应日益复杂的劳动需求，肌肉、骨骼和韧带等组织不断地以新的方式发展，以满足劳动所需的力量、灵活性和精确度。恩格斯还引用了达尔文的生长相关律，强调了生物体各部分之间的相互关联。例如，随着直立行走带来的腿部形态结构的变化，手部的形态结构也随之发生变化，进而影响到整个人体的形态结构。

中国劳动关系学院王江松教授认为，劳动具有四个层次的深刻内涵。②第一层次，劳动是人类特有的活动，是人类区别于动物的独特生存方式。这一层次揭示了劳动作为人类本质特征的重要性，体现了人类在自然界的独特地位。第二层次，劳动是一种运用体力、智力、知识和工具实际地改变外部世界和周围环境的活动。这种活动具有主观见之于客观的特点，是人类将主观意志转化为客观现实的过程。在这一层次中，劳动被视为主客观相统一的实践活动，凸显了人类在改造世界中的主动性和创造性。第三层次，劳动是实际地改变自然界并生产出满足人类需要的物质财富的实践活动。这一过程不仅体现了人类对自然界的改造能力，还揭示了劳动在人类生存和发展中的基础性作用。劳动作为物质资料的生产过程，是人类与自然界进行物质、能量

---

① 恩格斯. 劳动在从猿到人转变过程中的作用[M]. 北京：人民出版社，2000：1.
② 王江松. 什么是劳动[J]. 中国工人，2010（10）：16-17.

和信息交换的桥梁和纽带。第四层次，劳动是人们以自主或受雇的方式改造自然界并创造物质财富的直接物质资料生产活动。这一层次对劳动的内核进行了精准界定，强调了只有直接生产劳动才是本质意义上的劳动。虽然投资理财等实践活动在现代社会中具有重要意义，但它们并不属于直接改造自然并创造物质财富的活动范畴，而是物质资料生产体系中的"高层建筑"。

我们要想全面而深入地理解劳动的内涵必须基于劳动的本源意义，从而深入剖析并追求劳动本身的价值。劳动是人类特有的社会实践活动，也是人类调整人与自然、人与人之间关系的能动过程，更是人的生存条件和存在方式以及社会存在和发展的基础。因此，应该充分认识到劳动的重要性，尊重劳动、热爱劳动，为构建更加美好的社会贡献自己的力量。

二、劳动的演进

（一）活动、实践和劳动

活动是人类为了某种特定目的而采取的系列行动。通过这些行动，我们得以与客观世界保持密切联系，进而实现各种社会职能。

劳动作为实践的一种重要形式，在马克思的理论体系中具有特殊的地位。马克思曾指出："劳动首先是人与自然之间的过程，是人以自身的活动来中介、调整和控制人和自然之间的物质变换的过程。"[1]这一表述揭示了物质生产领域的劳动即物质变换过程的本质内涵。劳动不仅是人类生存和发展的基础，也是社会进步和文明发展的重要推动力量。通过劳动，人们创造出各种物质财富和精神财富，既满足了人类自身的需求，也推动了社会的进步和发展。

在《马克思主义大辞典》中，"劳动"被定义为"人类特有的一种有意识、有目的的社会实践活动，是人类用自己的体力和脑力以自身的活动来调整和控制人与自然的物质、能量、信息的交换过程。"[2]这一概念进一步强调了劳动在人类社会发展中的重要作用。劳动的对象不仅限于自然，还包括社会和人

---

[1] 马克思.资本论（第3卷）[M].中共中央马克思恩格斯列宁斯大林著作编译局,译.北京：人民出版社,2004:207-208.
[2] 徐光春.马克思主义大辞典[M].武汉：崇文书局,2018:64.

类本身。通过劳动，人们不仅改变了自然界的状态，也改变了社会的面貌和人的精神世界。劳动是人类本质力量的对象化活动，是主体将内在尺度作用于客体对象的过程。在这个过程中，人们不仅实现了自身的价值，也推动了社会的发展和进步。因此，从某种意义上说，劳动既是一种实践，也是一种活动，归根结底是一种在科学理论指导下的实践性活动。

（二）劳动育人

"劳动育人"这一富有深意的短语，由"劳动"和"育人"两个核心词汇组成。前者揭示了劳动作为一种途径或方式，后者则凸显了育人的目的和宗旨。然而，二者并非简单的叠加或组合，而是建立在马克思主义关于生产劳动与教育相结合原理以及我党关于教育同生产劳动和社会实践相结合教育方针的坚实基石上。这一理念不仅是对教育实践的深入探索，更是对育人机理的具体运用。

（三）劳动的多样化表现

在新时代的大背景下，劳动的复杂性、构成和表现形式日益凸显，这要求我们更加深入地理解和区分新时代的劳动形态，有助于我们提升劳动育人实践的有效性，更有助于我们增强对各行各业、所有岗位的认识与尊重。

劳动作为人类社会发展的重要推动力，其形态多种多样，划分方式也各具特色。从复杂程度来看，劳动可分为简单劳动、复杂劳动和创造性劳动。简单劳动通常指那些对技能要求不高、重复性强的劳动，如一些基础性的生产线工作；复杂劳动涉及较高的技能水平和专业知识，如科研、艺术等领域的工作；创造性劳动则强调创新性和独特性，能够为社会带来全新的价值。

从表现形态来看，劳动又可分为辛勤劳动、诚实劳动和创造性劳动。辛勤劳动强调的是劳动者付出辛勤努力的过程，无论工作多么艰辛，都能坚持不懈；诚实劳动是指劳动者在工作中保持诚实守信的品质，不欺骗、不偷懒；创造性劳动则体现在劳动者能够发挥主观能动性，创造出新的劳动成果。

根据产业不同，劳动还可划分为农业劳动、工业劳动、服务业劳动等。农业劳动主要涉及农业生产活动，工业劳动则集中在制造业和工业生产领域，服务业劳动涵盖了广泛的服务行业，如餐饮、旅游、教育等行业。

以形式划分，劳动可分为体力劳动、脑力劳动和生理力劳动。体力劳动主要以身体活动为主，涉及肌肉的收缩与舒展，如搬运、挖掘等；脑力劳动以思维活动为主，涉及知识的运用和问题的解决，如科研、教育等；生理力劳动则是人体生理机能正常运行所必需的，如消化、呼吸、血液循环等。

此外，劳动还可以根据有无报酬划分为有偿劳动与无偿劳动。有偿劳动是劳动者通过付出劳动获取报酬的方式，无偿劳动则是劳动者出于自愿或社会责任而进行的无报酬劳动，如家庭劳动、志愿服务等。

家务劳动涵盖了家庭成员操持家庭和处理家庭事务的各个方面，如打扫房间、洗衣做饭、采买物品等。这些看似琐碎的家务劳动，实际上对于家庭的和谐与稳定具有重要意义。因此，应该让学生充分认识到家务劳动的重要性，鼓励家庭成员共同承担家务劳动，以促进和谐、有爱的家庭氛围。

公益劳动作为直接服务于社会公益事业的义务劳动，体现了人们的奉献精神和社会责任感。公益劳动不以获取报酬为目的，而是为了公共利益和造福社会而从事自觉自愿的劳动。无论是参加秋收、植树造林等生产性公益劳动，还是宣传法律知识、维护公共秩序等社会志愿服务，都是公益劳动的重要形式。通过参与公益劳动，可以培养高校学生的共产主义理想信念和劳动态度，形成"人人为我，我为人人"的思想，为日后共同积极建设美好的社会奠定基础。

三、劳动的现实价值

劳动无疑是我们在现代社会中无法忽视的重要议题。谈及劳动的现实意义或价值，首先要从多个维度来深入理解其内涵和深远影响。

（一）劳动创造了丰富的物质财富

自古以来，人类便通过不懈的努力和辛勤的劳动，在这片广袤的土地上书写着辉煌的篇章。他们开垦荒地，将荒芜之地变为肥沃的农田；他们建造房屋，为家人遮风挡雨，构筑温馨的家园；他们制造工具，提升了生产效率，满足了日益增长的物质需求。正是这些看似微不足道的劳作，汇聚成了推动社会进步的强大动力。

在现代社会，随着科技的不断进步和产业的升级换代，劳动者的劳动方式也发生了翻天覆地的变化。他们不再仅依赖体力劳动，而是更多地运用智慧和技术，通过技术革新和产业升级，为人类社会的发展注入了新的活力。

在农业领域，劳动者借助现代化的农业机械设备，实现了耕种的自动化和智能化，大大提高了生产效率。同时，他们还通过科学种植、合理施肥等技术手段，提升了农作物的产量和品质，为人类提供了更为丰富多样的食品来源。

在工业领域，劳动者利用先进的生产设备和技术，制造出各种高精尖的产品，满足了人们日益增长的物质需求。由此可见，从日常生活中的衣、食、住、行，到高科技领域的航空航天、电子信息等，都离不开劳动者的辛勤付出。

此外，随着服务业的快速发展，劳动者在医疗、教育、金融等领域也发挥着越来越重要的作用。他们用自己的专业知识和技能为人们提供了更为便捷、高效的服务，推动了社会的全面进步。

这些物质财富不仅是社会生产力的体现，更是人类智慧和勤劳的结晶。它们见证了人类社会的发展历程，也展示了人类不断追求进步、超越自我的精神风貌。我们应该珍惜这些劳动成果，尊重每一位劳动者的付出和贡献，共同创造一个更加美好的未来。

（二）劳动创造了宝贵的精神财富

在劳动的过程中，人们不仅积累了大量的知识和技能，更形成了独特而深刻的价值观和道德观念。这些精神财富如同璀璨的星辰，不仅照亮了人们前行的道路，更是文化传承和社会发展的重要支撑。

劳动作为人类社会最基础、最普遍的活动之一，它不仅是人们赖以生存和发展的手段，更是人们实现自我价值、追求幸福生活的途径。在劳动的过程中，人们需要不断地学习、思考和实践，以积累丰富的知识和技能。这些知识和技能不仅能够帮助人们更好地完成工作任务，提高生产效率，更能够激发人们的创造力和创新精神，推动社会不断向前发展。

同时，劳动也是人们形成价值观和道德观的重要途径。在劳动的过程中，人们需要遵守一定的规则和秩序，尊重他人的劳动成果和权益，保持诚实守信、公正公平的品质。这些价值观和道德观不仅能够反映人们对社会、对他人、对自己的态度和看法，更能够引导人们做出正确的决策和行为，推动社会的和谐稳定和繁荣发展。通过劳动，人们还能不断地探索和发现新的思想、艺术和科学成果。这些成果不仅丰富了人类文明的宝库，更能激发人们的想象力和创造力，推动人类社会的不断进步和发展。例如，在科技领域，通过劳动，人们发明了各种先进的工具和设备，推动了科技的不断进步和创新；在文化艺术领域，通过劳动，人们创作出了许多优秀的作品，丰富了人类的精神世界和审美体验。

（三）劳动促进了社会的发展

在人类社会发展的各个阶段，劳动始终扮演着举足轻重的角色。它不仅是经济繁荣的基石，更是社会进步的重要推动力。通过劳动，经济结构得以优化，社会制度得以完善，科技水平得以提升。可以说，劳动是推动社会不断向前发展的核心动力。

首先，劳动在经济领域发挥了关键作用。通过劳动，人们创造出各种商品和服务，满足了社会的物质需求。同时，劳动也促进了经济的增长和繁荣。在农业生产中，农民辛勤劳作，种植出丰富的粮食和蔬菜；在工业生产中，工人日夜兼程，制造出各种机器和设备；在服务业中，服务人员兢兢业业，为人们提供便捷的生活服务。这些劳动成果不仅满足了人们的日常需求，也为经济的持续发展奠定了坚实基础。

其次，劳动在推动社会制度完善方面也具有重要作用。在劳动过程中，人们逐渐形成了一定的社会规范和价值观念。这些规范和价值观念不仅规范了人们的行为，也促进了社会的和谐稳定。同时，劳动也推动了社会制度的创新和发展。例如，随着工业革命的兴起，工人阶级逐渐壮大，他们通过斗争争取到了更多的权益和保障。这些制度的变革和完善使社会更加公正、公平和民主。

最后，劳动还促进了科技水平的提高。在劳动过程中，人们不断地探索和创新，推动了科技的进步。从古代的农耕文明到现代的工业文明，从手工劳动到机器生产，每一次科技的进步都离不开劳动的推动。同时，劳动也培养了人们的创新精神和实践能力。通过劳动，人们积累了丰富的经验和知识，为科技的创新和发展提供了源源不断的动力。

(四)劳动促进了个人成长

劳动不仅是人们实现自我价值的重要途径,更是培养人们品格和能力的有效手段。在日常生活与工作中,劳动无处不在,它既是社会进步的动力,也是个人成长的基石。

首先,劳动对于人们实现自我价值具有不可替代的作用。每个人都拥有自己独特的潜能和才华,而这些潜能和才华只有通过劳动才能得到充分发挥。无论是从事脑力劳动还是体力劳动,人们都能在劳动中感受到自己的价值所在,体验到成就感和满足感。通过劳动,人们不仅能够为社会作出贡献,更能够实现自我价值,获得内心的充实和满足。

其次,劳动是培养人们品质和提升技能的有效手段。在劳动过程中,人们需要面对各种困难和挑战,需要克服种种障碍,这些经历无疑能够锻炼人们的意志品质。同时,劳动也是提升专业技能的重要途径。通过不断地学习和实践,人们能够逐步提高自己的专业水平和技能水平,从而更好地适应社会发展的需求。

再次,劳动还能增强人们的社会责任感。在劳动中,人们能够深刻感受到自己与社会的紧密联系,意识到自己的行为对社会的影响,从而更加关注社会问题,积极参与社会公益活动。

最后,劳动对于个人的成长和社会的发展都具有至关重要的作用。对于个人而言,劳动不仅能够帮助他们实现自我价值,更能让他们在不断地挑战和突破中成长为更加优秀的人才。对于社会而言,劳动是推动社会进步的重要动力。通过劳动,人们能够创造出更多的物质财富和精神财富,推动社会不断向前发展。

(五)劳动促进了文化传承与发展

劳动的文化意义丰富而深远,它不仅塑造了人类的历史,也推动了文化的传承与创新。文化为劳动提供了价值观和行为的指导,影响劳动方式、劳动分工和劳动态度。不同文化背景下的人们对劳动的期望、态度和价值观可能存在差异,这直接影响到他们的工作方式和态度。劳动是人类社会发展和进步的基础,通过劳动,人们创造出物质和非物质的财富,丰富了社会生活。

在劳动的实践过程中，人们不仅获得物质上的回报，还从中获得满足感、认同感和成就感等非物质层面的回报，这些劳动的经验和成果在一定程度上塑造了人们的文化，形成了特定的习俗、价值观和行为规范。劳动的文化意义体现在多个方面。它不仅在与文化的相互作用中塑造了人们的价值观和行为模式，还在文化传承中发挥着关键作用，同时对于个人的心理健康也有着积极的影响。因此，我们应该倍加珍视劳动、尊重劳动、崇尚劳动、热爱劳动，传承好、弘扬好劳模精神、劳动精神、工匠精神，让劳动的精神之光照亮新时代。

第二节　新时代高校劳动育人的内涵与特征

一、新时代高校劳动育人的内涵与类型

（一）劳动育人的内涵

人类文明史无疑是一部波澜壮阔的劳动发展史，它见证了人类从蛮荒时代走向现代文明的伟大征程。在漫长的岁月里，劳动不仅塑造了我们的物质世界，更铸就了我们的精神世界，成为推动人类社会进步的不竭动力。

作为人类社会发展的基石，劳动始终贯穿着人类文明史的始终。从远古时期人类开始使用石器、火等简单工具进行狩猎、采集，到现代社会人类运用高科技手段进行生产、创造，劳动形式不断演变，但其本质始终未变：即通过付出努力，实现自我价值的提升和社会的进步。人的自由全面发展是马克思主义的核心精神理想和价值旨归。在马克思主义看来，人的全面发展不仅包括物质层面的满足，更包括精神层面的提升。这意味着我们不仅要追求物质生活的丰富，更要追求精神世界的充实和完善。劳动正是实现这一目标的重要途径。劳动在人的全面发展中起到了起承转合的作用。

劳动教育最核心、最本质的价值目标是培养学生尊重劳动的价值观，培养受教育者对于劳动的内在热情，培养其劳动创造的积极性等劳动素养。劳动教

育具有树德、增智、强体、育美的综合育人价值，旨在服务学生全面发展，同时以劳动素养的全面养成为任务，在社会实践中涵育高尚的劳动精神、增强劳动技能。①因此，从立德树人的角度看，劳动育人就是高校以劳动教育为载体，通过开展劳动理论教育、举办各类综合性实践活动，发挥劳动教育的优势，实现以劳树德、以劳增智、以劳强体、以劳育美、以劳创新的育人目标。

（二）劳动育人的类型

结合高校劳动教育开展的具体实际，大学生劳动教育的类型大致可以统归为以下几类。

1.自我服务类型：自主自理

自我服务型的劳动特指学生料理个体生活的各种劳动，目的是提升其生活自理能力。劳动场景并不局限于学校，还包含在家庭生活中的自我服务。例如，在学校参与班级劳动，在家参与家务劳动。从服务自身开始培养良好的劳动习惯，培养学生在集体中妥善完成个人扮演的劳动角色，进而学会关注他人的价值诉求，增强服务他人的责任感和使命感。

2.简单体验类型：且学且行

简单体验型的劳动其实就是一般性的劳动。例如，校企相结合的研学活动、实习实训活动等，学校内的劳动锻炼主要以勤工助学和特色劳动周、劳动月为主。对于简单体验类型的活动，学生凭借已有的知识储备和基本的身体素质即可参与并完成，并可在劳动中学会付出与感知收获的不易。

3.公益互助类型：助人为乐

公益互助型突出劳动付出的无偿性、自愿性。例如，"三支一扶"、大学生志愿活动、"三下乡"、支援乡村振兴、社区义工等爱心工作。这类劳动是大学生初入社会实现社会价值最直接的方式，同时也是关心集体、服务社会、升华个人价值的重要劳动形式。

4.创新创造类型：漫漫求索

创新创造型的劳动一般表现为高校的"互联网+"创业、挑战杯、攀登计划等各类创新、创业活动，它是我国经济高质量发展和产业升级转型最迫切

---

① 李欢.新时代高校劳动育人的现实意义与实践路径[J].就业与保障，2024（03）：169-171.

需要的劳动形式，表现为人的思维、知识层面的革新，以及科技工艺的突破与创造。当前高校培养的学生注重技能实操和技术应用，与劳动力市场需要的全能型、实用型、复合型人才仍存在一定差距。面对创新创业的时代大潮，高校要充分发挥学科专业优势，鼓励广大学生加强创新创业，通过创新、创业实践体验创造性劳动的价值和意义。

在新时代背景下，强调劳动教育的重要性就是要让大学生从价值观上认同劳动、热爱劳动。通过劳动教育，让大学生能够深刻理解劳动的意义和价值，从而培养起对劳动的崇高敬意和深厚情感。

二、新时代高校劳动育人的特征

传统的劳动观念往往将劳动视为一种谋生手段，而现代社会的劳动观念则更加注重劳动的价值和意义。人们开始认识到劳动不仅是创造物质财富的过程，更是实现自我价值、提升精神境界的重要途径。这种劳动观念的变化不仅推动了劳动形态的创新和发展，也促进了社会文化的繁荣和进步。

（一）劳动关系的跃迁

互联网时代的到来为我们的生活带来了前所未有的便利。智能手机、平板电脑这些移动电子产品等新事物的出现极大地改变了人们的生活方式。然而，这些技术产品在方便我们生活的同时也让我们对其产生了强烈的依附性。随着当代技术越来越人格化，我们逐渐陷入了虚拟世界的泥沼，导致现实性在一定程度上有所丧失。这种现实性的丧失不仅影响了我们的生活方式，更对我们的价值观、人生观产生了深远的影响。

互联网在拉近人际交往的空间距离的同时，也导致了人们面对面交往需求的减少。在数智化时代，传统的交往方式由线下转为线上，"面对面"转向"键对键"，虽然人与人之间的交往看似更加紧密，但人的社会性在某种程度上下降了。技术削弱了人的某些沟通能力和思考能力，使我们逐渐丧失了面对面交流的能力，导致社交恐惧、网瘾少年、宅男宅女等社会问题的加剧，对社会和谐稳定构成了威胁。

针对这些问题，国家需要采取一系列措施来健全劳动标准体系和劳动关系协调机制，包括完善相关法律法规、加大执法力度、建立有效的调解机制等。同时，社会还需要加强劳动者的权益保护，提高他们的福利待遇和社会地位。只有这样才能构建一个和谐稳定的劳动关系，为社会的全面发展提供有力的保障。从集体劳动关系来看，生产关系作为社会经济关系的重要组成部分，对构建和谐劳动关系具有至关重要的作用。

（二）劳动观念的更新

社会存在决定社会意识，而劳动形态的嬗变无疑是劳动观念转变的根本原动力。劳动作为人类社会的重要活动之一，其内涵和形态随着时代的变迁而不断演变，进而影响着人们的劳动观念。

在古代，劳动一词多指"劳作"，主要涵盖田间劳动、手工作坊的生产等体力劳动。在古代中国，社会阶级划分严格，人们按照身份和职业的不同，将阶级划分为"九流"。劳动者作为社会底层群体，其社会地位普遍低下。孟子曾深刻指出："劳心者治人，劳力者治于人。"这反映了当时社会对体力劳动的轻视和对脑力劳动的崇尚。然而，自20世纪起，随着工业革命的推进和社会结构的变革，"劳动"观念开始发生深刻变化。政治经济学的发展赋予了"劳动"抽象的一般意义，即劳动是创造物质财富和精神财富的人类活动。这一转变使劳动的内涵更加广泛，涵盖了从体力劳动到脑力劳动的各种形式。同时，劳动者、劳动资料、劳动分工、劳动关系等概念也应运而生，为现代劳动理论的发展奠定了基础。

进入21世纪，随着经济社会的快速发展和科技的日新月异，劳动观念进一步更新。人们越来越认识到劳动的重要性，将其视为创造幸福生活和实现人生价值的重要途径。劳动不再是奴役人、束缚人的枷锁，而是人们日常生活中不可或缺的一部分。人们以积极的眼光看待劳动，将劳动尤其是职业活动看作实现个人价值和社会价值的重要手段。"尊重劳动、热爱劳动"作为中华民族的传统美德，在新时代依然闪耀着光芒。然而，随着时代的发展，这一价值观的内涵也在不断丰富和深化。中华人民共和国成立以来，"劳动""劳动人民"等观念在不同时期呈现出不同的特点，从最初主要指体力劳动，到后来逐渐将智力劳动纳入劳动范畴，使人们对劳动的认识更加全面和深刻。

（三）劳动形态的变化

随着社会的飞速发展，劳动形态也经历了一系列深刻的变革。过去的劳动者往往受限于繁重的体力劳动，然而现如今，科技的进步和创新不断推动着劳动形态的转型升级，为我们描绘出一幅幅全新的劳动图景。

在数字化浪潮的推动下，许多传统行业开始融入智能化元素，使劳动形态变得更加高效和便捷。例如，在制造业领域，自动化和机器人技术的广泛应用，使生产线上的工人得以从繁重的体力劳动中解放出来，转而从事更为精细和复杂的操作。同时，远程办公和在线协作的兴起也使许多职场人士能够跨越地域限制，实现工作与生活更好的平衡。

此外，随着绿色发展和可持续发展理念深入人心，劳动形态也呈现出更加环保和可持续的特点。越来越多的企业和个人开始注重资源的高效利用和环境保护，并推动着绿色产业和绿色就业的发展。从生态农业到清洁能源，从绿色建筑到循环经济，这些领域的蓬勃发展不仅为劳动者提供了更多的就业机会，也为社会的可持续发展注入了新的动力。

新时代，新的劳动形态如雨后春笋般崭露头角，它们不仅丰富了劳动的内涵，更推动了社会的进步与发展。随着科技的不断进步和信息化的快速发展，远程办公、灵活就业、共享经济等新型劳动形态应运而生，为劳动者提供了更为灵活的工作方式和更加多样化的就业选择。

远程办公成为越来越多人的选择。借助互联网和通信技术，人们可以在家或其他远离传统办公场所的地方完成工作。这种劳动形态不仅节省了通勤时间和成本，还提高了工作效率和生活质量。同时，远程办公也为企业带来了更多的人才选择和合作机会，推动了企业的创新和发展。

灵活就业也成了新时代劳动形态的重要一环。越来越多的人选择成为自由职业者、兼职工、临时工等，这样他们可以根据自己的兴趣爱好和专业技能选择工作，也可以根据市场需求调整自己的职业方向。这种劳动形态不仅提高了劳动者的自主性和满意度，也为企业提供了灵活的人力资源解决方案。

共享经济为新时代劳动形态注入了新的活力。通过共享平台，人们可以共享自己的时间、技能、资源等，实现互利共赢。这种劳动形态不仅降低了创业门槛和成本，也促进了资源的合理利用和环境保护。

新的劳动形态的产生为劳动者提供了更多的就业选择和机会，也为企业和社会带来了更多的创新和发展动力。我们应该积极适应和拥抱这些新的劳动形态，不断提升自己的能力和素质，以更好地适应新时代的需求和挑战。

第三节　新时代高校劳动育人的价值旨归

在新时代教育背景下，劳动教育的重要性日渐凸显，劳动教育中的"新青年"不仅是民族伟大复兴的先锋力量，更是新时代的"后浪"，肩负着时代重任，亟待劳动教育的浸润。教育教学中对大学生进行劳动教育是健全人格教育的实践基础，它的教育方式是多样的，教育载体是丰富的，因此从教育教学的视角着手分析是实现劳动教育价值旨归的有效途径。

一、新时代高校劳动育人的现状

当前大多数高校较为重视劳动教育，并采取开设劳动教育课程、建立实践基地、组织劳动实践活动、提供实习机会等一系列措施加强学生劳动素质培育，这些较为系统的劳动教育考虑了人才培养需求及特点，并取得了一定实效，有效促进了高校育人质量的提升。然而，高校的劳动教育因教育环境、教育媒介等因素变化影响，还存在着内容缺乏、形式不足、方法不足、体制机制建设乏力等亟待解决的问题。

（一）缺乏劳动意识，劳动观念薄弱

目前，相当一部分高校学生在思想上并没有形成劳动观念，更缺乏不怕脏、不怕苦、不怕累的劳动精神，甚至，有不少学生花钱如流水，极不珍惜父母的劳动成果；有的学生做事急于求成且拈轻怕重，把啃老当成荣耀；很多独生子女考虑问题常常以自我为中心，加上父母的娇生惯养也使他们劳动意识缺乏，导致部分学生生活自理能力极其低下；因为生源质量参差不齐，学生整体文化素质水平存在明显差距。总体而言，现在的高校学生劳动观念

比较淡薄，实际动手能力较差。可以推测，在未来的就业和生活中，这些问题都会对他们造成不可避免的影响。

（二）重视专业培养，劳动教育缺失

为社会输送实用型人才是高校的基本任务，大多数高校更重视对学生的专业技能培养，忽视劳动素养的培养。在教育教学中劳动教育课程多数是完成任务式，并没有真正融入整个教育教学全过程中。目前大多数高校校内公共区域打扫卫生的工作基本分配给了临时工或外包给物业公司，而学生主要负责宿舍卫生。由此可见，劳动教育作为德育的一个重要内容始终未能引起重视，更谈不上建立完善的劳动教育评价体系了。

（三）缺少劳动实践，劳动组织的形式单一

劳动教育是素质教育的一个部分，从素质教育来看，很多高校在专业人才培养方案中开设了劳动教育课程，并已经开始关注对劳动教育的资金投入，但目前高校对建设劳动教育实训基地和提供劳动教育场所的投入很少。目前，很多高校组织的劳动教育多数仅局限于让学生完成教室和寝室卫生的打理，劳动实践形式单一，内容缺乏创新，没有构建学生人均的劳动实践场地，也没有组织设计劳动实践课程，更无法达成劳动素养提高的目标，以上这些都极大地限制了劳动教育的发展，对培养学生成为社会主义建设者和接班人的目标还有一定差距。大多数高校会以劳动周的形式对学生进行劳动教育，虽然在时间上和课时上都满足了劳动教育的基本要求，但劳动课程内容和形式都过于单一。而且，很多高校劳动周相比教学周要轻松简单，没有形成完善的劳动教育体系，甚至有学生觉得劳动周很轻松，将劳动视周为放假周，致使劳动教育无法连贯系统地进行。

（四）劳动教育形式不够丰富

劳动教育的形式应该是多样化的，这样才能让学生体验到不同的劳动形式和劳动价值。在劳动教育过程中，丰富的形式能够使劳动教育更加生动、有趣、有效，从而更好地实现劳动教育的目的。但在实际教育教学过程中，部分高校固守传统的教育模式，并未在形式多样性上下足功夫。劳动教育形式多样化不足主要表现在以下几个方面。

一是教育形式单一化。当前劳动教育主要依赖于传统的教育形式，如简单的劳动实践、社会实践和体育课等。这些形式虽然在一定程度上能够培养学生的劳动意识和技能，但缺乏多样性和创新性，难以满足学生日益增长的需求和兴趣。

二是缺乏与现代社会发展的结合。随着社会的快速发展，新的劳动形式和领域不断涌现，如信息技术、人工智能等。然而，当前的劳动教育往往忽视这些新兴领域，没有将其纳入教育内容中，导致学生缺乏对这些领域的了解和掌握。

三是实践教育与理论教育不平衡。在劳动教育中，实践教育与理论教育之间的平衡被打破。虽然实践教育能够让学生亲身体验劳动过程，但缺乏理论知识的支撑和指导，导致学生难以深入理解劳动的本质和意义。同时，理论教育过于注重知识的传授，缺乏与实践的结合，使学生在实践中难以运用所学知识。

四是缺乏跨学科融合。劳动教育往往与其他学科脱节，缺乏跨学科融合。这导致学生难以将劳动教育与其他学科知识相结合，从而没有形成全面的知识体系。同时，也限制了学生在不同学科之间寻求创新和发展的可能性。

五是资源利用有限。在劳动教育资源的利用上也存在一定的局限性。许多学校缺乏足够的实践基地和设施，无法满足学生的实践需求。同时，社会上的劳动教育资源也没有得到充分利用，导致资源浪费和效率低下。

（五）劳动教育内容缺乏针对性

劳动教育的内容涵盖劳动价值观教育、劳动常识和技能教育、劳动道德教育、劳动实践教育、劳动审美教育、劳动精神教育等多个方面，目前高校劳动教育在内容上有一定创新，但还存在不少问题，主要体现在以下几方面。

一是教育内容的实践性不强。按照陶行知的观点来看，到处是生活，即到处是教育。劳动教育寓于生活、农事和社会公益教育，而一些高校的劳动教育内容过于偏重理论知识的传授，缺乏实践性和应用性。学生可能只是通过课堂学习来了解劳动知识和技能，即学校大多以"填鸭式教育"为主，未能将劳动教育融入生活，使学生缺乏实践和操作的机会，导致他们对劳动的理解和掌握程度不够深入。

二是劳动素养培育的内容不足。劳动素养包括劳动观念、劳动态度、团队合作精神、创新能力等方面，是劳动者必须具备的内在条件。一些学校的劳动教育过于注重职业技能的培养，忽视对学生劳动素养的培养，导致学生缺乏对劳动的深入思考和探索。

三是缺乏行业认知教育的内容。高校是培养复合型专业人才的基地，学生就业涉及农业、工业、制造业、服务业等多个行业领域。一些学校的劳动教育缺乏对不同行业特点和需求的深入了解，导致学生对未来从事的行业认知不足，进而影响学生对未来职业选择和发展方向的规划和把握。

四是技能教育与职业道德教育缺乏有效衔接。劳动教育不仅要注重培养学生的职业技能，还应与职业道德教育衔接。一些学校的劳动教育较为注重技能教育，忽视了对学生的职业道德的培养，导致学生在职业操守和社会责任感方面的意识淡薄。

（六）劳动教育方法未完全契合人才培养需求

在劳动教育过程中，教育者应灵活选择适当的教学方法，使劳动教育更加生动、丰富，更具实效性。然而当前部分学校在劳动教育方法方面还存在诸多不足。

一是缺乏实践性和应用性。目前，一些高校的劳动教育方法过于理论化，学生只能通过课堂讲授来了解劳动知识和技能，实地观摩和实践操作的机会较少，导致对所学知识的实践性缺乏足够的认识与理解。

二是缺乏多样性和创新性。不少学校忽视高校劳动教育人才培养目标，以普通本科院校人才培养思维开展教学，导致劳动教育方法过于单一和传统，学生缺乏实践操作、与行业专家面对面等多样化的体验和创新性的探索，导致对劳动的理解和兴趣不足。

三是缺乏互动性和参与性。当前，部分高校的劳动教育过于单向和静态，在方法上缺乏双向互动和沟通交流，导致学生参与度不足，进而影响学生参与劳动教育的热情。

四是缺乏与行业发展相结合。过于独立和封闭是现在部分高校劳动教育的又一问题，行业进步是专业发展的活水源头，如果缺乏良好的行业支撑，那么专业发展就会成为一潭死水。劳动教育如果缺乏与行业的互动,学生就只能通过书本来了解和学习劳动知识和技能,这势必会使学习缺乏对实际行业发展和未来职业需求的了解和适应,导致他们对劳动的认知和准备不足。

(七)劳动教育体制机制建设不到位

劳动教育体制机制的建设对于提高学生职业素养、培养其实践和创新能力以及学校的发展都具有重要的作用。劳动教育涉及学校、企业、社会等多个参与主体,需要整个社会共同推进,然而一些学校在劳动教育上缺乏与企业、社会的协同机制,导致劳动教育资源无法得到充分整合和有效利用,使劳动教育难以打开局面。劳动教育体制机制建设不到位主要体现在以下几个方面。

一是领导管理机制不健全。部分地区尚未建立专门的劳动教育领导管理机构,导致领导主体责任划分不明确,劳动教育的决策指令难以有效地传达到基层学校,使部分学校不能及时接收并落实指令。劳动教育管理在学校内部也存在混乱现象,有的学校由学生处负责,有的学校由教务处负责,总之,我国的高校还没有形成统一的领导管理机制。

二是工作运行机制不完善。部分学校没有组建专门的劳动教育组织机构,导致劳动教育活动的开展缺乏系统性和连贯性。校团委、学生处等行政单位和二级学院虽然自发开展劳动教育,但缺乏统一的规划和协调。由于不同学段教师忙于各自的教学任务,相互交流较少,部门间配合不足,使劳动教育的效果受到影响。

三是安全管理制度不完备。高校在劳动教育的安全管理制度方面存在漏洞,未能全面考虑学生在劳动实践过程中的安全问题。缺乏明确的安全管理规范和应急处理机制,一旦发生安全事故,高校将难以迅速有效地进行应对。

四是资源建设力度不大。目前,高校对劳动教育还处于探索实施阶段,劳动教育的内容和课程数量相对较少,导致劳动教育的质量和效果受到影响。同时,对劳动的认知主要还停留在体力劳动层面,缺乏对劳动教育的全面理解和认知。部分学校缺乏必要的劳动教育设施和器材,使劳动教育活动的开展受到限制。

五是教育评价体系不完善。劳动教育的评价体系尚未完善,缺乏科学、合理的评价标准和方法。导致对劳动教育的成果难以进行有效的评估和反馈，难以激发学生的学习兴趣和积极性。

因此，要树立治理理念，从治理的角度加强高校劳动教育课程建设，推进高校劳动教育课程政策、课程开发、课程实施、课程评价等，实现高校劳动教育课程化。

二、高校劳动育人价值的宏观与微观分析

（一）高校劳动育人价值的宏观角度分析

1.实践伟大复兴中国梦的现实需要

实践的观点是马克思主义认识论首要的和基本的观点，它强调理论与实践的紧密结合，是指导我们认识和改造世界的重要原则。在当代中国，我们正处在实现中华民族伟大复兴的关键时期，"四个伟大"的实现，即伟大斗争、伟大工程、伟大事业、伟大梦想的实现，更是要求我们深刻把握实践的现实需要，坚持实践第一的观点，不断推进党和国家事业的发展。

要自觉在国家的教育改革和发展规划纲要的指引下贯彻党和国家的教育大政方针。教育是国家发展的基石，是实现中国梦的重要保障。因此，必须加强对教育领域的投入，推进教育改革和创新，培养具有创新精神和实践能力的人才。同时，要注重培养学生的社会责任感和爱国情怀，让他们成为有理想、有道德、有文化、有纪律的社会主义建设者和接班人。

2.深化高等教育教学改革的客观需要

在过去的某一段时期里，我国大部分高校在对学生进行综合评价时，主要依据的是学生的智育成绩，在此基础上适度兼顾对学生思想道德品质的考查。然而，这种评价方式在很大程度上忽视了体育、美育、劳动教育在学生成长、成才过程中的重要作用，使学生的全面发展受到了限制。

随着时代的进步和社会的发展，人们逐渐认识到仅依靠智育成绩和思想道德品质来评价一个学生的优劣显然已经无法满足现代社会对于人才培养的需求。为此，在2018年的全国教育大会上，习近平总书记明确提出了将劳动教育纳入社会主义建设者和接班人的总体要求，为党的教育方针赋予了新的

时代内涵。在这一方针的指导下，我国的教育部门开始瞄准体育、美育、劳动教育等短板弱项进行精准发力。从2019年开始，教育部相继出台了一系列加强新时代大、中、小学体育、美育、劳动教育的政策性文件，这些文件不仅为各级学校提供了具体的指导和支持，也为广大学生提供了更加丰富的教育资源和学习机会。

为了落实中央文件精神，全国各地积极部署、周密谋划，结合自身实际，制定了若干措施。这些措施不仅涉及课程设置、教学方法等方面的改革，还包括加强师资队伍建设、完善评价体系等方面的内容。通过这些措施的实施，"德、智、体、美、劳"五育并举的育人格局逐步得到完善，学生的全面发展得到了更好的保障。

3.落实立德树人教育目标的根本任务

在实现人的全面发展的所有途径中，将教育与物质生产劳动紧密结合便是其中最重要的一个。劳动教育不仅让学生亲身体验到"苦其心志，劳其筋骨"的机体感受，更具备增智、树德、强体、育美的综合价值。在当今社会，立德树人是教育的根本任务所在，它要求我们在教育实践中做到"以德立身、以德立学、以德施教、以德育德"。

要实现立德树人的目标，就需要将劳动教育融入教育教学全过程，构建"三全"育人的发展格局。这种格局要求我们将劳动教育贯穿于课堂教学、课外实践、校园文化等各个环节，使之与智育、体育、美育、德育相互渗透、相互促进，这样就能在人才培养体系上持续迸发生机与活力，构建五育全面发展的良性育人体系。

在教学中贯穿劳动教育的重点，在于引导学生动手实践、磨练意志。通过亲身参与劳动，学生不仅能够深刻领会"粒粒皆辛苦"的含义，更能培养正确的劳动价值观念。同时，劳动教育还有助于学生形成良好的道德品质，学会尊重劳动、热爱劳动，从而在实践中不断提升自我修养。

回顾历史可以发现，许多教育家都强调劳动教育的重要性。清代教育家陶行知提出"生活即教育""行是知之始"的观点，主张通过劳动实践来获取知识、培养能力。文学家颜元则主张"实文、实行、实体、实用"，强调了劳动教育在塑造学生全面素质中的关键作用。这些教育思想都为我们在当今时代开展劳动教育提供了宝贵的启示。

习近平总书记曾鲜明指出:"人世间的美好梦想只有通过诚实劳动实现;发展中的各种难题只有通过诚实劳动才能破解。"这一论断深刻揭示了劳动教育的现实意义和深远影响。在教育过程中贯穿劳动教育,使思想政治教育与劳动教育实现真正的结合,这不仅能落实立德树人的根本目标,还能为培养新时代的高素质人才奠定坚实基础。

4.出于消除劳动认同危机的实际需要

在新时代,高校基于社会和谐有序发展需要对育人工作进行新的定位,更加重视劳动教育,将其作为培养现代人才的关键要素。高校认识到劳动认同对高素质劳动者培养的作用,是劳动者的精神动力与思想基础。部分家庭在时代发展中没有转变对教育的陈旧观念,只关注学生智力教育,致使轻劳动、重资本的社会风气较为严重,对学生正确认识劳动造成不良的影响。青少年在社会不良风气的干扰下,难以正确理解劳动。高校在劳动认同出现危机的时期,师生参与实践育人的精神动力不足,实践育人思想根基动摇,崇尚劳动的实践育人氛围遭到破坏,这些均会成为高校落实全面育人目标的阻力。高校通过对社会发展环境进行分析与解读,确定了在人才培养全过程融入劳动教育的基本教育理念,肯定了劳动认同的主流价值,从而在劳动认同危机处置方面获得显著效果。

5.贯彻党的新时代教育方针的有效路径

中国特色社会主义教育需要为社会培养德、智、体、美、劳全面发展的建设者,使他们可以承接社会主义建设任务。在新时代,教育需要引导学生形成正确的劳动观,引导学生崇尚劳动,尊重劳动,愿意参与劳动活动,将劳动和美丽、伟大等词汇关联起来。同时,党对教育从业者提出新的要求,高校作为人才培养的重要基地,应锁定教育工作的方向。高校领导在劳动教育方面,需要领悟《全面加强新时代大中小学劳动教育的意见》的核心思想。在文件精神下,将社会实践、生产实习、勤工助学等和劳动教育衔接起来。在劳动教育和实践活动结合后,让学生利用劳动获得的感悟解读劳动教育理念信息。通过对国家关于劳动教育方面的指示与规定进行解读,学校应将社会实践作为教育的一部分,作出学时方面的规定,从而凸显劳动教育的功能效用,也有利于高校落实党的教育方针。

6.推动劳动者德、智、体、美、劳全面发展的必然选择

在新时代，社会经济发展格局悄然变化，人才成为企业竞争的本源。技能型、知识型、创新型劳动者队伍建设工作在积极进行着，可以在社会层面营造精益求精的敬业风气，还可以塑造劳动光荣的社会风尚，为新型劳动者的培养创造条件。在新时代，社会对人才的要求改变迫使高校必须重视学生德、智、体、美、劳综合素质的发展，努力为社会培养高素质的劳动者。高校在教育活动推进时，需要对劳动教育形式进行创新，寻找有利于劳动教育工作推进的方式，同时为学生提供较多参与劳动活动的机会，让学生在劳动活动中获得深刻的劳动认识。从当下大部分高校学生的表现中发现，学生没有形成正确的劳动观，也没有吃苦耐劳的精神。甚至不少学生还对体力劳动者缺乏基本的尊重，对此，高校需要基于社会对新型劳动者的要求，以劳动教育作为树立学生劳动观的手段。高校劳动教育活动的开展在学生劳动能力、劳动精神、劳动观念等方面均有较好的作用。劳动教育在增智、树德、育美、强体等方面均有较高价值，应成为推动学生德、智、体、美、劳全面发展的重要路径。

（二）高校劳动育人价值的微观角度分析

1.培养五育融合发展大学生的价值旨归

"五育"教育方针，即德育、智育、体育、美育与劳动教育，是新时代培养建设者的关键举措。这一方针的提出旨在实现新时代育人目标，培养出有理想、有本领、有担当的新时代好青年，为实现中华民族伟大复兴提供坚实的人才支撑。

马克思的人学理论认为，人的全面发展是每个人实现自我价值的关键。在这一过程中，劳动教育发挥着举足轻重的作用。它贯穿于五育并举的全过程，通过培养学生的劳动技能、劳动习惯以及劳动精神，实现对大学生健全人格的培养。劳动教育的实施不仅有助于提升学生的实践能力，更有助于培养他们的社会责任感和创新精神，为实现人的自由全面发展奠定坚实基础。

新时代的青年作为实现中华民族伟大复兴的生力军，肩负着重要使命。他们不仅要具备扎实的专业知识，还要具备强健的体魄和良好的心理素质。因此，高校明确劳动教育的总体目标，构建全方位、深层次、多领域的教育

发展体系显得尤为重要。

近代教育学家陶行知在教育实践中取得了重要成就，他强调实践在教育中的重要地位。为了更好地体现这一理念，他将自己的名字由"知行"改为"行知"。陶行知认为，劳动教育不仅是培养学生劳动技能的过程，更是培养他们实践能力和创新精神的重要途径。因此，他在推行教育变革的过程中始终强调劳动教育的重要性。

时代新人之新，在于他们肩负着民族复兴大任的新使命。这一使命对新时代青年的个人素质提出了更高要求。身体素质和心理素质作为个人素质的外在体现，对于大学生的成长和发展具有重要意义。因此，大学生应自觉增强历史使命感与责任感，激发劳动热情，释放创造潜能，通过积极参与劳动实践，不断提升自己的综合素质和能力水平。同时，学校和社会也应加强对劳动教育的重视和支持。学校可以通过开设劳动课程、组织劳动实践活动等方式，引导学生树立正确的劳动观和价值观；社会可以通过提供丰富的劳动实践机会和平台，为大学生提供展示才华和实现自我价值的舞台。

2.培养大学生的创造性劳动能力

智能时代已经悄然来临，技术的迅猛发展和广泛应用给社会带来了翻天覆地的变化。在这个背景下，劳动教育的内涵和形式也发生了深刻的变革。智能时代的劳动教育以培养大学生的创造性劳动能力为主要方向，旨在引导他们驾驭智能技术，通过人机协作开展创造性劳动，从而实现劳动实践与生命发展的多重可能。

习近平总书记多次强调要尊重劳动者的"首创精神"。这种"首创精神"正是创造性劳动的集中体现，也是推动社会进步的重要动力。在智能时代，人工智能正迅速占领劳动标准化领域的高地，大有代替人的智力、智能的趋势。然而，技术的发展并不意味着人的作用将被完全取代，相反，它为我们提供了更多发挥创造力的空间和机会。

大学生作为数字时代"原住民"，对智能技术的依赖更为明显。他们从小就生活在信息化、数字化的环境中，对于新技术的接受能力和应用能力普遍较强。因此，新时代的劳动教育更应该注重培养他们的创新精神和创造力，引导他们将技术赋能内化为成长智慧，从而更好地适应智能时代的发展需求。

具体来说，智能时代的劳动教育应该包括以下几个方面。首先，要加强学生对智能技术的了解和学习，掌握其基本原理和应用方法。这有助于他们更好地理解和运用技术，提高劳动效率和质量。其次，要引导学生开展创造性劳动实践，鼓励他们尝试新的劳动方式和方法，发挥想象力和创造力。例如，可以通过组织创新设计比赛、开展创业实践等活动，激发学生的创新热情和创造力。最后，还要注重培养学生的团队协作能力和解决问题的能力，以适应未来复杂多变的工作环境。

通过智能时代的劳动教育，可以培养出一批具备创造性劳动能力的大学生，他们不仅能够驾驭智能技术，还能够通过人机协作开展创造性劳动，为社会的进步和发展贡献自己的力量。同时，这种教育也有助于实现劳动实践与生命发展的多重可能，让学生在劳动中体验成长的快乐和成就感。

第二章　新时代高校劳动育人的理论阐释

劳动育人的历史悠久，人们在长久的研究与实践过程中积累了丰富的理论知识，将这些理论知识应用于高校劳动育人过程，将有助于提升劳动育人的效果。本章重点针对马克思主义理论中关于劳动育人的理论性论述、中华优秀传统文化中关于劳动育人的思想启迪、中国共产党关于劳动育人的劳动教育政策支撑这几个方面的内容展开深入探索。

第一节　马克思主义理论中关于劳动育人的理论性论述

一、马克思主义劳动教育的思想

马克思劳动教育思想作为马克思主义理论宝库中的重要组成部分，对当代大学生的劳动教育具有深远的指导意义。这一思想不仅为我们提供了丰富的理论源泉，还从历史唯物主义和教育学两个维度深刻揭示了劳动在人类社会发展中的重要作用。

从历史唯物主义的维度来看，马克思强调了劳动在创造世界、创造历史以及创造人本身中的核心地位。[1]他认为，劳动是人类生命活动的根本表现，

---

[1] 中共中央马克思恩格斯列宁斯大林著作编译局. 马克思恩格斯选集（第3卷）[M]. 北京：人民出版社，2012：988.

通过劳动，人们能够按照自己的意识改造世界，生产出满足自身需要的产品。马克思进一步指出："自由有意识地活动恰恰就是人的类特性。"[①]这一观点深刻揭示了劳动在人的本质属性中的重要作用，也为我们理解劳动教育的意义提供了理论基础。

另外，教育与劳动相结合对教育发展本身也具有积极意义。马克思和恩格斯指出："生产劳动给每一个人提供全面发展和表现自己全部的机会。"这意味着，通过劳动教育，大学生可以将理论知识与实践相结合，手脑并用，提高劳动素养和实践能力。在实践中，大学生不仅能完善自己的人格，还能培养创新精神和实践能力，从而实现德、智、体、美、劳全面发展。

二、高校劳动教育应以马克思主义劳动教育思想为指引

劳动价值学说是政治经济学中一个历久弥新的课题，其探讨的核心是劳动在商品价值形成过程中所扮演的角色。英国古典政治经济学对劳动价值学说进行了系统化总结与理论化表达，强调了劳动是价值的唯一来源，并深入探讨了劳动在国民经济发展中的价值作用。马克思、恩格斯等伟大的思想家在英国古典政治经济学的劳动价值学说基础上进行了合理的继承与发展，他们以商品的"价值二重性"为理论基础，深入剖析了劳动的"二重性"，并通过剩余价值学说揭示了资本如何完成对无产阶级的剥削。

在工业社会，马克思主义劳动价值学说对资本主义剥削的揭露是直接而彻底的。它揭示了劳动的二重性，即具体劳动和抽象劳动，前者创造使用价值，后者形成价值。这一理论不仅揭开了资产阶级试图掩盖的价值本质，而且为团结无产阶级开展革命运动提供了有力的理论武器。

然而，随着现代经济生活的不断发展，劳动价值学说似乎陷入了一种迷雾与遮蔽之中。第二次工业革命的兴起使资本主义发展形态开始发生转变。尤其是19世纪末、20世纪初，资本主义逐渐转向了金融资本主义，呈现出帝国主义形态。在这一背景下，列宁曾深刻指出，金融资本主义的统治加剧了社会生产

---

① 中共中央马克思恩格斯列宁斯大林著作编译局. 马克思恩格斯选集（第1卷）[M]. 北京：人民出版社，2012：56.

与分配中的"不平衡和矛盾",导致社会两极分化日益严重。

在现代经济生活中,劳动的价值产生过程被金融系统和复杂的社会交换体系所掩盖。随着第三次工业革命的深入发展,信息产业、数字经济以及人工智能、自动化生产设备等技术革命的推动,平台经济、数字经济等新型经济形态不断涌现。这些变革使劳动者从繁重的体力劳动中解放出来,但同时也使劳动创造价值的过程逐渐淡出现代社会的视野。

在这种背景下,各种对马克思主义劳动价值学说的歪曲与攻击也层出不穷。一些人认为,在现代经济体系中,劳动已经不再是价值的唯一来源,甚至认为劳动价值学说已经过时。然而,这些观点都缺乏对现代经济生活的深入理解和分析,也没有真正理解劳动价值学说的核心要义。

实际上,虽然现代化经济体系运行的复杂程度与日俱增,经济循环中商业模式不断创新,但劳动仍然是创造价值的基础。无论是物质产品的生产还是服务行业的提供,都离不开劳动者的辛勤付出。同时,随着科技进步和产业升级,劳动者的素质和技能也在不断提高,他们在创造价值的过程中发挥着越来越重要的作用。

马克思主义劳动价值学说作为劳动教育的理论基础,其重要性不言而喻。在高等教育中,将这一学说作为大学生劳动教育课程的重点,既能够提升学生的理论素养,又能够引导他们在实践中深化对劳动价值的认识。通过教材编写,我们可以强化理论基础,将马克思主义劳动价值学说的基本原理、核心观点和历史发展脉络清晰地呈现给学生,使他们能够系统地掌握这一学说的基本内容。

(一)马克思主义劳动价值学说是劳动教育课程教材编写的理论基础

如何在大学生中开展劳动教育?教育部在相关教育指导纲要中为我们指明了方向,其中关键一环便是深入浅出地讲解劳动的意义和价值,引导学生深刻理解"劳动为什么、是什么"的问题。然而在现实中,缺乏合适的劳动教育教材成为新时代高校劳动教育推进缓慢的一大障碍。

自中华人民共和国成立以来,我国的劳动教育教材虽然一直存在,但长期以来并未得到足够的重视。近年来,随着劳动教育逐渐受到重视,劳动教育教材也逐渐侧重于劳动技能教育。然而,这种倾向也带来了一些新的问题,如劳动教育的学理性研究不足、教材内容自成体系但缺乏支撑、融入专业时缺乏张力等。

针对这些问题，新时代党和国家多次强调劳动教育的价值与意义，推动理论界对劳动教育的学理性进行深入探讨。在教材编写方面，应当从马克思主义理论体系中找寻理论依据，将马克思主义经典作家、党和国家领导人有关劳动教育的重要论述作为教材的理论基础。然而，目前许多教材在呈现这些内容时，往往未能实现政治性与学理性的统一，使学生在学习中难以深入理解劳动教育的本质和意义。

因此，在针对大学生的劳动教育理论讲解说明中，不应仅局限于对劳动步骤、劳动纪律等劳动技能的教育内容。在大、中、小学劳动教育课程一体化设计的过程中，学生已经具备了一定的劳动技能和劳动实践能力。因此，高等教育阶段应更加注重劳动观理论教育，从理论高度讲述劳动价值与劳动的社会意义。具体来说，理论教育应以马克思主义理论为立足点，将马克思主义劳动观和劳动价值学说作为理论学习的主要内容。通过深入剖析这些理论，可以帮助学生从理论层面认识到劳动的现实意义以及劳动的直接价值。同时，还应结合唯物史观教育，利用马克思主义政治经济学知识，揭示当代资本主义试图遮蔽的劳动价值，帮助学生全面理解劳动的本质和价值。

相较于中小学生与职业院校的学生，普通高校学生在劳动教育中应更具有理论性。这既能提升学生对劳动教育与劳动价值的认识，也能增强学生对马克思主义现实指引力的认同。通过深入的理论学习和实践探索，可以培养出一批既具备劳动技能又具备劳动素养的优秀人才，为社会的进步和发展贡献力量。

（二）马克思主义劳动价值学说是劳动教育课程实践教学的价值遵循

从人类社会发展和人的全面发展的视角来看，马克思以其深邃的洞察力揭示了人类社会历史发展本质的逻辑。他通过"死劳动"与"活劳动"的形式，生动而深刻地展现了人类社会发展的本质规律。谈及劳动教育的本体价值时，马克思主义劳动观与劳动价值学说无疑是最具解释力的科学理论体系。这一理论体系不仅为我们揭示了劳动的本质和价值，也为我们在现代社会中坚持和发展马克思主义劳动价值学说提供了重要的理论支撑。

在现代社会发展中，市场经济的发展与封建文化的复辟对中国共产党坚持的马克思主义劳动价值学说形成了一定的冲击。随着市场经济的发展，劳动与劳动价值在一定程度上被资本遮蔽，而封建文化中的科举制度则对劳动产生了蔑视的态度。这种对劳动的忽视和贬低不仅影响了人们对劳动价值的正确认识，也加剧了现代教育中应试教育的问题。应试教育过于注重学生的考试成绩，而忽视了对学生劳动能力的培养，导致许多学生缺乏基本的劳动技能和劳动习惯。因此，劳动教育在培养学生对劳动与劳动价值认识的同时，更应强调学生的劳动能力培养。尤其是对于大学生这一即将进入工作岗位的群体来说，劳动能力的培养显得尤为关键。通过劳动教育，学生可以更好地理解劳动的本质和价值，掌握基本的劳动技能和方法，培养勤劳、节俭、创新等优秀品质，为未来的工作和生活打下坚实的基础。

在劳动教育的实践教学课程中，应当比一般课程的实践教学更加注重价值遵循。劳动价值学说的发展过程本质上也是人类社会认识劳动价值的过程。因此，劳动教育应当遵循这一认识过程与认识逻辑，在实践教学中更加强调劳动认识的价值导向。通过引导学生参与各种形式的劳动实践活动，让他们亲身体验劳动的艰辛和乐趣，从而更加深刻地理解劳动的价值和意义。

在高校的劳动教育体系建设中，大学生的实践教学应当合理设计技能教育学习的课程体系，结合专业特点和就业需求，开展具有针对性的劳动实践活动，如实习、志愿服务等，以提高学生的劳动能力和综合素质。

近百年来，人类社会分工已经接近无限细分，社会生产效率水平的提高让众多远离生产一线的工作岗位具有新的生机。然而，这也带来了劳动成果难以量化计算的问题。在实践中，资本常常利用这些认识上的漏洞来遮蔽劳动价值，使劳动者的权益得不到充分地保障。因此，在大学生劳动实践教育中，应当设计可量化的劳动方式与劳动过程，重新树立劳动产生价值的基本观念。通过制定合理的评价标准和方法，对学生的劳动成果进行客观、公正的评价，以激发学生的劳动热情和创造力。

此外，劳动教育的实践教学设计还可以仿照渐进式劳动发展过程进行安排。在初始阶段，学生可以主要从事基础性生产工作，通过可以量化的工作将劳动与价值联系起来；在进阶阶段，学生可以参与服务生产的相关劳动活动，通过劳动分工细化了解价值在劳动分工中的分配情况；在高阶阶段，学生可以安排一些脱离生产的劳动工作，通过劳动分工发展揭示社会发展中价值产生的直接方式与价值在社会分工中的分配逻辑。这种渐进式的实践教学设计有助于帮助学生逐步深入了解劳动的本质和价值，提高他们的劳动能力和综合素质。

（三）马克思主义劳动价值学说是劳动教育课程体系设计的指导原则

课程体系作为教育理念的直接体现和教育思想的延伸，其设计和完善对于高校教育质量的提升具有重要意义。在当下社会背景下，教育部针对高校教育提出了"准确把握社会主义建设者和接班人的劳动精神面貌、劳动价值取向和劳动技能水平的培养要求"，并将"树立正确劳动观念"作为人才培养的首要任务。因此，在构建高校劳动教育课程体系时需以马克思主义为指导原则，深入探索马克思主义劳动观和劳动价值学说的核心要义，并结合中国实际，发展出符合新时代要求的劳动教育课程体系。

马克思主义劳动观和劳动价值学说作为人类对于劳动价值的深刻认识，为我们理解新时代劳动教育提供了有力的理论支撑。高校在劳动教育课程体系设计中，应当深入挖掘马克思主义劳动观和劳动价值学说的内涵，将其融入课程内容，使学生在学习过程中能够深刻领悟劳动的意义和价值。同时，高校还应结合中国化的马克思主义劳动观，充分考虑中国特色社会主义教育事业的发展特点，构建具有中国特色的劳动教育课程体系。

在具体实践中，高校应根据自身的专业设置和人才培养特点，灵活运用不同的方式推进劳动教育课程的建设。对于那些毕业后主要进入生产一线、拥有顶岗实践教学的专业院校，可以在专业教育中增设劳动教育模块，将马克思主义政治经济学理论和劳动观融入专业知识中，使学生在学习专业知识的同时，也能接受劳动教育的熏陶。对于那些毕业后较少在生产一线工作、没有专业顶岗实践的专业院校，可以单独开设劳动教育课程，通过理论与实践相结合的教学方式，帮助学生认识社会劳动的主要分工与价值产生的现实过程。此外，高校在劳动教育课程体系建设中还应注重课程思政的建设。通过将马克思主义政治经济学理论和劳动观融入课程思政中，引导学生树立正确的劳动观念，培养他们具备高尚的劳动品质。同时，高校还应加强对学生劳动实践能力的培养，通过组织各种形式的劳动实践活动，让学生在亲身参与中感受到劳动的乐趣和价值。

第二节 中华优秀传统文化中关于劳动育人的思想启迪

一、中华优秀传统文化

（一）中华优秀传统文化的价值意蕴

1.道德思想的价值

在中华优秀传统文化中，可以深挖其所孕育的深厚道德资源。例如，儒家学说强调的"向善"思想、仁爱思想、义利思想以及对修身思想的注重，都是中华优秀传统文化传承中的精髓所在。在历史长河中，优秀的儒家伦理观念对中华民族的持续繁荣起到了不可或缺的作用，特别是在当下对于塑造社会主义核心价值观阶段，仍具有深远的意义与应用价值。

（1）向善思想的价值

自古以来，人性善与恶的问题在哲学领域中持续受到关注，这不仅是中外哲学的核心议题，也为伦理道德体系的构建提供了根本出发点。孔子早先提及："性相近也，习相远也"[①]。在孔子之后，孟子的性善论深化了这一观点，他强调："恻隐之心，人皆有之；羞恶之心，人皆有之；恭敬之心，人皆有之；是非之心，人皆有之。恻隐之心，仁也；羞恶之心，义也；恭敬之心，礼也；是非之心，智也。仁义礼智，非由外铄我也，我固有之也，弗思耳矣。"[②]。值得注意的是，尽管孟子坚信人具有先天的伦理概念，但他也强调了后天修养的重要性，并认为每个人都有向善的潜能，"人皆可以为尧舜"。

荀子深化了孔子关于"习相远"之思想，进而构建了人性恶的哲学论述。他论述，人类天生具有强烈的欲望驱使，这些欲望如果未得到适当的满足和引导，容易导致社会冲突和纷争。从这个角度出发，荀子认为人类天生有"好利"、有"疾恶"之性，"耳目之欲"也自然而然存在。如果仅仅按照人性的天然倾向和欲望来行事，"争夺"和"暴力"的行为模式必然会出现。荀子进一步阐述，"人之性恶，其善者伪也"，这是指真正的善和有价值的品质

---

① 孔子. 论语[M]. 景菲, 译. 西安: 三秦出版社, 2018: 131.
② 孟子. 孟子[M]. 哈尔滨: 北方文艺出版社, 2019: 216.

是后天通过不懈努力和培养所形成的。荀子认为"尧舜与桀跖,君子与小人,其天性是相同的",这进一步强调了后天培育和修炼的关键性。《三字经》中也有提及"苟不教,性乃迁",后天的教育和环境在塑造和重塑人性上起到了决定性的作用[①]。荀子强调"其礼义,制法度",意味着通过人的努力可以修正其天生的"恶"性。如此"涂之人亦可能成为禹"[②]。在此基础上不难看出,孟子与荀子的思考在某种程度上是相似的,二者皆注重内心的修炼,主张惩恶扬善,持续地完善自己。

孟子与荀子就人性论探讨时,各自形成了一套相对完备的哲学理论构架。后世的思想家在此基础上继续对人性的善与恶进行深入的辨析。例如,韩愈将人性划分为上、中、下三层次;李翱则主张性之为善、情之为恶。这些思想家都为探究人性的善恶提供了深入的洞见。当李翱提出"复性"论述之后,大众对于人性的本善观点形成了共鸣,其理念强调人的天性是向善的,但普罗大众经常因情欲而使其本善之性受到干扰,相对地,圣贤之人能免于情欲的束缚,从而保持其原始的本善。为此,普罗大众应努力摒弃情欲,追寻"弗思弗虑"的心态,以达到"至诚"的高度。随后,在宋代,儒家对人性的理论进行了进一步的完善,提出了"天理至善""存天理,灭人欲"以及"天命之性纯善无恶"等观点,进一步强化了人性本善的理念。

儒家思想强调"性本善"的观念,对中华民族精神和道德伦理建构具有深远影响。从儒家的价值观出发,向善的观点可以概括为三大核心要素:第一,认为人的本性向善为其做出善良选择提供了哲学基础;第二,利益的诱引与鼓舞为实现向善提供了积极因素;第三,对于不良行为的惩戒和对外部评价的敬重则形成了向善的制约机制。孟子曾言:"君子莫大乎与人为善"[③];荀子亦有"积善成德,而神明自得,圣心备焉"[④]的观点;诸葛亮则提出"勿以恶小而为之,勿以善小而不为"[⑤]……这些经典的论述为我们揭示了向善的深刻内涵,并对中华子孙形成善行为常态产生了深远影响。儒家思想早已渗

---

① 王应麟.三字经[M].书香童年改编.福州:福建少年儿童出版社,2012:2.
② 荀子.荀子[M].曹芳编译.沈阳:万卷出版有限责任公司,2020:25.
③ 孟子.孟子[M].哈尔滨:北方文艺出版社,2019:52.
④ 荀子.荀子[M].曹芳编,译.沈阳:万卷出版有限责任公司,2020:31.
⑤ 陈寿.三国志[M].北京:团结出版社,2017:173.

透至中华民族文化的深层，使向善之德成为中华传统的美德之一。

（2）仁爱思想的价值

在中华优秀传统文化中，"仁爱"一词不仅具有深厚的历史背景，而且代表着一个核心的价值观念。孔子为中华文明确立了充满人文精神的"仁"学体系，将"仁"视为道德的最高境界、标准和原则。从孔子的"泛爱众而亲仁"到孟子的"仁者爱人"，进一步展现了仁者从"爱亲"到"爱民"的儒学发展趋势，凸显了博爱的核心思想。古籍《礼记·中庸》篇中有云："仁者人也，亲亲为大。"[1]在《孟子·尽心下》篇，更是明确指出："仁也者，人也。"[2]这些经典著作中的论述，解读了"仁"的深意，即人与人之间的深厚情感与关怀。董仲舒在《春秋繁露·仁义法》第二十九中进一步明确了"仁"的道德定位："仁之为言人也……仁之法，在爱人。"由此，可以理解，"仁爱"不仅仅是一种道德观念，更是一种对他人的关心、宽容和同情的情感表达[3]。

在儒家思想中，"仁爱"被誉为核心理念。《论语》这本反映孔子及其学生言行并深入阐述孔子思想的经典著作，对"仁"一词进行了109次的论述，"仁"一字在文中出现了110次，足以证明"仁"的概念是孔子的价值观中不可或缺的部分。进一步探究孔子对"仁"的定义，发现其核心思想和基础理念均指向"爱"的概念。孔子是首位明确将"仁爱"视为礼乐文明的精髓，并进一步将"仁"的含义解释为"爱人"的思想家。他曾告诫樊迟："樊迟问仁，子曰：'爱人。'"此外，孔子还提出了"讥（即泛）爱众而亲仁"的理论。综合孔子的各种观点可以明确的是，要真正实现"仁"的德性，关键在于实践中的"爱"。

在儒家思想中，"仁爱"被赋予了至高无上的地位，它起始于每个人对于亲情的真挚情感，具体表现为对父母的孝敬和对长辈的尊重，这种情感不仅仅停留在家族关系的界限内，而且扩展至更广阔的社会领域，从关爱身边之人逐渐延伸至对所有人的关怀，乃至对大自然、山水、动植物的深厚情感。孟子曾经深刻地指出："老吾老以及人之老，幼吾幼以及人之幼"，以及"亲亲而仁民，仁民而爱物"，这些观念凸显了仁爱之于儒家的核心地位。随着历

---

[1] 戴圣.礼记[M].张博编译.沈阳：万卷出版有限责任公司，2019：295.
[2] 孟子.孟子[M].哈尔滨：北方文艺出版社，2019：280.
[3] 董仲舒.春秋繁露[M].周琼，译.呼和浩特：远方出版社，2005：70.

代的传承和深化，儒家对"仁"的理解也日益丰富。在广义上，融合了"五常"：仁、义、礼、智、信，而狭义上的"仁"仅为五常中的一环。此外，"仁爱"的精神也融入了"孝悌忠信，礼义廉耻"的四维八德基本原则中。把"仁爱"视为道德的高尚目标，对于社会的进步具有至关重要的推动作用。秉持并传承这一"仁爱"的优良传统，能够更好地实践社会主义核心价值观，进而塑造和谐的社会环境。与此同时"仁爱"的传统不仅与社会主义核心价值观高度吻合，还能促进公民培育文明和谐的社会氛围。此外，为了应对现代设计思想道德领域内的一系列挑战，弘扬并实践仁爱的思想显得尤为重要。通过这种价值观的推广，可以为公众设立一个明确的价值取向，帮助他们建立合理的道德评判准则，增强其道德实践能力，特别是自主实践的能力，从而塑造一个倾向仁爱和善良的精神文化环境。

（3）义利思想的价值

在探讨义利观念的深层次内涵时，可以定义其为"对于义与利的根本性理解以及对其关系的态度"。在先秦儒家思想中，其关于义利的观点主要强调了"重义轻利"的原则，呼吁人们看到义与利在一定条件下的辩证统一性。如经典文献中所提"义者，宜也，尊贤为大。"此语从侧面反映了儒家视"义"为适当和合理的行为，即代表了符合道德和公正的意义。在儒家思想体系中，将"义"与"仁、礼、智、信"并列，共同构成了儒家君子所应遵循的五常，也是儒家道德观和人格典范的基石。另外，"利"在儒家的思想体系中同样占有一席之地，通常被视为满足人们的需求和利益。此外，儒家对"利"的解读也颇为深入，将其解释为人类的需求和利益，在儒学中对"利"有细致的划分，如将其区分为正当与不正当的利益，或是天下的公共利益与个人的私利等。

在中华民族上千年的道德观与价值观的形成过程中，儒家的义利思想展现了其深远的影响。面对当前市场经济的发展环境，必须准确把握义与利的辩证统一性。基于儒学视角，要坚定地遵循"以义为上"理念，并在实践中践行"见利思义"。儒家对于义利的独到理解，为后世抵御拜金主义、利己主义及享乐主义的浸润提供了有力的盾牌。同时，也为人们在合理、合法框架内追求利益提供了引导，有助于维系社会的和谐稳定，确保公民的合法权益得到保障。

2.政治思想的价值

儒家政治思想展现了深厚的学术内涵，涵盖了如民本思想、仁政思想、廉政思想及大同思想等关键议题。在这套思想框架中，"民"被视为基石，"仁"则被赋予中心地位，所追求的理想目标是"大同"与"大一统"。儒家政治哲学不仅将伦理、法律、教育与政治融为一体，而且在政治实践中坚持民本原则，倡导仁政与德治，并强调"礼"在治国策略中的重要性。

（1）民本思想的价值

在中华传统文化的发展史上，民本思想自国家初创便已存在，起源于商周时期，历经漫长的岁月，它始终融于国家的政治进程与制度变迁，起到了至关重要的作用。该思想在儒家教义中被赋予了深厚的内涵，它不仅体现了"民惟邦本"的理念，更传递出尊崇生命、人文主义的精神传统。孔子将民本思想深嵌在"仁"的定义中，认为"仁"的真谛即"爱人"，而这里的"人"特指广大的百姓。翻阅儒家古籍，便能察觉民本思想的光辉。

（2）仁政思想的价值

在儒家政治思想体系中，"仁"的理念始终居于核心位置，其在政治行为中的表现被称为"仁政"。孔子倡导"为政以德"，主张统治者应持有仁爱之心治理国家，以此达到对民众的道德教化。孟子不仅继续弘扬了孔子对"仁"的理解，更进一步将这一思想延伸至政治、经济和文化等领域，形成了一套更为完整的仁政学说。他将人性本善的论点作为其政治理论的基础，主张通过实施体现同情与怜悯的策略来管理国家。孟子提出"以不忍人之心，行不忍人之政，治天下可运之掌上"，明确指出应当推行对民众持同情与怜悯态度的政策，也即所谓的"不忍人之政"[1]。

在儒家政治思想体系中，"仁"与"礼"形成了核心与外延的关系。其中，"仁"为基础，而"礼"则是其具体的表现形式。如果缺乏"仁"的内核，那么"礼"的外壳很快就会瓦解；在没有"礼"的指导下，"仁"的实现变得极为困难。因此，要想实现仁政，二者需要相互补充，共同作用。孔子在他的思想中强调，为了达到政治的道德化，需要依赖于礼的规范和实践，从而主张"为国以礼"。孟子进一步指出："而或以无礼节用之，则必有贪利纠谲之

---

[1] 孟子. 孟子[M]. 哈尔滨：北方文艺出版社，2019：55.

名，而且有空虚穷乏之实矣。"①清晰地揭示了礼的重要性。孔子与孟子虽有各自的哲学侧重，但他们的思想都致力于重塑社会的伦理秩序。在政治实践层面，儒家主张仁政的实现必须通过礼的具体化，进而强调"为国以礼"的重要性。当每个人都能够恪守礼义，国家能够真正地实施仁政，那么民众将会更加富裕，国家也将更加强大。此外，礼法不仅是对民众的教育和管理手段，同时也是对官员的行为准则。

第一，儒家所主张的仁政思想，对于我国现代的政治建设和社会治理具有重要的参考价值。仁政思想为当下中国关于"依法治国"与"以德治国"策略的整合提供了理论基础。传统的儒家思想高度重视道德政策和道德教育，尊崇道德对个体和社会的引导力，从而为"以德治国"策略赋予了核心动力。另外，仁政在儒家思想中与"礼"是相辅相成的，确保了完整的礼仪制度，使民众得以遵循法规，生活井然有序，为"依法治国"的实施建立了坚实的理论框架。在当今多元文化与多种价值观共存的社会背景下，法治与德治两者都应得到平等重视，使二者相互补充、相辅相成。第二，仁政思想为当代领导干部提供了可资借鉴的为官之道。领导干部应当秉持正确的权力观，始终将人民的根本利益视为行动指南，应该全心全意为人民服务，权力应用于造福人民，而非私利。更为关键的是，领导干部应深切关心人民的需求和困境，始终保持与人民的紧密联系，倾听他们的声音，切实解决他们的实际问题，才能确保社会的持续稳定和健康发展。

3.教育思想的价值

在儒家思想中，教育、教化天下被视为治理国家的核心要素。作为中华历史上最杰出的教育思想家，孔子始终强调人口、财富与教育三者对于国家的建设意义，并将其中的教育元素视为"立国"之根本。孟子进一步阐释道："善政不如善教之得民也。善政，民畏之；善教，民爱之。善政得民财，善教得民心。"该思想揭示了在治理策略中，教育是赢得人民心意的关键手段。总的来说，儒家教育观点涵盖三个方面，即"有教无类""因材施教"以及"尊师重道"等核心思想。

---

① 孟子.孟子[M].哈尔滨：北方文艺出版社，2019：67.

（1）"有教无类"思想的价值

《论语·卫灵公》中的"有教无类"深刻地反映了孔子的教育思想。在孔子的时代，社会正在经历从奴隶制向封建制的转型。[①]在这个历史节点，奴隶制的影子仍然盘旋，教育依然是"学在官府，民间无学"的模式，只有社会上层的贵族才有权接受教育。随着时间的推移，社会生产工具和经济结构的变革导致井田制度的瓦解，王权和奴隶主贵族的势力随之衰退。孔子察觉到这一变革，提出"有教无类"的思想，意在通过扩大教育接受者的范围来缓解社会矛盾并稳定治理格局。在此教育观念下，教育的受益者不再受种姓、贫富或地域的限制，只要有学习的愿望，均可享有受教育的机会。

"有教无类"的教育哲学在现代教育改革中仍然具有深远的意义。自改革开放以来，中国的教育事业迅速发展，实施了九年义务教育制度，大大降低了文盲率，同时，中高等教育也取得了显著进展，并在教育资金方面持续增投。尽管如此，在教育的普及与公平性方面，仍有许多待完善之处。因此，"有教无类"的理念不仅在理论上为确保我国教育公平提供了有力支撑，也在实践中对促进社会主义核心价值观的传播和深化具有不可替代的作用。它鼓励我们更坚定地推动义务教育的全面实施，合理分配教育资源，拓展办学路径，从而确保更多的人享有平等的教育机会。

（2）因材施教思想的价值

孔子主张"因材施教"，意指针对不同的学生特性采用相应的教育策略。例如，《论语》中所记，子路询问："闻斯行诸？"孔子回答："有父兄在，如之何其闻斯行之？"冉有同样提问，孔子答："闻斯行之。"公西华进一步询问："子路提出'闻斯行诸'的问题，您称'有父兄在'；而冉有也提问'闻斯行诸'，您答'闻斯行之'。此同问并答所引起的疑惑，敢问何解？"孔子解释称："冉有因其谦逊之性格而退缩，因此应鼓励之；仲由因其胜过于人之性，所以应适当地制衡。"由此，孔子的"求也退，故进之；由也兼人，故退之"揭示了其因应学生性格差异而施教的理念。[②]在教育实践中，这种个性化的教育策略承认了学生的独特性和差异性。当代教育特别是在弹性学习制度

[①] 孔子. 论语[M]. 福州：海峡文艺出版社，2012：166.

[②] 同上，107-111.

的构建中，应重视"因材施教"的理念，这不仅有助于满足个体与社会的发展需求，还为教育改革提供了理论支撑。

（3）尊师重道思想的价值

在儒家的核心思想中，尊师重道占据了至关重要的地位。唐代文学家韩愈的《师说》中写道"圣人无常师。孔子师郯子、苌弘、师襄、老聃。郯子之徒，其贤不及孔子。孔子曰：'三人行，则必有我师。'是故弟子不必不如师，师不必贤于弟子，闻道有先后，术业有专攻，如是而已。"表达了学习观点与尊师思想。孔子深知学术的海阔天空，主张"学无常师"，并尊崇那些拥有深厚学识和崇高道德的人们。他持有"三人行必有我师"的教学哲学不仅为教育职业确立了崇高的标准，而且在历史长河中获得了广泛的认同与赞誉。此外，儒家对于尊师重道的倡导对后代产生了深远的影响，为我国的科教兴国战略和建设教育强国提供了宝贵的思想指引。

（二）中华优秀传统文化传播与传承的重要意义

1.促进中华文明传承发展的内在要求

中华优秀传统文化作为中华民族的灵魂，是历史的瑰宝，也是世界文化宝库中的重要组成部分。它如同一条源远流长的河流，穿越时空，见证了中华民族的发展与变迁，承载着深厚的历史积淀和丰富的文化内涵。中华文化在这片肥沃的土地上生根发芽，茁壮成长。农耕文明为中华文化的形成和发展提供了坚实的基础，培养了中华民族勤劳、智慧、务实的精神特质。在这片土地上，我们的祖先不仅创造了丰富的物质文明，更通过世代传承孕育出了璀璨夺目的精神文明。

数千年的历史沉淀使中华文化形成了一套独具特色的价值观和世界观，这些价值观和世界观深深植根于中华民族的文化基因中，体现了中华文化对自然和谐共生的崇尚，对家庭伦理和社会秩序的尊重，以及对道德伦理的追求。这些文化精神不仅塑造了中华民族的性格，也为社会的发展和进步提供了强大的精神动力。在面对外来文化时，中华文化始终保持着积极的态度和明智的选择。通过吸收外来文化的精华，排除其中的糟粕，中华文化实现了与世界文化的交流与融合，不断丰富自身的内涵和外延。这种包容和融合的能力不仅使中华文化更加多元和丰富，也使其在世界文化舞台上更加光彩夺目。

2.提升中华文化软实力的重要抓手

中华优秀传统文化是我国文化软实力的基石，其中所蕴含的丰富文化理念、人文情怀与哲学思想对现在和未来的文化发展具有重要意义。这些宝贵的文化资源不仅为国人提供了独特的文化身份认同，也为文化创新提供了源源不断的灵感。因此，十分有必要对中华优秀传统文化进行深入研究，挖掘其当代价值，推动其创新发展。

（1）深入研究中华优秀传统文化的内涵与特点，包括对传统文化中的价值观、道德观、审美观等方面的系统梳理，以及对传统文化中蕴含的哲学思想、人文精神、科技智慧的全面探讨。通过深入研究，可以更好地理解传统文化的内在逻辑和体系，为当代文化创新提供理论支撑。

（2）在传承基础上发展中华优秀传统文化。传承是发展的前提，要尊重历史、继承传统，把传统文化中的优秀元素融入当代文化创作，使之成为新时代的文化符号。要把握时代脉搏，以现代人的审美需求和价值观念为导向对传统文化进行创新性发展，使之更具现代感和时代特色。

（3）加强中华优秀传统文化的国际传播。通过文化交流、文化传播、艺术交流等形式，让世界人民了解和认可中华优秀传统文化，从而提升我国在国际文化舞台上的影响力。积极推动中外文化互鉴互学，以中华优秀传统文化为纽带加深与世界各国人民的友谊和理解，为构建人类命运共同体贡献力量。

（4）培养一批具有国际视野、熟悉传统文化、善于创新的文化人才。人才是传承和发展中华优秀传统文化的生力军，也是提升国家文化软实力的重要力量。因此，要加强对人才的培养和选拔，为文化事业发展提供人才保障。

在新时代背景下，要充分认识中华优秀传统文化的重要性，深入研究、传承发展、创新创造，以此推动我国文化软实力的提升，构建符合新时代发展要求的中国特色社会主义核心价值体系。这既是国人肩负的历史使命，也是为实现中华民族伟大复兴而团结奋斗的方向。

3.奠定社会主义核心价值观的文化基石

2014年5月，习近平总书记在与北京大学学生的亲切交流中，深刻指出了社会主义核心价值观与中华优秀传统文化之间存在的紧密联系。这种联系并非偶然，而是基于深厚的历史积淀和民族基因的共鸣。中华优秀传统文化作为中华民族几千年文明的结晶，其价值体系独具特色、深入人心，是民族精神和民族风骨的重要体现。

从这个层面考量，中华优秀传统文化的关键地位毋庸置疑。身为社会主义核心价值观的基石和起源，中华优秀传统文化对于塑造民族精神、传扬民族文化、凝聚民族力量等方面起到了极其重要的作用，是连接中华民族的关键精神纽带，也是维护国家文化安全的重要屏障。

在新时代背景下，中华优秀传统文化的进步具有重大的实际价值：有利于弘扬民族精神，强化民族凝聚力与向心力；有利于传承民族文化，促进文化的创新及发展；有利于提升国家文化软实力，增强国际影响力；有利于构建社会主义和谐社会，推动社会的发展与进步。

二、中华优秀传统文化中的劳动育人思想

中国传统文化源远流长、博大精深，其中劳动教育思想是值得我们深入挖掘、学习和继承的宝贵精神财富。这些思想在新时代背景下仍然具有深远的意义，能够为大学生劳动教育提供有力的理论支持和精神动力。

中华优秀传统文化中的劳动教育思想内涵丰富，其中勤劳勇敢、自强不息的民族精神是劳动教育的核心。自古以来，中华民族就倡导勤劳致富，强调通过辛勤劳动创造美好生活。勤劳勇敢不仅是中华民族的传统美德，更是推动社会进步的重要力量。在劳动教育中，应该弘扬这种精神，引导大学生树立正确的劳动观念，珍惜劳动成果，尊重劳动价值。

知行合一、躬行践履的实践意识也是中华优秀传统文化中劳动教育的重要思想。古人强调"读万卷书，行万里路"，注重理论知识与实践相结合。在劳动教育中，应注重培养学生的实践能力和创新精神，让他们在亲身参与劳动的过程中，将理论知识转化为实践技能，实现知行合一。

自食其力、劳能修心的教育观念是中华优秀传统文化中劳动教育的又一重要内容。古人认为，劳动不仅能够创造物质财富，还能修身养性，提高个人素质。在劳动教育中，应该引导学生认识到劳动的价值和意义，培养他们的独立生活能力和自我管理能力，让他们通过劳动实现自我价值和社会价值

的统一。

此外，中华优秀传统文化中还强调劳动为"立命之本"的思想主张。劳动是人类生存和发展的基础，是实现自我价值和社会价值的重要途径。在劳动教育中，应该引导学生认识到劳动对于个人成长和社会发展的重要性，培养他们的劳动习惯和劳动技能，让他们在未来的生活和工作中能够充分发挥自己的潜力和才能。

（一）勤劳勇敢、自强不息的民族精神

神农尝百草、大禹治水、愚公移山等故事在中国古代流传甚广，历经千年而不衰，其根本原因便在于这些故事中所蕴含的勤劳勇敢、自强不息的精神追求。这些故事不仅是古人的想象和创作，更是他们对生活、对社会的深刻理解和感悟的结晶。

艺术源于生活，而古代的神话故事便是劳苦大众社会心声的真实反映。在这些故事中，可以看到诸如女娲、夸父等神话人物不辞辛劳地贡献自己的力量，为人类社会作出了卓越的贡献，从而成为人们歌颂的对象。以大禹治水为例，他十三年间辛勤工作，三次路过家门而不入，展现出了勤劳勇敢的典型代表形象。正是这些人物身上所体现的勤劳勇敢、自强不息的精神，才使他们受到世人的爱戴和尊敬。

社会进步离不开广大人民群众的辛勤劳动。在漫长的历史长河中，中华儿女在开垦荒林、抵御自然灾害的过程中，逐渐养成了自强不息的民族精神。这种精神成为推动社会不断向前发展的强大动力。如今，随着时代的发展，人们的生活环境、生活条件得到了极大的改善。然而，不能因为环境的舒适而颓废懈怠，更不能养成好吃懒做、追求不劳而获的不正确劳动价值观。

深入挖掘中华优秀传统文化中勤劳勇敢、自强不息的民族精神，用以培养大学生艰苦奋斗的精神。通过弘扬这些精神，可以激发大学生的劳动热情和创新精神，让他们在劳动中体验成长的快乐和劳动的价值。

（二）知行合一、躬行践履的实践意识

中国自古以来便有着教育与生产劳动相结合的思想，这一思想体现了对理论学习与实践活动有机结合的高度重视。作为传统的农业国家，中国几千年的农业生活不仅推动了农耕文明的不断发展,更孕育了独具特色的古代耕读文化。

"耕"与"读"作为耕读文化的两大核心要素,分别代表了农业生产劳动与读书学习。在古代,二者被巧妙地结合在一起,形成了独特的教育方式。例如,春秋战国时期的张履祥便提出了"读而废耕,饥寒交至;耕而废读,礼仪遂亡"[1]的观点,强调了农业劳作与读书学习之间的紧密联系。

墨子这位出身贫农的思想家,根据个人生活经历提出了"士虽有学,而行为本焉"的观念。[2]他强调亲身实践的重要性,主张将劳动生产的经验技能纳入教学之中。在墨子看来,实际操作能力与个人的道德素养、文化水平同等重要,这体现了对实践与理论并重的教育理念。

魏晋南北朝时期,田园诗人陶渊明以其优美的诗篇描绘了一边读书一边耕种的生活场景,无疑是教育与生产实践相结合思想的生动体现。陶渊明在诗中展现出的那种悠然自得、自然和谐的生活态度,不仅让人们感受到了耕读文化的魅力,更让人们深刻领悟到实践与认知相结合的重要性。

受耕读文化的影响,中国古代的思想家普遍强调"知行合一"的理念,注重将理论知识与实践活动相结合。东汉末年的王充便是其中的佼佼者。他认为,"如无闻见,则无所状""不目见口问之,不能尽知也"。这些观点都强调了实践经验积累的重要性,认为只有亲身去见到、听到,才能真正了解事物的本质和规律。

如今,注重认知与实践相结合的思想对于大学生劳动教育仍具有重要意义。然而,当前大学生劳动教育或多或少存在着一些问题,如流于表面、只讲授理论知识、实践活动开展频率低等。这些问题导致学生的科学文化水平与实际操作动手能力不匹配,难以真正实现劳动育人的目的。

因此,需要深入挖掘古代优秀传统文化的精髓,继承古人的劳动教育思想,强化实践与认知相结合的理念。通过加强劳动教育,引导大学生积极参与实践活动,将所学理论知识与实际操作相结合,真正做到"知行合一"。这样不仅能够提高学生的实际操作能力,还能够培养他们的创新精神和实践能

---

[1] 张履祥. 训子语[M]. 杭州:浙江古籍出版社,2014:16.
[2] 周才珠等译注. 墨子全译[M]. 贵阳:贵州人民出版社,1995:10.

力，为未来的职业生涯奠定坚实的基础。

（三）自食其力、自立自强的教育观念

在当今社会，加强培养学生的艰苦奋斗精神显得尤为重要。特别是在大学阶段，对于培养大学生自食其力、自立自强的品质，更是刻不容缓。墨子曾言："赖其力者生，不赖其力者不生。"这句话深刻揭示了劳动的重要性，也为高校对学生加强劳动教育提供了有力的思想武器。

首先，劳动对于个人生存的重要性。在古代，劳动教育不仅引导人们要自食其力，养成独立自主的习惯，还帮助人们修身养性。正如颜元所言："人心，动物也，习于事则有所寄，而不妄动。"[1]通过劳动，人们的心灵得到寄托，杂念得以消除。同时，劳动还能增强人与人之间的沟通与交流，进而促进社会的和谐发展。

其次，劳动对于身心健康具有积极作用。颜元进一步指出："常动则筋骨竦，气脉舒。"这意味着劳动可以强身健体，提高身体素质。同时，劳动活动还能磨练个人意志，培养顽强拼搏的性格。对于大学生来说，参与劳动活动不仅能提升他们的身体素质，还能帮助他们树立正确的价值观，培养他们的社会责任感。

最后，劳动教育还有助于提升大学生的思想素质。通过劳动，大学生能够亲身体验到劳动的艰辛与乐趣，从而更加珍惜劳动成果，形成正确的劳动观念。同时，劳动还能培养大学生的团结协作精神，让他们学会在集体中发挥自己的作用，为社会的进步贡献自己的力量。

加强艰苦奋斗精神的教育对于培养大学生自食其力、自立自强的品质具有重要意义。高校应该从多方面入手，通过劳动教育引导大学生树立正确的劳动观念，提高他们的身心素质，为他们的全面发展奠定坚实的基础。同时，也应该重视劳动教育在社会发展中的作用，因此国家应推动全社会形成崇尚劳动、尊重劳动的良好氛围。

---

[1] 颜元. 颜元集[M]. 北京：中华书局出版社，1987：45.

（四）"立命之本"的思想主张

《周书》中曾言："农不出则乏其食，工不出则乏其事，商不出则三宝绝，虞不出则财匮少，财匮少而山泽不辟矣。此四者，民所衣食之源也。"[①]这段话深刻地揭示了劳动在人类社会发展中的核心地位，劳动不仅创造了物质财富，更孕育了精神财富，成为人们获取生存资料的关键手段。一旦离开了劳动，社会将陷入停滞甚至倒退的境地。

在古代，墨子曾强调："凡五谷者，民之所仰也。"这句话深刻地揭示了劳动对于人民生存的重要性。五谷是百姓生活的基本需求，而劳动则是获取五谷的必要手段。因此，劳动不仅是谋生的方式，更是生存的前提。

明代学者吕坤也曾在著作中提到："一年不务农桑，一年忍饥受冻。"这句话用生动的比喻强调了劳动对于生活的重要影响。如果一年不进行农业生产，那么就会面临一年的饥饿和寒冷。这充分说明了劳动在人们生活中的重要性，也提醒我们要珍视劳动成果，尊重劳动人民的辛勤付出。

清代名臣曾国藩也极为重视劳动的重要性。他提出"以耕读二字为本，乃是长久之计"的观点，这既是他对教育的深刻认识，也是对劳动价值的肯定。他认为，农业生产活动是人们谋生的基础，而读书则是提升个人素质、实现自我价值的重要途径。只有将二者结合起来，才能实现个人的长远发展。

通过以上这些古人的论述，可以看出他们对劳动事关人类生存发展有着深刻的认识。劳动不仅是物质财富的源泉，更是精神财富的摇篮。社会的发展、国家的进步都离不开劳动人民的辛勤付出和智慧创造。

因此，高校要继承古人关于劳动是安身立命之本的思想，向青年学生传递劳动光荣、劳动伟大的价值取向；要引导青年学生认识到劳动的重要性，积极参与劳动实践，通过劳动锻炼自己的意志品质、提升个人素质；还要鼓励青年学生认真学习专业知识，掌握先进的生产技能和管理经验，为未来的职业发展奠定坚实的基础。总之，劳动是人类生存和发展的基石，应该珍视劳动成果、尊重劳动人民、弘扬劳动精神。

---

① 李埏.《史记·货殖列传》研究[M]. 昆明：云南大学出版社，2002：34.

三、中华优秀传统文化在高校劳动育人中的应用

中华优秀传统文化博大精深，蕴含着丰富的劳动文化和育人元素，将其进行创造性发展和创新性转化，具有重要意义。在全面总结劳动教育实践经验的基础上，深入探索中华优秀传统文化融入高校劳动教育的"文化—课程—实践"三位一体的模式，并从基本原则、要素关系、实践路径三个维度出发，建构完整框架和运行逻辑。

首先，明确高校劳动育人模式建构的基本原则。这些原则主要包括要素协同性和主体联动性的统一、科学性和人文性的结合，以及稳定性和开放性的并重。在要素协同性和主体联动性方面，强调文化、课程、实践三者紧密结合，形成合力，共同服务于劳动教育目标的实现。同时，注重教师引导和学生主体作用的结合，激发学生的积极性、主动性和创造性。在科学性和人文性方面，强调模式的实施必须符合教育规律和学生身心发展规律，同时注重人文素养和人文关怀，实现劳动教育的价值向度。在稳定性和开放性方面，坚持模式的正确发展方向，保持稳定性，同时保持开放性，借鉴经验，完善自身。

其次，深入分析高校劳动育人模式要素的相互关系。文化、课程和实践是三位一体的劳动教育模式中的三个核心要素，它们之间相互作用、相互依存。文化作为劳动教育的灵魂和特色，为课程和实践提供了深厚的底蕴和支撑。课程作为承载优秀传统文化的物质载体，在课程标准、内容、要求等方面得到充分体现，为实践提供了学理支撑和理论指导。实践作为文化传承发展的根本源泉和主要方式，是文化和课程得以实现的重要途径。在实践中，学生不仅能够理解、应用和升华课程知识，还能够在生动的实践中提升综合素养。

最后，要对高校劳动育人模式的实践路径进行详细阐述。在实践中，我们注重将劳动教育与学生的日常生活、社会实践相结合，让学生在亲身体验中感受劳动的乐趣和价值。同时，积极探索多种形式的劳动教育方式和方法，如组织劳动竞赛、开展志愿服务等，以激发学生的学习热情和参与度。

第三节　中国共产党关于劳动育人的劳动教育政策支撑

一、中国共产党人的劳动育人思想

历览前贤国与家，成由勤俭败由奢。自古以来，无论是国家还是个人，其兴衰成败往往与劳动和节俭的态度息息相关。我们党自诞生之初，便深深根植于劳动和劳动人民的土壤中，历经近一个世纪的风雨洗礼，依然砥砺前行，书写着辉煌的历史篇章。

自嘉兴南湖的红船扬帆起航，我们党的劳动运动便如火如荼地展开。共产党人始终怀揣着坚定的理想和必胜的信念，以不畏艰辛、励精图治的精神状态和脚踏实地、艰苦奋斗的作风，顽强拼搏、艰苦创业。他们深知只有通过辛勤的劳动，才能创造丰功伟业，实现民族的伟大复兴。

在长期的革命建设改革过程中，我们党积累了丰富的历史经验，也创造了宝贵的精神财富。其中，劳动育人思想便是其中的重要组成部分。这一思想源自中国共产党团结带领全体劳动人民进行伟大实践的结晶，体现了我们党对劳动和劳动人民的高度重视和深厚情感。

劳动育人思想的核心在于通过劳动实践来培养人的品质和能力。我们党认为，劳动不仅是一种生存方式，更是一种磨练意志、提升素质的重要途径。因此，在革命建设改革的各个时期，我们党都积极组织广大劳动人民参与劳动实践，让他们在劳动中锤炼品质、增长才干。

通过劳动育人思想的实施，我们党培养了一代又一代拥护中国共产党领导和我国社会主义制度、立志为中国特色社会主义事业奋斗终身的合格建设者和可靠接班人。这些人才不仅具备坚定的理想信念和过硬的业务素质，更拥有吃苦耐劳、勇于创新的精神品质，为我国的现代化建设作出了重要贡献。

在新时代，我们更应该继承和发扬劳动育人思想的优良传统。习近平同志指出："中华民族是勤于劳动、善于创造的民族。正是因为劳动创造，我们拥有了历史的辉煌；也正是因为劳动创造，我们拥有了今天的成就。"[①]要引导广大劳动人民树立正确的劳动观念，珍惜劳动成果，尊重劳动人民。同时，也要加强劳动教育，让青少年在劳动中体验成长的快乐，培养他们的创新意识和实践能力。只有这样，才能不断推动社会进步和发展，实现中华民族的伟大复兴。

（一）教育同生产劳动和社会实践相结合

教育同生产劳动和社会实践相结合，这一原则在我国社会主义教育体系中占据了举足轻重的地位。这一原则不仅体现了教育与劳动之间的紧密联系，更揭示了教育对于培养全面发展的社会主义建设者和接班人的重要性。

在过去很长一段时间，教育同生产劳动和社会实践的结合被视为培养学生的共产主义和集体主义道德的根本途径。通过参与劳动实践，学生不仅能够锻炼身心，增强体质，更能够在实践中领悟到劳动的艰辛与伟大，从而培养出对劳动人民的深厚感情和对社会主义事业的坚定信念。

进入新时代以来，教育同生产劳动和社会实践相结合的原则被赋予了新的时代要求和价值内涵。随着社会的快速发展和科技的不断进步，劳动和劳动者的内涵也在不断延伸和拓展。新时代的劳动不仅涵盖了传统的体力劳动，更包括了智力劳动、创新劳动等多种形式。因此，教育同生产劳动和社会实践的结合也需要与时俱进，不断拓展其内涵和形式。

具体来说，教育同生产劳动和社会实践的结合是指将教育活动同日常生活劳动、生产劳动和服务性劳动结合起来。在日常生活劳动中，学生可以学习如何管理自己的生活，培养自理能力和责任感；在生产劳动中，学生可以亲身体验到劳动的艰辛和创造价值的过程，从而更加珍惜劳动成果，增强劳动意识；在服务性劳动中，学生可以学习如何为他人服务，培养奉献精神和社会责任感。这种结合不仅有助于学生在实践中学习知识和技能，更能够促进他们形成正确的劳动价值观。通过参与劳动实践，学生可以深刻认识到劳动是创造美好生活的源泉，是推动社会进步的重要力量。同时，他们也能够

---

① 习近平.在庆祝"五一"国际劳动节暨表彰全国劳动模范和先进工作者大会上的讲话[N].人民日报，2015-04-29（002）.

在劳动中体验到合作与分享的快乐，增进对集体和社会的归属感。

此外，教育同生产劳动和社会实践的结合还有助于培养学生的家国情怀。在参与劳动实践的过程中，学生可以更加深入地了解社会生产方式和社会结构，从而增强对国家和民族的认同感和自豪感。他们能够更加清晰地认识到自己作为社会主义建设者和接班人的责任和使命，为实现中华民族伟大复兴的中国梦贡献自己的力量。

（二）逐渐消灭体力劳动与脑力劳动的差别

在现代科学劳动视角下不难发现，脑力劳动因其创造性、复杂性和高附加值，逐渐成为价值创造的主体。在现代工厂中，工人坐在控制室里，通过操纵计算机和机器设备，实现了对生产过程的精准控制。尽管如此，体力劳动仍然发挥着不可替代的作用，它是商品形成过程中的基础环节，也是实现社会生产和再生产的必要条件。

然而，随着脑力劳动地位的提升，一些人开始轻视甚至蔑视体力劳动和体力劳动者，这无疑是片面的。事实上，体力劳动与脑力劳动并非简单的对立关系，而是相互促进、相互融合的。在马克思、恩格斯的构想中，共产主义社会将彻底消除旧的分工，实现脑力劳动和体力劳动的有机结合，使人们在各尽所能的基础上实现按需分配，从而实现社会的共享和每个人自由而全面的发展。①

在我们社会主义国家，一切劳动都应得到尊重和鼓励。首先，要认识到世界上没有纯粹的脑力劳动，任何脑力劳动都离不开体力劳动的支持。毛泽东曾指出，工农是最伟大的阶级，他们的辛勤劳动为社会的发展提供了物质基础。即使在现代社会，离开了体力劳动者的辛勤付出，社会将无法正常运转。

其次，体力劳动和脑力劳动并非简单的相加，而是有机融合、相互促进的过程。在体力劳动中，人们通过亲身实践发现问题、解决问题，从而激发研究兴趣和创新思维；脑力劳动则能够将理论知识转化为实践指导，提高劳动效率和质量。两者相辅相成，共同推动社会进步和发展。

---

① 邓小平. 邓小平文选（第1卷）[M]. 北京：人民出版社，1994：276.

再次，在信息化时代和文化多元的社会中，体力劳动与脑力劳动的结合显得尤为重要。调查研究作为一种理论与实践相结合的对策性应用研究，既需要脑力劳动者的理论分析和创新思维，也需要体力劳动者的实地调查和亲身体验。科学实验更是将科学知识转化为实际生产力的关键环节，它离不开脑力劳动者的精心设计和严谨分析，也需要体力劳动者的精准操作和细心观察。

最后，人类的劳动本身就是综合性的，体力劳动与脑力劳动的结合能够创造出更大的价值。在劳动育人实践中，应该注重培养劳动者的综合素质，使他们既具备丰富的实践经验，又具备扎实的理论知识。通过促进体力劳动与脑力劳动的均衡发展，可以培养出一批批既有专业技能又有智慧的劳动者，为社会的繁荣和发展贡献力量。

二、中国共产党提出的劳动教育政策

（一）劳动教育的法律法规

上位政策法规，作为党中央、国务院层面针对各个领域制定的具有约束和指导作用的决议、决定、条例以及宪法法律的相关规定，对于推动国家发展、促进社会进步具有举足轻重的地位。在2018年修订的《中华人民共和国宪法》中，劳动和教育两大关键词被多次提及，"劳动"一词共出现了29次，而"教育"一词也出现了27次，足见其在国家发展中的重要地位。

宪法第一部分详细论述了劳动在促进经济社会发展、改善物质生产基础方面的重大作用。劳动不仅是创造社会财富的主要手段，更是推动社会进步的重要动力。同时，宪法也强调了教育在培养"四有"人才、确立个体价值观方面的积极意义。教育作为培养人才的摇篮，对于提升国民素质、推动社会文明进步具有不可替代的作用。

在宪法的第二部分，第二十八条至第四十八条对劳动和教育的权利进行了权威性的阐释。这些条款将劳动和教育纳入公民最基本的权利范畴，强调了劳动教育在促进就业、塑造健全人格、体现以人为本科学发展理念等方面的价值。劳动教育不仅有助于培养学生的劳动技能，更能帮助他们树立正确的劳动观念，形成健全的人格品质。

此外，国家在不同时期也出台了一系列政策法规，以推动劳动教育的深入发展。例如，2017年1月，国务院印发的《国家教育事业发展"十三五"规划》中明确指出，要加强劳动教育，践行知行合一，充分发挥劳动综合育人功能。这一规划为劳动教育的发展指明了方向，也为学校开展劳动教育提供了政策保障。

在2015年修订的《中华人民共和国教育法》中，劳动教育的地位和重要意义得到了进一步强调。该法明确指出了劳动教育在立德树人、培养社会主义核心价值观以及提高受教育者社会责任感、创新精神和实践能力方面的突出作用。这不仅为劳动教育的开展提供了法律依据，也进一步明确了劳动教育在培养新时代人才中的重要地位。

此外，早在2001年5月，国务院发布的《关于基础教育改革与发展的决定》中，就将"坚持教育必须为社会主义现代化建设服务，必须与生产劳动和社会实践相结合"作为21世纪基础教育改革与发展的基本方针。这一方针强调了劳动教育在基础教育中的重要地位，也为学校开展劳动教育提供了指导方向。

在更早的1966年，颁布的《中华人民共和国职业教育法》则明确指出了发展职业教育的目的是实施科教兴国、人才强国战略，提高劳动者素质，促进社会主义现代化建设。这一法律为职业教育的发展提供了法律保障，也为劳动教育的开展提供了有力支持。2022年修订的《中华人民共和国职业教育法》开宗明义地指出，职业教育的目的就是提高劳动者素质和技术技能水平，促进就业创业，建设教育强国、人力资源强国和技能型社会，推进社会主义现代化建设。

（二）劳动教育的政策文件

自1993年以来，我国教育部门对于劳动教育的重视程度不断提升，这不仅体现在政策文件的出台上，更体现在对劳动教育的深入理解和全面推广上。

1993年，中共中央、国务院印发的《中国教育改革和发展纲要》明确提出了加强劳动观点和劳动技能教育的重要性。这一政策文件将劳动教育视为人的全面发展的关键组成部分，并强调它是从"应试教育"向"素质教育"转变的重要方向。这一观点的提出为后续的劳动教育改革奠定了坚实的基础。

进入21世纪，我国对于劳动教育的重视程度进一步加深。2010年发布的《国家中长期教育改革和发展规划纲要（2010—2020年）》在原有的"德智体全面发展"的基础上，进一步拓展为"德智体美劳全面发展"，将劳动教育正式纳入全面发展的教育体系之中。这一变化不仅体现了对劳动教育的重视，也反映了我国对于人才培养理念的不断更新和完善。2015年7月，教育部、共青团中央等部门联合印发《关于加强中小学劳动教育的意见》，明确提出"劳动教育是全面贯彻党的教育方针的基本要求，是实施素质教育的重要内容，是培育和践行社会主义核心价值观的有效途径"。随后，教育部相继印发了一系列关于劳动教育的文件，进一步细化和落实了劳动教育的具体要求和措施。例如，2018年和2019年印发的相关文件中，都强调了社会实践活动在大学生组织协调管理能力上的重大意义，并将其与其他"四育"相结合，共同促进学生的全面发展。

2019年，我国教育现代化进程进一步加速，《中国教育现代化2035》与《加快推进教育现代化实施方案（2019—2022年）》的印发，进一步完善了"五育"并举的教育理念。这些文件明确指出劳动教育课程对学生的身心健康、爱国主义情怀以及奋斗精神培育具有重大影响，是构建一体化育人体系的重要组成部分。

在政策的推动下，各地各校纷纷开展劳动教育课程的研发和实施。教育部和财政部联合印发的《关于实施中国特色高水平高职学校和专业建设计划的意见》中，更是旗帜鲜明地阐述了劳动教育对德智体美的重要作用，强调要加强劳动教育，以劳树德、以劳增智、以劳育美。

为了确保劳动教育的有效实施，教育部门还制定了详细的指导纲要和实施方案。此外，教育部门还严格落实课时安排和学分制的要求，确保劳动教育课程得到充分地重视和保障。这一举措不仅提高了劳动教育的地位和影响力，也促进了教育综合改革和素质教育的深入发展。

因此，立足新时代，各地各校要认真学习贯彻习近平总书记关于教育的重要论述和关于劳动教育的系列论述，深入落实党中央、国务院关于全面加强新时代大中小学劳动教育的决策部署，把劳动教育纳入人才培养的全过程，聚焦政策、课程、基地、支持、竞赛"五个体系"的建设，打出系列"组合拳"，着力培养学生的劳动意识、劳动精神、劳动能力，促进学生的全面发展和健康成长。

第三章 新时代高校劳动育人的主要内容

在新时代背景下，高校劳动育人需要从多方面展开，综合提升学生的劳动素养，如劳动行为观念、劳动知识技能、劳动身体素质、劳动审美素养、劳动创新能力、劳动心理品质、劳动法律意识、数字劳动技术。为此，本章就围绕上述几个方面内容展开深入研究与分析。

第一节 劳动行为观念

劳动是人的本质，也是人的生存方式。马克思曾指出："人们自己创造自己的历史，但是他们并不是随心所欲地创造，并不是在他们自己选定的条件下创造，而是在直接碰到的、既定的、从过去承继下来的条件下创造的。"在社会主义初级阶段，党高度重视劳动价值的实现，不仅明确指出要实现劳动者的全面发展，还要为劳动者实现全面发展提供制度保障。在新时代背景下，高校学生要将劳动价值观内化于心、外化于行，就必须坚持"三全育人"理念。高校作为培养社会主义建设者和接班人的重要阵地，要充分发挥"三全育人"工作中劳动价值的引领作用，实现育人工作由"以教为本"向"以生为本"转变。

通过对多所高校开展调查发现，当前高校劳动教育主要存在以下问题：一是对劳动教育的价值内涵缺乏统一的认识，对劳动教育的重视程度不够，导致劳动教育的内容存在缺失，且由于高校学生是我国社会经济建设中的重要力量，因此高校在培养学生的劳动价值观方面承担着更大的责任和使命，但目前许多高校还未将劳动教育纳入人才培养的全过程，未能真正发挥出其应有的价值和作用；二是劳动教育课程体系不够完善，未能全面发挥出其在思想政治教育中的作用；三是缺乏系统完善的劳动实践平台，高校未能根据学生的不同特点构建完善、开放、有效的劳动实践平台，导致学生缺乏实践锻炼和体验；四是缺少专门性、系统性、理论性较强的劳动价值观念课程体系，高校未能根据社会需求和学生特点构建科学合理的劳动价值观念课程体系；五是缺少以企业为主体，以技能与实践为导向的劳动价值观课程体系。

从当前高校学生对劳动教育的认知情况来看，大部分学生对劳动教育内涵具有明确认识，但他们对新时代下加强和改进大学生思想政治教育工作仍存在一定的困惑和疑虑。一方面仍有部分学生存在错误认识，如认为学生应该以学习为主等；另一方面是学生在面对一些错误思想时，不能自觉抵制和反驳。在面对新时代下加强和改进大学生思想政治教育工作中出现的新情况、新问题时，许多高校未能结合实际情况创新工作方式、方法。因此，如何有效运用三全育人理念优化高校劳动价值观念培养策略是当前亟须解决的重要问题。

一、当代大学生劳动价值观危机的表现

培养学生形成正确的劳动价值观在劳动教育体系中有着举足轻重的地位，其关乎时代新人的全面成长。劳动价值观作为劳动教育的核心要素，引领学生崇尚勤俭美德、坚定奋斗信念，培养创新思维、践行奉献行为是实施劳动教育的题中应有之义。当下，网络社会的海量碎片化的信息中裹挟着多元价值形态，部分大学生受此影响，价值观错位，出现劳动意识钝化甚至蔑视劳动的现象，因此剖析当代大学生劳动价值观的危机及其原因，提出破解理路，不仅是大学生全面成长所需，也是民族复兴所望。

崇尚劳动、重视劳动一直都是中华民族的优良传统，亿万劳动人民在站起来、富起来到强起来的历史征程中，用勤劳和奋斗创造了令人瞩目的辉煌成就。反观当下，非理性消费、躺平主义、从众心理、精致利己主义成为当下大学生的症结所在，透视这些现象可以洞察当下部分大学生的劳动价值观

危机。

（一）"非理性消费"对勤俭美德的弱化

非理性消费表现为消费水平呈现高消费趋势、消费结构不合理、消费方式崇尚超前以及消费观念追求个性化。2021年的一项研究报告指出，95后在奢侈品联名款、限量款方面的消费金额增长了300%；00后的新生代消费群体也是购物达人，有着惊人的消费力。①大多数情况下，当代大学生购买某件物品是希望获得外界更多的认同，以此来表达个性、彰显自我，确认并维护一种"身份"标识，并非出于使用的需要。勤俭是中华民族的传统美德，是中华文明的重要构成部分，部分大学生过度的物质欲望使其深陷无节制的非理性消费，这与"克勤克俭"的中华传统美德相背离。

（二）"躺平主义"对奋斗信念的侵蚀

"躺平主义"成为现象级流行语始于2021年风靡于互联网的一篇文章《躺平即是正义》，网友读罢"如获至宝"，也迭代出"躺平主义""躺平学大师""躺平族"这样的新话语。顾名思义，"躺平主义"指的是人们躺下来，选择无所作为的方式，满足于现状，低欲望生活。②在"躺平主义"的影响下，部分大学生以无欲无求的消极态度对抗竞争压力，不再积极渴求奋进，用自己的方式消解外在环境对个体的规训，然而在各种压力并存的当下社会，名副其实具备"躺平"资格并选择"躺平"的毕竟是少数大学生。伴随着网络信息时代成长起来的大学生，要实现更高水平和层次的发展，应该秉持蓬勃进取的奋斗观，而非"躺平"这一类消极价值观。躺平大学生以"不想努力、不想奋斗、不想打拼"的消极心态和佛系行为方式冲击了劳动立身、奋斗幸福的意志信念。

（三）"从众"心理对创新思维的消解

从众倾向是中国人消费行为的明显特点。个人受到客观环境的影响，在

---

① 金华.中银消费金融联合时代数据发布《当代青年消费报告》[N].华夏时报，2021-11-01.
② 马超，王岩."躺平主义"的群像特征、时代成因及其应对策略[J].思想理论教育，2022（04）：107.

心理作用的驱使下不自觉地表现出与大多数人行为一致的现象就是从众心理。当代大学生容易受到他人消费方式的影响，"你买我也买，你有我也要有"是当代大学生的心理诉求。在传播主体的全民化与去中心化的新媒体时代，每一个个体都能成为信息的生产者和传播者，而大学生极易被这些传播者"带节奏"，这可能会使部分大学生丧失独立个性和创造潜能。创新是历史进步的动力、时代发展的关键，但从众心理会抑制大学生的积极思维模式和精神状态，这可能会引发创新思维消弭的危机。

（四）"精致的利己主义"对奉献行为的削弱

中华文化素来提倡克己奉公、大公无私，对利己主义持否定态度。"精致的利己主义者"一般是指拥有高智商的个体，他们崇尚个人利益最大化，但由于受制于所生活的社会法律、道德舆论等因素，其往往懂得配合，知道该如何利用现有条件达到个人利益的最大化。微博关于"不能让学生成为精致的利己主义者"话题阅读达20.5万次，[①]可见，"精致的利己主义"在当代网民中有着极高的关注度。一项调查指出，60%以上的受访者表示大学生群体中存在"精致的利己主义"[②]，这一群体将随着社会竞争的加剧而愈来愈多，中国人民在几千年的历史长河中，守望相助、崇尚奉献，但是精致的利己主义者则表现为奉献利他行为缺失，反而通过无限向社会索取来维护个人利益，长此以往必将削弱社会上竭尽所能、倾囊相助的奉献行为。

二、当代大学生劳动价值观危机的成因探究

近年来，我国一大批大学生在脱贫攻坚、抗疫等实践中彰显出奋发图强的昂扬风貌，然而诸多因素的交错影响制约了大学生劳动价值观的健康发展，因此，需系统审视当代大学生劳动价值观危机的成因。

[①] 钱雅，王云丽. 大学生"精致利己主义者"现象形成的根源探究——从践行社会主义核心价值观视角[J]. 武汉冶金管理干部学院学报，2015（04）：49.

[②] 同上.

（一）非理性消费文化的持续泛起

在新媒体时代和短视频时代，各类商家、博主依附流量，借助社会热点或痛点打造消费热点，并逐渐向大众群体的日常生活延展，其以提高个体的购买黏性为抓手，刺激大众的消费欲望，宣扬非理性的消费观，大学生往往难以辨别并在潜移默化中受其影响。在这种持续泛起的非理性消费文化下，当代大学生被物品支配，沉溺于消费带来的即时感官快乐，生活的目的和重心变成了超前消费和炫耀性消费，金钱至上和财富至上成为生活的追求，甚至鄙视劳动、否认和贬低普通劳动者，这就掩盖了人们原本在劳动交往实践中形成的互助关系，误导其以不劳而获、少劳多获为荣。

（二）劳动教育的价值取向逐渐功利化

劳动教育是各个阶段学校教育的重要组成部分，是培养德、智、体、美、劳全面发展人才的过程中不可缺失的一环，具有独特的育人价值。然而，当前劳动教育依然面临以下困境。

一是社会普遍呈现出重视脑力劳动而轻视体力劳动的价值观念。一项研究发现，多数大学生选择职业时更看重脑力劳动，对体力劳动的职业不屑一顾。[1]究其缘由，大部分大学生刻板地认为相较于体力劳动的收入低和不体面，脑力劳动报酬高，也更体面。

二是在功利主义影响下的社会大环境中，不少学生更注重劳动教育提供的物质利益，认为劳动必须有所获得，因此收入水平与轻松程度成了劳动价值的评判标准[2]。

三是在开展劳动教育的过程中，由于社会生产力的发展进步带来经济的兴盛繁荣，人们愈发注重掌握一定的劳动技能，把劳动教育窄化为职业技术教育，劳动教育价值取向逐渐功利化，这就遮蔽了劳动教育以劳促全、协同育人的载体价值。

---

[1] 王玉香，杨克，吴立忠.大中小学青少年劳动状况调研报告——基于全国30省份29229名学生的实证调查[J].中国青年研究，2021（8）：46.
[2] 张旸，陈珊珊.中小学劳动教育的价值困境与本真复归[J].现代教育管理，2021（11）：14.

（三）大学生的劳动价值观话语体系有待系统构建

话语渗透着独特文化，承载着一定的价值取向。高校大学生是话语圈层中最具活力的主体，其不仅是被动的接受者，也是生产者和传播者，能够塑造新的话语。反观当下，大学生的劳动价值观话语体系明显缺位，具体来看：其一，大学生的劳动价值观话语未充分辐射到大学生的学习圈和生活圈，仍局限在学校和课堂，表现为社会参与性不足；其二，缺乏针对当代大学生的劳动价值观危机现象的全面分析和对思想困惑大学生进行专门的答疑解惑，同时在短视频时代，劳动价值观话语很容易淹没在影音、图像等碎片式传播的视觉冲击中，以致在大学生群体中逐渐失声；其三，教育大学生的劳动价值观话语对习近平总书记关于劳动的重要论述的引用稍显不足，忽视了大学生的话语交往习惯，有些许陈旧。要用好评价，创新劳动教育评价方式，尤其是要立足新时代大学生作为"网络原住民"的特点，充分利用大数据云平台、互联网等现代信息技术手段对学生的劳动认知发展、劳动素养生成等情况进行个性化的诊断分析，及时优化劳动课程设计与实施，全面提升学生的劳动素养。

三、当代大学生劳动价值观危机的破解理路

劳动为人们提供了认识世界和改造世界的桥梁，人们在劳动中得以自我创造、自我实现，而在新的时代境遇下，大学生的劳动价值观危机极大地弱化了其自身发展潜能，对大学生劳动价值观给予更具针对性的引导是我们面临的时代课题。

（一）大力营造劳动光荣的社会风尚

当代大学生出现劳动价值观危机，说明其劳动认知有待建立、劳动观念有待引导、劳动动机有待强化。因此，一方面，各大媒体平台应加大劳动光荣的宣传力度，扩大宣传范围，引导全社会树立劳动光荣、劳动崇高、劳动伟大的良好风尚，以此强化大学生的劳动意识、引导大学生的劳动观念、掌握劳动技能并体悟劳动价值。另一方面，构建家—校—社协同的劳动价值观

教育链，让勤于劳动、热爱劳动、尊重劳动者的劳动理念深入人心。

首先，就学校而言，要建立健全劳动素养评价体系与劳动教育工作评价体系，农村学校要结合乡村教育振兴开展劳动教育，城市学校要把劳动教育的开展与现代化城市发展结合起来。

其次，就家庭而言，要进一步增强父母对劳动教育意义的深度认识，使其在劳动机会创设、内容设定、形式创新等方面积极作为。

最后，就基层社区而言，要建立健全关于劳动教育社会责任的相关制度，积极推动有关部门加强青少年劳动教育所需的场所、设施与人才队伍建设，为大学生劳动教育搭建平台、提供阵地。坚持"社会资源向学校开放、学校教育向社会延伸"的理念，做好学校阵地和社区阵地联建、学校资源和社区资源联用、师资队伍与社区专业队伍联合，结合学生年龄、性别、性格等特点，创设活动机会，创新体验方式，结合团队日活动和社会实践活动，加强城乡学生交流，组织学生学工、学农活动，让学生走出教室，参与社会实践。

（二）坚持劳动理论教育与劳动能力教育有机结合

劳动价值观的形成需经历理论认知的引领和行动体验两个过程，并达到指导具体劳动实践行为的长期进行。一方面，大学生内化劳动价值观的前提和基础是形成理性认知。"如果没有基本的知识储备，价值观念将难以形成。"[1]因此，要用马克思主义劳动观武装大学生的头脑，把劳动能带来物质与精神的双重财富、劳动能帮助我们实现自我价值讲透彻，把劳动是创造价值的唯一源泉讲深刻，把人民创造历史、劳动开创未来的真知讲鲜明，把通过劳动带来的发展成就展示给大学生，也把"劳动托起中国梦"的决心和信心传递给大学生。"生产劳动给每一个人提供全面发展和表现自己的全部能力即体力和智力的机会。"[2]可以说，"劳动"才能促进大学生的全面发展。另一方面，要教育引导学生出力流汗，衔接起学校"小课堂"和社会"大课堂"，构建劳动价值观教育大格局，引导大学生动手劳动，要注重从家庭日常生活的

---

[1] 刘曦，李珂．青少年劳动价值观内化机制探析[J]．首都师范大学学报（社会科学版），2021（6）：185．
[2] 中共中央马克思恩格斯列宁斯大林著作编译局．马克思恩格斯文集（第9卷）[M]．北京：人民出版社，2009：311．

劳动延伸至社会的服务型劳动，建好、用好劳动教育实践基地，举办兼顾创新精神和包容心态的劳动实践活动。

（三）深入挖掘劳动教育的育人资源，建立全员育人格局

在"三全育人"的开展过程中，要求建立全员育人格局，不仅要有学校的重视，更需要学校各部门、各专业教师的支持和参与。在高校开展劳动教育时，要充分挖掘和利用各种劳动教育资源，发挥集体的智慧，把劳动教育融入各专业教学、学生管理、校园文化建设中去。

第一，充分利用劳动实践基地，组织学生进行勤工俭学。在专业教师的指导下，组织学生参与校内或校外的劳动实践活动，让学生在参与劳动实践活动中了解社情、民情及相关知识和技能。

第二，开展志愿服务活动。让学生走出校园、走向社会、走向乡村去开展志愿服务活动。通过志愿者服务活动让学生在服务社会和他人的过程中了解到劳动的意义和价值，认识到自身对社会发展的重要作用。

第三，通过举办各类技能竞赛活动来锻炼学生的实践能力，如举办"校园文化艺术节""五四演讲比赛"等形式多样的活动。

（四）创新劳动教育的实施模式，实现全过程育人

劳动教育是高校思想政治教育的重要组成部分，也是实现"三全育人"的重要途径之一。在"三全育人"视域下，高校要想实现劳动价值观念培养目标，就需要创新劳动教育的实施模式。

首先，从学生入学开始，就应在学生中树立"劳动光荣"的价值观。在高校开展劳动教育时，要通过思想政治教育将学生的思想引领到正确的轨道上来，使他们形成正确的劳动观和价值观。因此，高校在开展劳动教育时要把好"入口关"，确保学生能够通过自身努力实现个人价值。同时，要注重加强对学生进行劳动意识和劳动习惯培养，使他们养成良好的劳动习惯。要结合新时代对学生的新要求开展有针对性的教育和指导，引导学生正确认识劳动价值，并使他们能够树立正确的劳动态度和价值观。

其次，要从学校教育教学改革出发，加强课程建设。高校在开展劳动教育时需要充分发挥思想政治理论课和其他课程的育人作用。其中思想政治理

论课主要是对学生进行马克思主义理论和中国特色社会主义理论体系教育、中华优秀传统文化教育等；其他课程主要是对学生进行思想道德和法律法规教育、职业生涯规划教育、创新教育等。为了更好地实施劳动价值观念培养目标，需要高校将这些课程进行融合和统筹，实现各种课程之间的有效衔接和协调配合。

再次，一方面高校要引导学生正确认识到自身存在的价值和社会意义，帮助他们形成正确的理想信念；另一方面要从日常生活中寻找劳动机会。高校要引导学生在日常生活中注重养成良好的行为习惯，培养他们良好的个人品质，帮助他们形成积极向上的生活态度。

最后，要从实践活动中培育劳动精神。高校在开展劳动教育时需要积极培育学生在实践活动中的劳动精神，让学生在实践活动中明确自身存在的价值和意义。引导学生参与校园文化建设，通过这些活动培养他们吃苦耐劳、团结协作、拼搏进取的精神；通过组织学生参加社会实践活动来培养他们服务社会、奉献社会的意识和能力；通过举办校园文化活动来营造良好氛围，使他们能够感受到校园文化所带来的积极影响。

（五）构建劳动教育的协同机制，实现全方位育人

在"三全育人"背景下，高校应不断创新劳动教育实施模式，以劳动教育为着力点，对学生进行全面、系统的培养，构建劳动教育的协同机制，实现全方位育人。

第一，对学生进行劳动教育要以学校为主体，形成学校、家庭和社会相互配合的良好格局。学校要发挥主导作用，在保证学生基本学习生活的基础上，使其参与到劳动实践中去，将劳动教育与专业技能培养结合起来。在开展日常生活劳动的过程中，教师要充分发挥引导作用，在班级组织和班级文化建设中融入劳动教育内容。

第二，学校要引导学生积极参与社会实践活动。社会各方面都应该承担起相应的责任和义务，为学生劳动教育提供必要的支持。学校可以与社区建立长期合作关系，让学生定期参与社区服务、卫生清扫等活动。在此基础上，学校要将学生的劳动价值观念培养与劳动实践活动有机结合起来。一方面，学校应该加强与社会各方面的联系和合作，共同构建起劳动教育协同机制，通过与企

业、行业等单位建立合作关系或校企合作模式等方式为学生提供更多劳动实践机会；另一方面，企业应积极参与到劳动教育中来，通过校企合作、订单培养等方式为学生提供更多劳动实践机会。学校应明确劳动教育在人才培养中的地位和作用，将其纳入人才培养方案中。通过开设相关课程、举办各类活动等方式向学生传递正确劳动观念、传授劳动知识；在课程教学中开设"劳动创造价值""我为校园做贡献"等专题讲座；组织学生开展各类劳动实践活动；组织学生参加社会公益服务和志愿活动等方式培养学生热爱劳动、崇尚劳动、尊重劳动者的观念。在高校开展劳动教育时要从学生实际出发进行教学设计。高校应以技能培养为核心，结合不同专业特点和不同层次学生的实际情况实施分层次的培养模式。同时，还应根据学生的实际需求和兴趣爱好进行课程设置和教学内容设计。在课堂教学中应多开展实践性、操作性强的课程，以提升学生的动手实践能力为目标进行教学设计和教学实施。

第三，父母是孩子最好的老师，他们对孩子劳动教育的方式和效果有着决定性影响。因此，高校应充分发挥父母在孩子劳动教育中的作用。父母要经常对孩子进行日常生活劳动的指导和监督，在家庭生活中培养孩子勤劳、节俭等良好品质。此外，父母还应引导孩子树立正确的劳动观。学校可以通过成立家长委员会等方式，加强与家长之间的沟通和交流，实现家校协同育人。家长可以向学校了解学生在学校的表现情况，听取学校对学生的评价和建议，增进家校之间的了解和沟通。通过建立家校协同机制，促使家庭和学校之间形成教育合力，共同为学生的成长、成才营造良好环境。

（六）发挥教师在劳动教育中的示范作用，发挥榜样力量

高校劳动教育的开展需建立一支素质优良的师资队伍。一方面，要建立劳动教育专兼职教师队伍。打造一支专兼职相结合的高质量劳动教育师资队伍建设，实现面向社会招聘一批、学科教师培训一批、行业企业聘请一批等方式，配齐、配足劳动教育师资队伍。此外，还要畅通教师交流发展渠道。增设劳动教育学科建设，为劳动教育专业化奠定基础，逐步形成"劳动教育学科建设—师范人才培养—专业化师资队伍建设"的全链条专业化人才培养体系，为劳动教育开展持续输送专职师资队伍。学校在评优、评先、职称评审等方面要给予劳动教育教师政策倾斜，拓展教师专业成长通道。高校要积

极组织教师到企业开展社会实践活动，让教师在社会实践活动中了解劳动的意义与价值，从而提高自身的劳动素养。另一方面，高校要积极发挥教师在劳动教育中的示范作用，教师在劳动教育中的示范作用是指教师在教学活动中充分发挥其示范作用，以自己的行为给学生树立良好榜样，通过自身的言传身教引导学生树立正确的劳动价值观。可以组织教师到企业开展社会实践、建立校外实习基地等方式，使教师在教学过程中融入劳动教育内容，以自身实际行动带动学生参与到劳动教育中，这样才能够使教师在潜移默化中引导学生形成正确的劳动价值观念。此外，高校还可以组织教师到学生实习基地进行现场指导，引导学生遵守劳动规范、履行劳动义务。同时，还可以通过举办职业技能大赛等活动，让教师在比赛过程中积累经验、增长才干。在教师的榜样作用下，学生会更愿意主动参与到劳动教育中来。

（七）树立科学的劳动评价体系，促进全面发展

在新时代背景下，高校要把劳动教育纳入人才培养方案，建立科学的劳动价值观念培养体系。

首先，学校要加强劳动教育课程的建设与管理。学校应结合专业特点和学生实际需求，为学生开设一些关于劳动教育方面的课程，让学生充分认识到劳动教育在全面发展中的重要性；其次，学校应组织开展相关的劳动教育活动，引导学生正确认识到劳动教育对于自身发展、社会发展以及国家发展的重要意义；最后，学校应建立完善的劳动评价体系。学校应将学生参加各种形式的劳动纳入综合素质评价体系中，从而为学生建立一个全面、客观、公正的评价体系。同时，学校还应加强对学生在劳动过程中表现出来的态度、行为等方面的考核。例如，学校可以将学生参加各种公益活动、社会实践活动、志愿者服务活动等纳入考核内容中；建立完善的劳动评价机制，包括对学生进行劳动观念、劳动态度和行为等方面的考核。只有这样才能为高校学生树立正确的劳动价值观念提供制度保障。

总之，高校作为人才培养的重要基地，承担着培养德、智、体、美、劳全面发展的社会主义建设者和接班人的历史使命。劳动教育是高校人才培养的重要组成部分，在立德树人方面发挥着不可替代的作用。劳动价值观念作为高校学生思想政治教育的重要内容，是引导学生树立正确劳动观念的关键

所在，也是帮助学生树立正确劳动价值观、提高学生劳动积极性，增强学生社会责任感和历史使命感的重要基础。因此，在当前"三全育人"的大背景下，对高校学生劳动价值观念进行有效培养，是促进学生德、智、体、美、劳全面发展的必然要求，更是促进学生成长成才、服务国家和社会发展、实现中华民族伟大复兴的必然选择。

第二节　劳动知识技能

　　劳动这一教育形式致力于让学生掌握基础性的劳动知识与技能，引导学生学习相关的劳动知识，在劳动过程中保护自己免受伤害。学生通过劳动教育逐步积累起与体力劳动紧密相关的基础性劳动技能，为日后的独立自主生活奠定坚实基础。

　　学生在劳动实践中接触到各类劳动工具、材料和流程，他们通过实际操作与体验掌握相关的劳动知识和技能，有助于更好地完成日常生活中的劳动任务，增强自我保护意识。劳动教育致力于培养学生通识性的劳动技能。这类技能旨在提升学生的综合素质和职业发展能力。学生通过劳动教育学习分析问题、解决问题、创新思维以及团队协作等，对他们在未来的职业生涯中取得成功具有重要意义。教师在劳动教育过程中结合具体案例和实践经验引导学生深入探讨和学习。例如，学生在园艺劳动中学习掌握不同植物的生长习性、合理施肥和浇水、防治病虫害等。学生通过团队协作完成园艺项目的规划和实施，锻炼自己的团队协作和沟通能力。劳动教育帮助学生树立正确的劳动观和价值观。学生亲身参与劳动可以深刻地认识到劳动的价值和意义，进而懂得珍惜劳动成果、尊重劳动者、热爱劳动。这种正确的劳动观和价值观将伴随学生的一生，成为他们成长道路上的宝贵财富。

一、掌握基础性的劳动知识与技能

　　劳动知识与劳动技能的学习相辅相成，共同构成了学生全面发展的重要基石。作为劳动活动的理论指导，劳动知识为学生提供了在劳动中施展技能的必备基础；劳动技能是对劳动知识的实际应用，让学生在现实生活中解决实际问题。劳动知识包括劳动技能知识和劳动安全知识。

劳动技能知识是学生在劳动过程中顺利完成各项任务所必需的理论支撑。学生通过学习和掌握这些技能知识能熟练地操作工具、理解工艺流程，高效地完成劳动任务。劳动安全性知识教导学生在劳动过程中如何保护自己的身体健康，注意劳动卫生，适度劳动，以及认清各种指示，避免潜在的安全隐患。这些知识对劳动过程的顺利开展至关重要，在日常生活中发挥着不可或缺的作用。如果学生在学校组织的劳动活动中缺乏必要的劳动技能和劳动安全知识，在面对具体的劳动场景时往往会手足无措，不知道如何下手。缺乏这些知识的学生在劳动过程中可能无法有效地保护自己，增加了意外受伤的风险。因此，劳动知识的学习和掌握是学生参与劳动活动的前提，也是保障他们身心健康的重要基础。

劳动技能侧重于实践应用。基础性的劳动技能是每名学生在日常生活中都必须掌握的，如自我服务性劳动、日常生活劳动、家庭劳动以及简单的生产劳动等。这些技能可以帮助学生更好地照顾自己的生活，减轻家庭的负担，培养他们独立、自主和勤奋的品质。例如，学会缝补、整理房间等能提升学生的自立能力；帮助父母打扫卫生、清理垃圾等可以培养他们的责任感和勤劳的品质。这些看似简单的劳动技能蕴含着深刻的人生哲理和智慧，对学生的成长和发展具有深远的影响。古语有云："一屋不扫何以扫天下。"这句话深刻地揭示了劳动技能与人生发展之间的紧密联系。从小事做起，让学生在劳动中体验成长的快乐，培养他们的独立意识和自主精神，为他们未来的成功奠定坚实的基础。

劳动知识与劳动技能的学习在劳动教育中具有不可或缺的地位。通过加强劳动教育，可以帮助学生更好地掌握劳动知识和技能，培养他们的独立性和自主性，为他们未来的成长和发展奠定坚实的基础。同时，也应注重劳动教育的实践性和趣味性，让学生在轻松愉快的氛围学习劳动知识和技能，将更有助于他们培养热爱劳动、尊重劳动的品质。

二、习得通识性的劳动技能

通识性劳动技能指学生在未来无论选择何种职业都应当具备的一系列基础且必要的劳动技能。这些技能具有广泛的迁移性，能够为学生未来的生活与工作提供有力的支撑。

在学校的劳动教育活动中，让学生参与手工制作是一个很好的例子。在这个过程中，并非仅关注学生制作出的手工作品是否精美，更重要的是学生在制作过程中所学到的各种技能。这些技能包括但不限于创造技能、设计技能、团队协作能力等，它们构成了学生未来职业生涯中的宝贵财富。这些技能的掌握不仅是为了应对眼前的任务，更是为了指向未来从事各种职业所要具备的职业共通能力。

随着科技的迅猛发展，我们已经步入了人工智能时代。在这个时代，劳动的形式和内容都发生了深刻的变化，劳动正朝着更加智能化、科技化的方向发展。同时，各种新兴劳动职业也不断出现，这些职业往往带有强烈的科技气息。在这样的背景下，如果学生不能掌握一些必备的职业共通能力，仅仅停留在简单的体力劳动阶段，那么他们很可能无法跟上时代的发展步伐。

在我国新颁布的《大中小学劳动教育指导纲要（试行）》[1]中，明确提出了劳动教育的目标之一就是要增强学生的体力、智力和创造力，使他们具备完成一定劳动任务所需要的设计、操作能力及团队合作能力。这些能力是通识性劳动技能的具体体现。劳动教育并非专门化、职业化的教育，其目的在于让学生通过参与劳动过程，掌握通识性的劳动技能，为日后的职业生涯打下坚实的基础。

学生掌握了这些通识性的劳动技能，就能得心应手地应对各种劳动活动。这些技能在帮助他们完成眼前的任务的同时，还会激发出他们的创造力和合作精神。当学生能够积极参与各种劳动活动并展现出自己的能力和技能时，劳动就不再仅是繁重的体力活动或无趣的脑力活动，而是成为展现自己能力和技能的舞台。在这个过程中，劳动逐渐融入学生的精神世界中，成为他们

---

[1] 教育部关于印发《大中小学劳动教育指导纲要（试行）》的通知[EB/OL]. http://www.mo e. gov. cn/srcsite/A26/jcj_kcjcgh/202007/t20200715_472808. html，2020-7-09/2020-8-20.

生活中不可或缺的一部分。因此，应高度重视通识性劳动技能的培养，让学生在学校的劳动教育活动中充分学习和锻炼这些技能，让学生通过多样化的劳动实践活动亲身体验劳动的艰辛与乐趣，培养劳动习惯和劳动精神。同时，关注新兴劳动职业的发展趋势，及时调整教育内容和方法，确保学生能够适应未来社会的发展需求。

通识性的劳动技能是学生在未来职业生涯中不可或缺的一部分。通过学校的劳动教育活动和实践机会积极培养学生的这些技能，帮助他们更好地适应社会的发展和变化。

三、掌握专业性的劳动技能

高校作为新质人才培养的主要阵地，在劳动教育人才培养过程中，开展劳动教育教学时，教学内容要深度体现连贯性、协同性和专业性。纵向连贯是指，劳动课程内容应紧跟科技发展和产业变革，劳动课程中的专题或任务必须具有衔接性，以及逐步增加劳动知识深度、扩展劳动知识广度、螺旋式提升劳动技能，逐步提升学生劳动综合素养；横向协同是指，劳动课程内容应基于学生原有的劳动与生活经验，选择相关的劳动内容，既立足于当下生活需要，又关注大学生的未来生活发展需要。在当今社会，随着科技的不断进步和产业的日新月异，对人才的需求也愈发多元化。高校大学生作为未来社会的中坚力量，不仅要具备扎实的学科知识，还需掌握专业性的劳动技能，以应对日益复杂的职业环境。因此，结合高校大学生的实际情况，将劳动与学科专业相结合，掌握专业领域内的劳动技能显得尤为重要。

首先，实验操作是专业领域内一项至关重要的劳动技能。对于理工科的学生来说，实验操作是他们进行科学研究、探索未知领域的重要手段。通过实验操作，学生可以亲自验证理论知识的正确性，培养实验设计、数据分析等综合能力。同时，实验操作还有助于培养学生的严谨思维和创新精神，为他们未来的科研工作奠定坚实的基础。

其次，安全技能也是专业领域内不可或缺的一项劳动技能。无论是实验室研究、工业生产还是日常生活，安全都是首要考虑的因素。因此，高校大学生应该具备相关的安全知识和技能，如实验室安全操作、职业健康与安全等。通过学习和掌握这些安全技能,学生可以在实践中避免潜在的安全隐患,保障自身和他人的生命安全。此外,除了实验操作和安全技能外,专业领域内还有许多其他劳动技能值得高校大学生去学习和掌握。例如,对于文科专业的学生来说,文献检索、资料整理等技能同样重要;而对于商科专业的学生来说,市场调研、营销策划等技能则更具实用性。因此,高校大学生应该结合自身的学科专业特点,有针对性地学习和掌握相关劳动技能。

最后,大学生劳动教育要充分与学科专业结合起来,发挥好学科专业优势,通过学科专业的能力提升,推动劳动教育的获得感,实现劳动教育与学科专业、实习实训的深入融合。

第三节 劳动身体素质

在新时代,教育的目标已经从简单的知识传授转变为培养学生全面发展的综合素质。劳动教育和体育教育作为学校教育重要的组成部分,不再仅注重学生的知识学习,而是更多地关注学生的实践能力、协作精神和创新思维。然而,传统的分隔式教育模式往往将劳动和体育教育视为独立的领域,从而限制了两者的育人效果。因此,本书试图探讨如何将劳动教育与体育教育进行有效地协同育人,以更好地满足学生的综合发展需求。

2020年,国家体育总局、教育部印发的《关于深化体教融合促进青少年健康发展的意见》指出:"树立健康第一的教育理念,帮助学生在体育锻炼中享受乐趣、增强体质、健全人格、锤炼意志,实现文明其精神、野蛮其体魄。"新时代劳动教育具有树德、增智、强体、育美的综合育人价值,注重在学科专业中渗透劳动教育,兼容并蓄普遍存在的以体育人价值,用体育精神赋能大学生劳动教育,为大学生劳动教育开辟一条新路径。

一、体育精神的意蕴与价值

伟大的事业孕育伟大的精神，伟大的精神推进伟大的事业。习近平总书记指出："奥林匹克精神超越国界，在全世界深入人心。"从来没有一种文化现象能够像体育一样，将不同国籍、民族、信仰的人紧密团结在以奥林匹克运动会为代表的活动周围，这既是体育的魅力，也是精神的力量。

（一）体育精神的意蕴

体育以身体运动为基础手段，促进人们身心健康发展，提高人们的生活质量，是人们追求幸福生活的重要组成部分。它不仅在一定程度上可以预防和缓解疾病的困扰，促进人的身体健康，还能够调适和保持心理健康，使人们的心灵得到净化。体育精神是一种文化意识形态，是通过体育运动而形成并集中体现人类的力量、智慧与进取心理等最积极意义的总和，是体育运动的最高级产物。体育精神是体育活动的精神支柱，是体育文化的重要构成，主要由人本精神、英雄主义精神、公平竞争精神、团队精神组成，其内涵主要表现为以下几方面。

一是"健康幸福"的人本精神。体育的"体"字就是以人为本，"互相了解、友谊、团结和公平竞争"是奥林匹克主义的核心内容。重视人的权利与发展，尊重、理解、友爱、乐观、开朗、自信等是体育运动闪现的光辉气息。倡导运动家风范，光明磊落、公正大度、友好愉快地参与竞争与比赛，坦然接受成功与失败，构建身心协调、人格健全、自尊自信的时代新人，正是体育以人为本精神的最好诠释。

二是"拼搏进取"的英雄主义精神。"更快、更高、更强"的奥林匹克的格言激励着一代又一代运动员不断进取、超越自我。"体育精神的核心是超越"，无论是场上还是场下，运动员不断突破自我，挑战极限，刚毅执着，勇往直前，这充分展现了人类上进、无畏和探索的品格与英雄主义气概。

三是"遵规守信"的公平竞争精神。体育的本质是竞争，竞技运动的展现尤为明显与残酷，公平竞争是其基本原则。体育是公平竞争的楷模，是公平竞争的典范之举。体育场是竞技场，比赛全程暴露于观众视野下，在清晰明确的规则面前，运动员应凭借良好的心态与技能战胜对手，这事关国家及个人荣誉，也是个人尊严与让对手信服的最好回馈。

四是"团结协作"的团队精神。团队精神之于团体运动项目的重要性毋庸置疑，也就是说，个人项目与教练团队、后勤保障团队、国家服务团队等之间密不可分。在现代体育专业化、精细化、科学化发展趋势下，只有协作互助、各尽其能、共为一体才能共创双赢局面。体育以共同的胜利目标凝聚彼此的情感认同，逆化现代人的自我中心主义。

（二）体育精神的价值

体育是贯穿于人类历史发展的活动，强健的体魄与理性的精神融合是人类体育的终极追求目标。作为体育精髓与本质力量展现的体育精神，具有多维价值功能，为教育引导、文化交流、社会发展注入了强大精神动力。

首先，在教育引导方面，大学生体质健康水平不断下降，生活习惯日益呈现慵懒化，此时，体育精神的教育引导价值亟须彰显。体育精神作为一种体育伦理概念，表达了人们对美好生活的向往之情以及张扬生命活力的乐观态度与求真求美的价值取向，其本身具有深厚的人文属性与现实感召力。

其次，就文化交流而言，体育精神不仅贯穿于各文明发展的诸多维度，更在不同的国家、民族、大洲之间起到了连接、贯通、流动的黏合作用。奥林匹克运动会、国际足联世界杯、世界田径锦标赛等重大体育赛事既是展示国家形象的良好平台，更是人们彼此了解与熟悉的重要窗口。体育本身具有纯粹、通俗、通用、易于传播的特点，跨越文化与种族将彼此以体育精神为纽带串联起来，凝聚成全人类广泛认同的奥林匹克精神，并且体育本身是一种独特的文化，具有强大的凝聚与整合能力。

最后，在社会发展方面，体育精神具有促进经济增长与社会和谐稳定的价值功能。由于体育运动员与体育项目的宽广性而体现的体育精神嵌入人们生活的方方面面，对社会的影响深远。体育俱乐部、体育场馆、体育器材、体育服装等体育产业也蕴藏着巨大的经济潜力，这些对全民健身与体育强国建设具有强劲的拉动作用，也有助于践行体育精神，提升大众的生活品质。

二、体育精神融入大学生劳动教育的可行性

（一）体育与劳动的天然契合

劳动和体育是人类感性存在的两个基本面向，二者从诞生到演进均具有千丝万缕的联系。

首先，体育源于劳动。劳动是人和自然之间的过程，是人以自身的活动来引起、调整和控制人和自然之间的物质变换的过程，生产劳动对体育的诞生与发展具有决定性作用。人们在生产生活中不断总结与提炼，分化发展出与身体技能提高相适应的动作与形态，并训练加以强化。劳动过程中推、打、跳跃、奔跑、攀爬、投掷等形态逐步演变为原始体育运动的姿势。劳动间隙，人们利用劳动工具开展舞蹈、游戏活动，在愉悦身心的同时强健体魄、锻炼身体。石、长矛、风箱、羊皮筏子等劳动工具逐步演变为杠铃、标枪、拉力器、皮划艇等体育器具。由此可见，体育运动与生产劳动存在着天然耦合性。

其次，二者皆以"身体活动"为手段和存在方式。体育与劳动相互渗透，互为补充，无论是对劳动动作的模仿，还是劳动之余借用体育形式抒发情感、增进交流、提升技能，都是以身体活动为实践特征。没有身体活动，没有体力的付出，体育便不称其为体育，劳动也将无法实施。随着时代发展，劳动转型导致人工智能的崛起和体力劳动比重的下降，可以说，当代社会崇文有余、崇武不足，人们忽视了以身体活动为逻辑起点才能创造和彰显人的本质力量，而体育与劳动的天然契合为体育精神融入大学生劳动教育提供了契机与指向。

（二）体育与劳动的方法协同

体育教育与劳动教育作为新时代德智体美劳"五育并举"教育体系的重要组成部分，其在育人理念与方法上有异曲同工之妙，互为呼应，相得益彰。

首先，二者均以"做中学"方法为核心。重复、调整、再重复，无论是体能的获得，还是体育基本技能与专项技能的训练，都离不开大量的时间与能量的累积，从感知认识阶段、巩固熟练阶段到自动化阶段是学习体育动作、掌握体育项目技能的必经过程。人体是身体活动的发出者，同时也是身体活

动的作用对象，体育运动是主客体统一，自我认识、自我实施、自我完善的实践活动。只有参与体育过程，才能培育能力，习得精神，真正促进身心的发展。同时，劳动教育也具有显著的实践性特点，不是机械地讲劳动、背劳动、画劳动，身体力行地做是开展劳动教育的根本途径，是最为适切的教育方法。在做中学，有利于将专业知识与社会实践结合起来，在劳动改造中进行经验重组获得创新意识。

其次，二者均以"生活化"教育为手段和导向。体育不仅是运动，更是一种生活习惯和生活理念。体育教育与劳动教育协同育人的最佳形式是体育生活化，体育激活人们积极参与生活中多种体力活动的动机，使其生活充满活力。劳动教育促使学生面对真实的生活，注重生活能力和良好习惯的养成，培育学生自立自强的意识。生产劳动、生活劳动、服务性劳动的体验无一能离开家庭、学校、社区、企业。身体体验刺激情感体验，情感体验调整认知体验，真实的生活情境是学生建构知识技能和做出改变的无形学校。

（三）体育素养与劳动素养的精神融通

素养是一个人在某个方面的修习涵养。教育部颁布的《大中小学劳动教育指导纲要（试行）》指出：劳动教育的总目标即培养和提升学生的劳动素养，帮助学生树立正确的劳动观念、具有必备的劳动能力、培育积极的劳动精神、养成良好的劳动习惯和品质。大学生劳动教育不是为了劳动而劳动，不以直接生产为目的，而是注重劳动与学科专业的结合，围绕创新创业，提升大学生创造性劳动能力和诚实守信的合法劳动意识。尽管随着科技发展与劳动的转型，人们已基本摆脱纯粹依赖于身体劳作实现物质财富创造的状况，但劳动精神、工匠精神、劳模精神等劳动意志与信念却是个人和社会发展不可或缺的内生动力。同样，体育的目的指向个人或群体的体育素养，让学生在习得运动技能，养成健康行为的同时，涵育高尚的体育精神、体育道德、体育品格。从精神维度探析，体育素养与劳动素养存在着诸多融通之处。体育展现并反映"人的优美"和"人的价值"，体育的人本精神以人的美和尊严为导向，通过体育运动帮助个体更加乐观友爱，更加自信。劳动教育以树立正确劳动观念为基本目标，引导学生感悟劳动创造人、创造价值、创造美好生活的人文底蕴，形成劳动最光荣、劳动最崇高、劳动最伟大、劳动最美丽的思想观念，尊重劳动、尊重劳动者、热爱劳动并参与劳动才能实现人的价值。从人文精神来看，二者互为照应。

最后，体育拼搏进取、永不言弃的英雄主义精神与劳动教育百折不挠、艰苦奋斗的革命精神和砥砺奋进的时代精神互为融通；体育遵规守信、求实探索的公平竞争精神与劳动教育诚实劳动、创造性劳动的导向不谋而合；体育团结协作、信任宽容的团队精神与劳动教育团队合作能力提升、奉献与责任意识培养有效衔接，其统一指向学生核心素养的培育。可见，体育与劳动在教育形态上的精神塑造方面你中有我、我中有你，互相熔铸。

三、体育精神融入大学生劳动教育的路径

教育里没有体育，教育就不完整。体育与劳动教育相结合有助于磨练学生意志，培养公平竞争和团队合作精神。动则体悟，静则心悟，用体育精神的力量教育人、鼓舞人、塑造人，有助于大学生劳动教育落实、落细。

（一）涵育人本精神，树立崇高劳动观念

体育的纯粹、通俗、通用等特点来自其蕴藏的丰富人本主义理念，重视人的基本权利、尊重人的价值与尊严、平等、博爱、团结等人文思想跨文化与种族成为全人类共享的文化符号，使体育运动具有了独特的美与崇高。四年一度的奥林匹克运动会和国际足联世界杯是全人类体育赛事的狂欢，大家摆脱误解与仇恨，暂停对抗与冲突，共享运动的美好与人性的本真。大学生劳动教育贵在文化熏陶、价值观认同与体育人本精神培育。

首先，融入体育仪式教育，感知劳动的崇高与光荣。体育发展的过程中形成了丰富的仪式文化，是体育信念与情感的直观反映，是标志性的体育文化符号，容易引发人们的情感共鸣与思想认同。在劳动教育过程中，可借鉴体育赛事开幕式、闭幕式、主题曲、奏国歌升国旗、火炬传递与点火、握手鞠躬、宣誓、庆祝动作、赛后采访等仪式，将其简化为劳动课程前、中、后的相关仪式，艰辛的劳动化身为体育的光环，使学生在劳动过程的各个环节中感受到外在的聚焦与关注，增强劳动教育的趣味性与感染力。延续劳动的悠久历史，展现劳动的神圣与光荣，仪式教育具有强大的视觉与心灵冲击

实效。

其次，弱化劳动竞技对手，教育尊重劳动与劳动人民。健康第一，友谊第二，比赛第三，体育赛场既是胜负场也是学习场。纯粹的自我中心难以赢得比赛，唯有尊重规则、尊重裁判、尊重对手、尊重观众才能真正感受到体育的魅力和生命的脉动。尊重劳动和劳动者绝非口头虚言的教导，而应外化于学生具体的生活行为。拟化劳动任务为自我较量的竞技对手，以时间、场域、考核为裁判，真情实感地与自我比拼，更能收获自我价值与对劳动以及劳动人民的敬仰之情。

最后，积极倡导运动员风范，直面就业中的机遇与挑战。胜不骄、败不馁，胜之光明磊落，败不自怨他怨，用宠辱不惊的心态与大度的襟怀坦然面对比赛中的一切不确定性因素。对于大学生而言，专业劳动最终均落脚于择业与就业，面对日益严峻的就业形势与深造压力，培育其不怨天尤人、不自暴自弃的运动员风范，既是体育精神的直接启迪，也是劳动教育的应有之义。

（二）发扬团队精神，提升合作劳动能力

团队精神是指一个团队为了实现目标，在运行和发展过程中所形成的特有的群体意识和行为风貌的总和。2019年，国务院办公厅印发的《体育强国建设纲要》明确指出："挖掘体育运动项目特色、组织文化和团队精神，讲好运动员为主体的运动项目文化故事。"体育团队精神是团队各成员在目标导向、意志品质、道德修养等方面的整合，是团队士气与凝聚力、作风与纪律性的综合展现，在竞技体育，尤其是球类集体项目方面表现最为明显。在劳动教育方面，也十分注重完成一定任务所需要的团队合作能力培养，可从以下几方面着手。

一是在劳动中同台分组比拼，同专业大学生捆绑式实习实训。对于相对有挑战性的劳动任务，需要团队建立协同意识，既需要主力队员的重点突破，又离不开辅助队员的支撑作用。对于实习实训、毕业设计等与大学生切身相关的重点创新项目，可设立捆绑式交流互助机制，既分工协作，又统一探讨。教师应积极引导团队与团队之间互相比拼展示，从而激发各团队的士气与凝聚力。

二是要尊重学生的独特性，发展其差异性，提升其劳动任务操作能力。

以相互尊重为理念前提，团结协作，既强调恪守规范，又鼓励成员张扬个性、卓尔不群。团队是由不同出身、知识、技能、风格等独特个体所构成，信任包容、集思广益、各尽所能、奇才奇用、最佳组合才能实现最大效能。不以短、平、快劳动任务的完成为唯一指标，而是在劳动过程中集中指挥又有的放矢，如此有利于激发学生个体或团体的潜能，使学生学会与不同风格特质的人合作共事。

三是以服从团队共同利益目标，凝聚大学生协作互助内力。团队精神最早源于军队，以共同取胜为目标。因此，全队必须保证集体高于个人、战术高于技术，坚持目标集体主义理念。劳动教育过程中的教育主体、客体、环体等均服从于教学大纲，以培养学生劳动素养为核心旨向，教师发挥教育主导作用，学生是任务实施的主体，目标明确才能行有实效。正如中国女排教练郎平所说："没有完美的个人，只有完美的团队。所谓团队合作，就是赢球是大家的，输球也是大家的。"既尊重个性，又凝聚力量，劳动合作能力提升才能行稳致远。

（三）坚持公平竞争精神，培育诚信创新劳动品质

奥林匹克精神是"互相了解、友谊、团结和公平竞争的精神"。公平竞争下，竞争是核心，公平是前提。遵守一切规则，反对违规，辅以现代高新技术裁决等，都是为了保证比太阳还要光辉的体育公平正义事业。能力有高低之分，规则适用性无半点差异，竞争是体育的生命力，是更快、更高、更强的行动宣言。有组织的竞赛制度能保证赛事顺利进行，明文规定的规则容不得半点虚假，体育赛场绝不是藏污纳垢之地。唯有公平竞赛，才能互相尊重，比赛结果才有意义，体育精神才值得弘扬。同时，公平竞争的体育精神对于大学生劳动教育具有直观的启发作用。

首先，劳动过程中强化规则意识，培养大学生合法劳动意识。对于投机取巧、弄虚作假、不劳而获的行为零容忍，教育过程评价突出规则框架下的实操表现，将劳动过程表现与学生综合素质测评挂钩，突出劳动教育的德育功能。

其次，建立劳动课成绩追回取消机制，坚守诚实劳动底线。高校开展劳动教育课程是新时代劳动教育的重大创新，完善的机制使大学生劳动教育规

范化、科学化、系统化。过程评价后的结果评价是对学生劳动整体性的综合考核,是对劳动素养是否具备的综合把关。若有弄虚作假、作弊顶替、缺勤等行为,可取消其劳动课成绩,追回给予的奖励及荣誉,以示惩戒,坚守诚实劳动的底线。诚实劳动品质的培养绝不能仅依赖于口头教育,而应以制度实施回应可能出现的诚信危机因素。

最后,提升个体核心竞争力,鼓励大学生求实创新。大学生劳动教育区别于中小学劳动教育的关键在于创新、创业能力的培养。具备一定劳动意识和能力后,能够将所学所知运用于社会主义现代化建设实际,与学科专业相结合,进行创新性劳动,是大学生劳动教育的本质与生命力。

第四节 劳动审美素养

劳动美学这一概念的提出旨在深度挖掘劳动活动中所蕴含的审美价值。对于高校而言,劳动教育并非简单地传授劳动技能或职业技能,而是致力于实现"'关于劳动'的教育"与"'通过劳动'的教育"的有机结合。[①]这种教育形式旨在使大学生不仅了解劳动本身,更能深刻领会劳动背后的意义和价值。

劳动美学作为劳动与审美研究的经典命题,其核心在于揭示劳动活动与审美之间的联系。这种联系并非偶然,而是源于劳动者思想的深度挖掘与表达。劳动美学作为一种特殊的审美意识,其涵盖范围广泛,不仅涉及劳动过程、劳动行为,还包括劳动产品等方方面面。这些方面都以独特的审美形式展现着劳动主体的潜在美学属性,使劳动活动本身成了一种美的体现。

在高校劳动教育中,引导学生认识劳动的审美价值、形成劳动美学观显得尤为重要。这不仅是劳动教育的目标之一,也是培养学生全面发展、提升综合素质的重要途径。通过劳动教育,学生可以更加深入地了解劳动的本质和价值,从而树立起正确的劳动观念,激发对劳动的热爱和尊重。

---

① 曲霞,刘向兵. 新时代高校劳动教育的内涵辨析与体系建构[J]. 中国高教研究,2019(2):73-77.

一、劳动的审美价值：基于马克思的劳动美学观

在劳动美学的研究中，众多思想家和哲学家都从不同角度对其进行了深入的探讨。马克思从政治经济学角度出发，揭示了劳动在创造物质财富的同时，也创造了精神财富，包括审美价值。海德格尔从存在论的角度阐述了劳动与审美之间的内在联系，认为劳动是人类存在的一种方式，而审美则是人类存在的一种表达。杜威从实用主义哲学视角出发，强调了劳动在培养人的实践能力、创新精神以及审美情感等方面的重要作用。

（一）劳动创造美的提出

马克思对于劳动与审美的思考，为我们揭示了二者之间微妙而深邃的关系。在马克思的视角下，劳动与审美并非孤立的存在，而是相互交织、互为补充的。若将劳动视为实用技艺的集合，那么审美则以其非实用性的特质与之形成鲜明对比。从属性的角度来看，劳动属于生产性动态模式，它不断地推动着社会的进步与发展；审美则倾向于静观静态模式，它让人们在忙碌的生活中找到片刻的宁静与美好。[1]

马克思认为"劳动创造美"，这一命题不仅揭示了劳动与审美之间的紧密联系，也为我们理解劳动与美的关系提供了全新的视角。在马克思看来，工人虽然在辛勤劳动，但他们的劳动同样具有审美性。这种审美性并非来自外部赋予，而是源于劳动本身所蕴含的价值和意义。通过劳动，人们不仅满足了生活需要，更实现了对身体和精神的升华。[2]

劳动作为人类生存与发展的关键性实践活动，具有双重身份。一方面，劳动是谋生的手段，它让人们能够生存并繁衍后代；另一方面，劳动也是满足生活与精神需要的途径。在劳动过程中，人们不仅创造了物质财富，更在无形中创造了精神财富。这种精神财富包括审美体验、情感体验以及精神追求等方面，它们共同构成了丰富多彩的人类生活。[3]

---

[1] 朱春艳, 孙安洋. 马克思主义劳动观视域下大学生劳动教育路径探析[J]. 教育理论与实践, 2022, 42（3）: 8-10.
[2] 韩天炜. 论大学生劳动教育的价值指向和实践路向[J]. 学校党建与思想教育, 2020（24）: 29-30.
[3] 檀传宝. 劳动教育的本质在于培养劳动价值观[J]. 人民教育, 2017（9）: 45-48.

（二）劳动与审美的统一

基于马克思的劳动美学观，我们得以更深入地理解人与劳动、创造与美之间的微妙关系。由于对象的客观性，人作为主体，既是行为的发起者，又是参照的对象。人的劳动与创造活动，始终无法脱离美的规律，人的本质力量在不断的外化过程中，转化为具体的实践，这种实践本身便是一种美的存在。换言之，对于劳动的审视，实质上也是对于人所创造的美本身的审视，从而实现了劳动与审美的有机统一。[1]

人与客观世界之间存在着千丝万缕的物质关系，而劳动则彰显了人在客观世界中的能动性和主动性。劳动不仅仅是简单的体力或脑力付出，它更是人在世界整体中的价值体现，是人类智慧和力量的结晶。在劳动的过程中，人们不仅改造着客观世界，使其更加符合人类的需求和审美，同时也改造着主观世界，提升着自身的审美能力和审美素养。[2]

劳动与审美的统一意味着劳动本身就是一种审美活动，而审美则以劳动为根源。通过劳动过程的磨练，人们不断调整劳动结构，从而产生不同的感觉，这种感觉便是审美的产物。这种审美并不兼具功利性，而是追求过程本身所蕴含的艺术性，是对劳动本身的热爱和欣赏。

同时我们也需要看到，劳动与美的契合并非易事，它需要人、自然之间的有效协调。只有在满足人民需求的同时，注重劳动过程所蕴含的艺术性，才能真正实现劳动与美的完美结合。然而，在当今社会，由于商品经济的冲击和不良社会风气的影响，一些人往往忽视了劳动的价值和意义，对资本产生盲目的崇拜，迷信资本的自我增殖，而轻视劳动的财富创造。这种现象在大学生群体中尤为明显，由于缺乏有效的教育和引导，他们容易陷入对资本的盲目追求，忽视了劳动的重要性。[3]

陶行知先生在一百年前对乡村教育的批评，对于当下的高校劳动教育仍然具有深刻的启示意义。他批评乡村教育教人离开土地、追求奢华，看不起

---

[1] 唐洁，杨金才. 新时代高校劳动教育的可持续发展作用[J]. 江苏高教，2021（8）：81-84.

[2] 梁广东. 新时代应用型高校劳动教育的时代价值、实践原则及推进理路[J]. 教育与职业，2020（20）：108-112.

[3] 李珂，蔡元帅. 陶行知劳动教育思想对新时代加强大学生劳动教育的启示[J]. 思想教育研究，2019（1）：107-110.

务农，这种教育导向显然偏离了劳动的本质和意义。同样地，在当今的高校教育中，我们也应该注重培养学生的劳动意识和劳动精神，让他们认识到劳动不仅是生存的需要，更是实现自我价值和追求美的途径。

二、劳动美学视域下的劳动意义

劳动作为人类生活不可或缺的首要需求，在人的主体性中占据举足轻重的地位。人的生命内在需求得以满足，离不开劳动美学的有力支撑。从劳动美学的视角出发，高等院校的劳动教育，除了致力于提升大学生的劳动技能和劳动能力外，更能够协助大学生通过亲身参与劳动，培育深厚的审美意识，并使这种审美意识与劳动实践紧密相连、相辅相成。因此，将劳动美学融入劳动教育之中，对于有效促进高校劳动教育价值的回归与升华具有极其重要的意义。

（一）劳动的愉悦性意义

在劳动美学的引导下，愉悦性成为劳动所彰显的核心价值之一。从劳动感观层面审视，劳动教育的本质基石正是愉悦性。劳动在多个维度赋予人们喜悦之情，这种愉悦感超越了单纯的生理感官体验，升华至精神层面。劳动教育所蕴含的快感，并非普遍且恒久有效，它呈现出双面特性。一方面，这种快感具有相对局限性，往往源于特定对象，并以其为载体，进而衍生出劳动中的愉悦感受，从而引发特定的心理变化。另一方面，劳动所代表的本质力量并不局限于某一特定的物质或心理层面。[1]

依据马克思的劳动美学观点，人们在劳动过程中会经历不同的情感起伏，如喜悦、幸福、感激、激动等。这些情感的涌现，转变了劳动可能被视为的累赘视角，成为生活的补偿，体现了人性情感的转变。劳动因此成为人们获取快乐与幸福的主要源泉，这正是劳动愉悦性的深刻体现。[2]通过劳动教育，我们致力于帮助大学生形成对劳动愉悦性的正确认知，从而有效培养他们热

---

[1] 黄如艳，李晓华. 新时代劳动教育的本质、价值及推进路径[J]. 教学与管理，2020（33）：1-5.
[2] 邓倩，王成. 新时代青年大学生劳动教育的三维解读：理论意蕴、价值彰显与实践进路[J]. 黑龙江高教研究，2021（10）：13-18.

爱劳动、不畏劳动的积极心态。

（二）劳动的直觉性意义

劳动美学的直观性特质有助于提升劳动者对劳动的直觉感知，进而促进大学生树立劳动自觉意识。在劳动教育中，劳动美学的体现并非以功利性为目的展示，而是透过劳动过程或劳动活动，以自觉目的及道德观念为媒介，让劳动者在劳动中体验到身心的变化与心灵的震撼，从而产生强烈的美的冲击、心灵的冲击以及激情的冲击。[1]

劳动美感观因其主观性和个体差异性，并无统一具体的解释或详细说明。不同主体对劳动美学的体验各有特色、各具风采。劳动美学在劳动教育中发挥积极引导作用，鼓励高校学生深入劳动实践，感受劳动美学，进而提升思想政治修养。[2]

在劳动美学的引领下，劳动教育能够激发高校学生的劳动热情，使其在劳动过程中更易感受到喜悦与满足。同时，劳动美学有助于梳理学生的自觉思维，促进思维的理性化，进而激发劳动创造与创新的冲动。这种直觉性的意义为高校劳动教育本质价值的复归提供了强大的发展动力。

劳动热情的激发与劳动美感的体验作为直觉性的具体表现，共同夯实了高校劳动教育的研究基础。通过渗透现代思维科学，劳动美学进一步完善了高校劳动教育的现实意义，为培养具备高度劳动自觉性和创新精神的新时代大学生提供了有力支撑。

（三）劳动的情感性意义

根据劳动美学的理念，劳动所蕴含的情感性意义显著，这极大地提升了高校劳动教育的现实价值。劳动的情感性意义主要展现在劳动美感所具有的广泛性与普遍性，它不受限于理性思维的约束。这一劳动的本质属性要求高校学生通过亲身参与劳动来深入感受，并根据劳动过程中情感的变化来体验。劳动美学作为对劳动的特殊反映形式，为我们提供了独特的视角。

---

[1] 张利钧,赵慧勤,张慧珍.新时代劳动教育：内涵特征与价值意蕴[J].教育理论与实践,2021（26）：3-6.

[2] 单旖旎.劳动教育的深化：追寻美学意蕴[J].教育理论与实践,2020（31）：14-17.

从人的主体角度出发，剖析劳动美观感，劳动主体作为具有丰富情感的高级生物，其情感活动正是劳动美学的核心体现。在劳动过程中，劳动主体的心理活动变化不仅直接影响着其身心健康，同时也对人们的行为产生深远影响。①

当劳动主体享受劳动成果时，他们可以深刻体会到自身智慧在劳动中的实际运用。更重要的是，通过体会劳动美学，劳动主体能够评估自身的劳动能力，并据此设定明确的劳动目标。这种情感上的满足与成长，正是劳动情感性意义的生动体现。

劳动的情感性意义是对劳动主体劳动价值的肯定，它在高校劳动教育中扮演着举足轻重的角色。培养大学生尊重劳动、热爱劳动的态度，离不开劳动情感的滋养与支持。劳动美学中所蕴含的情感因素，对于激发劳动热情、促进劳动行为等方面，都具有积极的激励作用。同时，在超出劳动能力范围的情况下，它还能有效地抑制过度劳动，保护劳动主体的身心健康。

三、劳动美学融入劳动教育的价值

（一）帮助大学生夯实劳动信念

劳动美学在高校劳动教育中的融入，有助于进一步夯实大学生对现代劳动和社会主义建设理想信念的基石。近年来，高校对劳动教育的重视程度日益提升，积极通过各种渠道宣扬劳动精神，以激发学生对劳动的参与和热爱。然而，劳动教育价值的淡化、机制的虚化以及内容的窄化等现象，亦是不容忽视的客观事实。②这种现状在很大程度上与高校在培养大学生劳动审美方面的疏忽存在关联，从而导致劳动教育的实际效果不尽如人意。

将劳动美学融入高校劳动教育中，有助于学生在劳动过程中形成深刻的美感体验，进而引导学生树立尊重劳动、认识劳动伟大的观念，为培养学生崇尚劳动的精神奠定坚实基础。劳动美学不仅赋予了劳动以美的内涵，同时也揭示了劳动的道德价值。通过深入挖掘劳动教育中的审美意蕴，将劳动美

---

① 陈理宣.论知识教育、劳动教育与审美教育及其整合[J].教育学术月刊，2017（3）：16-21+78.
② 岳海洋.新时代加强高校劳动教育的价值意蕴与实践路径[J].思想理论教育，2019（3）：100-104.

学与高校劳动教育紧密结合，有助于实现立德树人与劳动教育的有效融合，进而为高校大学生践行社会主义核心价值观提供有力支持。

（二）引导大学生弘扬奋斗精神

劳动美学在高校劳动教育中的融入，对于弘扬新时代奋斗精神具有积极意义。习近平总书记深刻指出："美好生活都是奋斗出来的。"奋斗作为劳动的升华，其精神内核是劳动美学的重要组成部分。大学生在劳动教育中深刻领会并大力弘扬奋斗精神，是培育新时代社会主义建设者和接班人的重要内容。作为未来国家建设的中坚力量，高校学子正值青春年华，充满朝气和活力。劳动教育旨在引导学生珍惜青春时光，在人生关键阶段积极奋斗，始终保持昂扬向上的精神状态，以迎接新时代的到来。

将劳动美学融入高校劳动教育，有助于大学生将奋斗精神转化为具体行动。学生在日常生活和学习中坚持不懈地奋斗，是其青春之美的体现，也是实现精神富足的重要途径。自党的十九大以来，习近平总书记对奋斗的现实意义进行了深刻阐释，激励广大青年学子要时刻保持艰苦奋斗的优良传统，深刻领悟奋斗的真谛，在艰苦奋斗中磨砺意志、净化心灵，从而更加深刻地体会奋斗带来的幸福感。当前，我国正处于全面建设社会主义现代化国家的关键时期，迫切需要引导大学生在追求美好生活的道路上，牢固树立劳动意识，弘扬奋斗精神。因此，将劳动美学融入高校劳动教育，培育大学生的奋斗精神，是高校劳动教育的核心使命和价值所在。

（三）坚定大学生"中国梦"与"个人梦"的统一

中央电视台曾组织拍摄了六集纪录片《劳动铸就中国梦》，该纪录片以习近平总书记系列重要讲话精神为指导，特别充分体现习近平总书记关于劳动的重要论断和社会主义核心价值观的基本精神，以劳动铸就中国梦为主题，以现实问题为导向，以中国故事为基点，突出思想性，体现生动性，增强传播力。通过拍摄可感知的人物故事对"劳动铸就中国梦"这一核心主题进行电视化地表现，劳动是中国人骨子里的气质，也是最接地气的一种行为。本片选取具有时代特征的典型人物，用讲故事的方式，充分运用电视画面、场景、细节等表现方式，展现人物内心的真实情感，讲述普通劳动者的故事。

作为未来劳动者的重要一分子，大学生作为新时代的"追梦人"，肩负着实现"中国梦"的重要使命。他们深知，中华民族伟大复兴的壮丽征程，绝非轻松之举，而是需要付出艰辛努力才能达成。因此，当代大学生不仅要坚定信念，将"中国梦"铭记于心，更要深刻认识到这一伟大目标的实现离不开每个人的双手与汗水。

劳动作为实现"中国梦"的重要途径，对于大学生而言具有特殊意义。通过积极参与劳动，大学生能够成为实现"中国梦"的积极参与者，展现出新时代青年的风采。同时，劳动也是实现个人价值的重要途径，通过将劳动美学融入劳动教育，可以进一步坚定大学生对实现"中国梦"的信心。

马克思曾深刻指出，"劳动创造幸福"。这一观点不仅揭示了劳动的本质，也为我们指明了实现幸福的道路。通过劳动，大学生可以不断提升自身的幸福感，树立正确的价值取向，获得自我认同与社会认同。因此，高校在培养高素质技术技能型人才的同时，更应注重劳动教育的深入开展，引导大学生深刻理解"中国梦"的内涵，培养他们具备革故鼎新、脚踏实地、坚持不懈等优秀品质。

四、劳动美学融入高校劳动教育的实践路径

（一）尊重劳动美学导向地位

面对新时代劳动教育的发展，高校劳动教育务必深刻认识到劳动美学的核心价值，并以此为基础，构建完善的劳动教育体系，为劳动教育的深入拓展提供坚实基础。

首先，高校需进一步阐释新时代劳动教育的审美内涵。劳动美学导向不仅包含思想政治导向与正能量的传播，还涵盖了综合素质的提升等多个方面。因此，高校需对传统劳动教育观念进行创新，通过优化内在机理，引导大学生树立正确的劳动观念，深刻体会劳动的意义和价值，从而在劳动实践中获得精神上的成长与感悟。

其次，高校应明确劳动美学融入劳动教育的目标。劳动美学不仅有助于培养大学生的劳动审美意识和审美能力，更能帮助他们深入理解劳动的内在逻辑，尊重劳动成果，挖掘劳动智慧。这将有助于大学生形成全面、深入的

劳动观念，提升他们的综合素质。

最后，高校应通过舆论引导，积极宣传劳动美学理念，为高校劳动教育营造良好氛围。借助主流媒体的传播力量和新媒体的广泛覆盖，高校应坚守劳动教育阵地，同时加强对负面信息的管控，确保劳动教育的健康发展。

（二）明晰劳动美学的教育定位

将劳动美学融入劳动教育的核心目的在于深化大学生对劳动的认同感和自觉性。对于高校而言，劳动教育在提升学生综合素质、思想品质以及塑造劳动精神等方面扮演着举足轻重的角色。在劳动美学的引导下，劳动教育不仅应聚焦于具体的劳动实践，更应积极培养学生的劳动意识与审美观念。因此，高校应明确劳动美学融入劳动教育的目标定位，从提升教育实效性的角度出发，科学规划并组织劳动教育活动。

一方面，可以在劳动教育过程中穿插劳动美学的相关内容，引导学生认识和尊重劳动的朴素性，帮助他们从劳动中发现美、感受美，从而避免劳动教育沦为单纯的体力劳动。

另一方面，高校应根据劳动教育的实际情况，结合地方自然条件和劳动教育需求，从多个层面逐步优化劳动教育理念，完善劳动教育的价值体系。同时，可以开设专门的劳动美学课程或讲座，利用美学理念在劳动教育中积极探索，推动劳动教育从技能培养向精神面貌培养的转变。

此外，高校还可以依托劳动教育机构，进一步鼓励和引导大学生积极参与劳动教育实践活动，通过亲身参与和体验，增强其对劳动美感的领悟和体验，从而形成更加全面和深入的劳动美学认知。

（三）融创劳动教育的美学内容

劳动美学融入高校劳动教育尚需进一步深化相关教育内容的融创，充分发挥劳动美学的交叉属性，加快劳动教育创新步伐，为高校劳动教育的深入拓展提供持续动力。

首先，高校在推进劳动教育过程中，应致力于将劳动教育与思想政治教育紧密结合。劳动所蕴含的辛勤与诚实品质对于培育大学生爱岗敬业、诚信友善的价值观念具有直接而深远的影响。通过有效的融创举措，为高校劳动教育注入新内涵、创造新内容，使劳动教育的美感在大学生精神品质上得以充分展现。

其次，高校劳动教育应积极探索劳动教育与专业教育的有机融合，充分发挥大学生的智力优势。通过这一举措，大学生能够更好地发挥自身专业特长，为地方经济社会发展提供智力支持，实现劳动创造美好生活、劳动创造美的目标。同时，劳动美学融入劳动教育的过程中，需警惕将劳动教育过度艺术化的倾向。劳动本身值得歌颂，但不应片面美化劳动，特别是体力劳动，更不应将劳动美学与审美教育混为一谈。在高校育人体系中，劳动教育并非孤立存在，而是与德育、智育、体育、美育等相互融合、相互支撑。因此，应重视"以劳辅德"理念的落实，丰富融创内容，统一劳动教育的人才培养行为，科学把握新时代高校劳动教育人才培养工作的发展方向。

劳动美学引导下高校劳动教育价值复归，是对马克思主义劳动美学理论下劳动美学观念的深层次诠释。通过厘清劳动美学思路，深入挖掘劳动美学视域下的劳动意义，我们能够进一步认识到劳动美学融入高校劳动教育的重要价值。此举旨在提升劳动教育的成效，同时帮助大学生形成尊重劳动、参与劳动、热爱劳动的美感与情感。因此，通过劳动美学培养大学生的劳动审美意识和能力，有助于提升高校劳动教育的现实意义和实践价值，为培养新时代的社会主义建设者奠定坚实基础。

第五节　劳动创新能力

在当代大学生创新、创造、创业能力的培养过程中，不仅需要充分利用德育的立德功能、智育的增智功能、体育的强体功能以及美育的育美功能，更不应忽视劳动教育的重要地位。在新时代背景下，高校应该对劳动教育给予足够的重视。

一、劳动教育在培养大学生创新能力方面的重要作用

（一）劳动教育培养学生的创新能力

在新时代背景下，人才培养面临着全新的挑战与要求，其中，创新能力作为人才的核心竞争力，其内涵与要求亦需与时俱进。高校通过劳动教育这一有效途径，致力于培养大学生的创新能力，这是时代赋予我们的重要使命。

创新，本质上是一种智力劳动的实践过程，其培养过程离不开学生个体的自觉探索与主观能动性的充分发挥。在全球科技创新浪潮汹涌的时代背景下，劳动者应当勇于展现个人专长，在劳动岗位上不断创新，勇于成为引领团队前进的"领头羊"，带领大家共同提升，努力将简单工作做到精益求精，将复杂工作推向卓越巅峰。

为此，高校在劳动教育的理论教学中，应注重激发学生的学习兴趣，强化学生的主体地位，助力学生养成自主学习的良好习惯；同时，在劳动教育的实践活动中，要充分发挥劳动教育的实践性特征，鼓励学生积极参与各类劳动实践，挖掘并激发学生的创新潜能，引导学生摆脱人工智能所带来的"幻象"，积极回归真实世界，面对实际问题求真务实，从而全面提升学生的创新能力和劳动素养，培养出社会所需的优秀劳动者。

（二）劳动教育培养学生的创业能力

当前，随着我国高等教育普及化进程的加速，大学生群体面临着诸多新的挑战，其中就业问题尤为突出。在这一背景下，创业成为众多大学生对未来职业发展的向往之一。然而，由于部分学生缺乏实战经验，对创业的艰辛认识不足，仅凭短暂的热情投身创业，结果往往以失败告终，甚至可能因此承受心理创伤，一蹶不振。这一现象反映出部分学生创业能力的明显不足。

在联合国教科文组织举办的"面向21世纪教育国际研讨会"上，与会专家明确指出：创业能力完全是从实践中习得的。高校劳动教育作为最直接、最有效的教育实践形式，对于培养学生的创业能力具有举足轻重的作用。因此，高校在推进劳动教育时，应高度重视与社会实践的紧密结合，鼓励大学生在真实的劳动环境中挥洒汗水，深刻体验劳动的艰辛，从而锤炼意志品质，

塑造坚韧不拔的心理素质，因为这些素质是成功创业者不可或缺的基本要素。同时，高校还应注重将大学生的劳动素养有效转化为创业成果，通过不断提升其创业能力，为未来的创业道路奠定坚实基础。

（三）劳动教育培养学生的创造能力

创造能力的培养，其核心在于实践环节的深化。创造性实践源于个体丰富的想象力，而想象力的孕育则依赖于想象力的丰富性。高校在劳动教育的实施过程中，应当致力于培育学生的创造潜能，并激发其想象力。因此，在高校劳动教育的实际教学过程中，教师应当注重锤炼学生的观察能力，善用形象生动的教学资料，如动画、图片、录像等，使课堂充满生机与活力，从而协助学生积累丰富的感性材料，进而促进其想象力的勃发。

在高等教育阶段，大学生的劳动教育应当紧密对接实际劳动场景。高校应着力引导学生走出校园，积极搭建校企合作的桥梁，使学生在实践中锻炼运用理论知识解决实际问题的能力。同时，亦应关注新知识、新方法、新技术的运用，在提升学生劳动能力的基础上，进一步强化其专业实践能力和创造能力。此外，高校还应努力为学生营造一个宽松自由的学习环境，将学习的自主权归还给学生，激发其自主学习的意识，使学生真正成为学习的主人。通过这样的方式，不仅能够促进学生的全面发展，更能够有效地培养和提升学生的创造能力。

二、劳动教育在提升大学生创新能力方面的困境

（一）人才培养机制不健全

根据我国高校开展劳动教育的现状来看，劳动教育在促进学生创新、创业、创造能力的提升方面，尚缺乏完备的体系、坚实的理论支撑以及深入的研究。由于高校对劳动教育的本质理解尚显不足，因此在提升学生的创新、创业、创造能力方面存在一定局限。具体而言，一方面，高校对劳动教育的概念理解不够准确，往往将其等同于一般性的劳作，导致劳动教育偏离了其育人的本质，从而使劳动教育的预期目标难以实现，教育效果难以得到具体体现；另一方面，在利用劳动教育推动学生创新、创业、创造能力的提升时，

缺乏一体化的设计思路、完整的理论框架以及实施体系，这实际上反映出高校对劳动教育的意义缺乏足够的重视。因此，为了通过劳动教育有效提升大学生的创新、创业、创造能力，必须进一步提高对劳动教育的重视程度，不断更新教育理念，准确把握劳动教育的深刻内涵，并不断完善相关培养机制。

（二）劳动教育课程体系的不完善

劳动教育课程体系的构建在高校教育活动中占据举足轻重的地位。然而，当前劳动教育课程体系尚存诸多不足。

其一，课程内容较为单调，过于偏重理论知识的传授与基本技能的培养，导致大学生对自身的劳动价值认知模糊，劳动教育缺乏应有的个性化与差异性。同时，现场实践教学环节相对匮乏，难以有效激发学生的创新性与创造性思维。

其二，劳动教育与人才培养之间存在一定程度的脱节现象，学生在劳动教育的实践过程中，其创新精神、创业意识及创造能力未能得到充分展现和发挥，这些关键能力未能贯穿于人才培养的全过程。

其三，劳动教育的课程设置相对固化，多数高校主要依赖讲座、沙龙、大赛等形式，强行将活动主题与劳动相结合，导致部分劳动教育仅停留在表面形式，未能真正实现"有劳动、有教育"的目标，因此难以有效提升学生的创新、创业、创造能力。

（三）劳动教育实践平台不完备

在高校劳动教育的实施过程中，存在理论学习与实践活动衔接不紧密的现象，这一现象的核心成因在于劳动教育实践平台尚不完备。首先，高校的科研实验室、产学研实践基地等场所未能全面向全体学生开放，学生进入此类场所进行实践操作的机会有限；其次，高校未能深刻认识到与当地企业及政府合作的必要性，受合作关系制约，劳动教育活动的频次受到限制，难以充分利用校外劳动教育实践基地及资源，从而制约了劳动教育在提升大学生创新、创业、创造能力方面的积极作用；再次，高校与家庭、社会的融合程度有待提高，在实践教学环节中，高校难以有效协调社会各方的力量共同参与劳动教育，同时创业园区、创业孵化平台、创业示范基地等建设资金匮乏，也制约了劳动教育实践平台的完善；最后，传统的实践平台往往局限于特定课程或专业，其利用率相对较低，这也是导致实践平台缺乏的一个重要原因。

（四）劳动教育师资队伍不专业

教师是教育实施过程中的核心主体。然而，在承担劳动教育任务的教师队伍中，我们发现许多教师既缺乏丰富的实践经验，也未能积累扎实的劳动教育专业理论知识。师资力量不足已成为制约劳动教育深入发展的关键要素，具体体现在以下三个方面。

首先，师资结构存在显著的不合理性。目前，从事劳动教育的教师并非专业背景出身，多数为从事思想政治教育或就业指导工作的管理人员。由于劳动教育涵盖范围广泛，缺乏专业化的教师队伍，导致难以精准把握学科发展的最新动态，以及深入了解专业前沿问题。

其次，教师普遍缺乏创业经验。目前，高校劳动教育实践的师资队伍主要由校内专、兼职教师构成。尽管这些教师经过短期的培训，掌握了一定的基本理论知识，但在指导学生创新、创业实践活动中，由于缺乏实际的创业经验，难以达到预期的教学效果。

最后，师资队伍的稳定性问题也不容忽视。虽然部分学校会聘请校外具有丰富实践经验的人员担任兼职教师，如成功企业家、创业成功人士等，以提供有针对性的实践指导。然而，由于兼职教师的待遇偏低且缺乏长期规划，导致其积极性不高，对教学投入不足，同时流动性也较大。

（五）劳动教育价值影响不明显

根据马克思主义理论，劳动价值作为使用价值具有其独特性，能够产生价值增值。劳动力作为一种特殊的商品，其价值既源自其使用价值，又服务于使用价值。然而，在高校的劳动教育实践中，往往存在教育内容过于宽泛、缺乏针对性的问题，这容易忽视社会主义核心价值观的引领作用，导致大学生对劳动现象的理解产生偏差，难以形成正确的价值观念，如集体主义精神和爱国主义精神等。

此外，大学生对劳动所体现的社会价值、个人价值，以及创新精神、创业素质和创造能力等方面缺乏足够的关注和重视。同时，受传统就业观念如

"铁饭碗"和"求稳"思想的影响，劳动教育的意识普遍较为薄弱，对劳动教育相关政策的了解也相对较少。这些因素共同削弱了劳动价值观在大学生群体中的影响力。因此，高校应当重视劳动教育的系统性、针对性和实效性，加强社会主义核心价值观的引领，帮助大学生树立正确的劳动价值观，提升他们的劳动素养和综合能力。

三、劳动教育提升大学生创新能力的实践路径

（一）确立系统化培养目标，树立正确价值观

为了确保劳动教育的系统性与实效性，必须精心设置全面的培养目标。这些目标旨在培育学生形成尊重劳动、热爱劳动、勤劳节俭、责任担当、敬业奉献等劳动精神。同时，我们也应致力于提升学生的创新、创业、创造能力，以培养他们具备勤俭奋斗、锐意创新、勇担责任、勇于奉献的企业家精神。

这一培养目标的设定不仅实现了对劳动教育的价值引领与升华，更紧密地契合了时代的发展需求。积极推动劳动教育向智慧劳动、创造性劳动方向迈进，以适应新时代对人才的需求。

此外，学生创新能力、创业能力、创造能力的培养离不开有效的信息资源保障。因此，高校应充分利用网络技术的优势，持续加大信息资源建设投入，努力构建"数字化校园"。借助新媒体平台，如微信公众号、抖音直播等，积极推送劳动模范事迹，面向全体学生直播劳动教育活动现场，以广泛宣传和弘扬劳动精神。

将劳动教育贯穿高校人才培养的全过程，目的是充分发挥劳动的教育作用，帮助学生树立正确的劳动价值观。最终，期望培养出具备劳动能力与创造能力的高素质人才，为国家的发展和社会的进步贡献力量。

（二）构建完整课程体系，全面提升学生的能力

教学是高校培养人才的根本途径，而课程方案则是教学的基本体现形式。在发挥劳动教育来提升学生创新、创业、创造能力方面的作用时，课程设置的合理性对教学效果和教育目标的达成具有至关重要的影响。因此，构建一

个完善的课程体系显得尤为重要。

首先,加强职业认知教育。鉴于大学生在入学初期往往对自身专业缺乏深入了解,高校应当增设职业认知教学环节,以实现专业认知与实际工作环节的紧密结合。通过开设专门的劳动教育课程,帮助学生构建完整的劳动教育理论知识体系,从理论层面深化大学生对专业的理解,使他们对未来可能从事的职业有清晰地认识。同时,高校还应注重实践教学,加强学校与社会的沟通交流,组织学生参观企业,了解专业对应的职业要求,培养学生的创新、创业、创造思维。

其次,开设通识型课程。高校应引导大学生系统学习科学文化知识,特别是劳动教育的理论知识,以坚定理想信念、提升劳动素养。针对不同专业和学生的个性需求,高校应增设相关专业课程,形成模块化的教学体系。通过采用翻转课堂等创新教学模式,激发学生的学习兴趣和自主性,提高学生的学习能力。此外,高校还应发挥网络优势,开设劳动教育网课,为学生提供更为便捷的学习条件,培养他们的劳动情怀。

最后,强化实践导向型课程。劳动教育必须注重理论与实践相结合。因此,高校劳动教育的课程设置应与社会市场和用人单位的需求紧密对接,使学生能够在学习过程中与专业岗位实现零距离接触。对于具有创业意愿的学生,高校应通过实践导向型课程帮助他们积累实践经验,为创业项目做好充分准备。同时,高校还应以劳动教育为纽带,推动产教融合,转变教育理念,从以"教"为中心向以"做"为中心转变,全面培养学生的创新、创业、创造能力。

(三)整合校内外各类教育资源,建立具有特色的实践平台

劳动教育作为实践性学习的重要组成部分,特别强调在劳动实践中锤炼知识、提升技能,并深化劳动情感,为未来的职业发展奠定坚实基础。为此,高校在加强劳动教育、促进学生创新、创业、创造能力培养的过程中,应充分利用校内外资源,构建富有特色的实践平台。

首先,建立高校创业孵化平台是劳动实践与劳动创造的重要载体,旨在为学生个体及群体提供实践服务,积极促进他们获得真实的创业与劳动体验。高校应设立大学生创业园,为怀揣创业梦想的学生提供实践场所,并在顶层设计上将足够的资金支持、优质的人力资源和健全的配套设施等纳入整体战

略规划。

其次,全面开放高校科研实验室、产学研实践基地,为学生提供更多接触高端设备、深入了解学科前沿热点的机会。对于表现突出的学生,可允许其加入教师或学院的专利产品研究团队,借此培养他们的创新精神,为毕业论文的顺利完成创造有利条件。同时,教师应积极承担社会和企业的行业课题,为学生提供更多创新、创业、创造的实践项目,鼓励他们参与创造性劳动,进一步提升创造能力。

最后,成立劳动教育联盟,发挥政府、学校、社会三方协同作用,共同推动劳动教育的发展。政府应积极推动校企合作,将劳动教育实践教育基地建设纳入教育改革规划和学校发展顶层设计之中。为充分利用校内外资源,可根据企事业单位的发展需求和大学生的实习实践要求,建立校外实践基地,使学生在企业专家的指导下完成实践任务,积累实践经验。同时,企业可在高校设立研究机构,这样既有利于企业获取人才资源,也为学生提供更多实践机会,实现双方的互利共赢。

实践教育基地建设为劳动教育实效的发挥提供了重要保障。只有在实践中,大学生才能更好地掌握劳动技能,充分发挥自身的创新潜力和创造能力。因此,高校劳动教育要想切实提升大学生的创新、创业、创造能力,必须全面整合校内外资源,构建具有鲜明特色的实践平台。

(四)突出专业化建设特色,配足配强劳动教育师资队伍

为确保高校劳动教育的顺利开展,师资队伍的建设至关重要。劳动教育具有跨学科的特性,这对师资配置提出了更高的要求。劳动教育教师不仅应具备专业的知识,还须积累丰富的实践活动经验。因此,高校若要借助劳动教育提升学生的创新创业创造能力,务必加强劳动教育的师资建设。

首先,强化"专职化"教师队伍建设。劳动教育师资队伍的专职化是劳动教育发展的必然趋势。高校应从校内现有教师中遴选一批熟练掌握劳动教育知识、劳动教育发展规律的教师作为专职教师,以保障劳动教育过程的优质性。同时,通过公开招聘,引进具备劳动教育背景的人才,构建专职教师队伍。高校应定期对这些教师开展劳动教育相关培训,并结合最新政策,举办学术会议、论坛等,加强教师间的学术交流,不断更新教师的知识体系,

使劳动观念成为教师的基本素养,从而构建一支既具备理论水平又具备实践水平的"专职化"师资队伍。

其次,引进"社会型"兼职教师。高校应积极聘请创业人士、成功企业家、优秀校友等具备丰富实践经验的人才作为兼职教师,构建"实战导师"兼职队伍。校内专职教师主要负责理论知识教学,而"实战导师"则侧重于实践教学,这有助于学生将理论知识顺利转化为实践成果。高校应重视提升"实战导师"的指导效果,定期对其进行培训,助其熟悉教学规律、了解教学对象,使"实战"更为"实用"。此外,高校还应提高兼职教师的待遇,降低其流动性,确保劳动教育的效果落到实处。同时,推动"社会型"兼职教师育人机制的常态化,以实现对大学生社会主义核心价值观、劳动价值观、劳动情感态度、劳动习惯、劳动品德培育的全面化。

最后,加大"双师型"教师培养力度。双师型教师既能够传授理论知识,又能培养学生的实践技能,促进理论与实践的结合。高校应定期组织劳动教育的教师到校企合作企业参观学习,鼓励教师到企业挂职并开展课题研究,推动产、学、研一体化。同时,鼓励教师深入基层一线进行社会实践,以提升其实践能力。建立"劳动教育+创新创业创造"的师资培训模式,培养一批能够在劳动教育课程中有效提升学生创新创业创造能力的教师队伍。此外,高校还应将劳动教育的知识结构、理念精神纳入教师培养内容体系中,全面增强全体教师的劳动教育意识与能力,充分挖掘劳动教育中的创新创业创造理念,使其贯穿于高校育人的全过程,激发每位学生的创新创业创造潜能,培养学生良好的劳动素养,全面提升学生的创新创业创造能力。

第六节　劳动心理品质

2020年3月,国家出台了《中共中央 国务院关于全面加强新时代大中小学劳动教育的意见》,对如何加强劳动教育作了全面部署。2023年4月,教育部等十七部门联合印发《全面加强和改进新时代学生心理健康工作专项行动计划(2023—2025年)》,对加强和改进新时代学生心理健康工作同样作了系统部署。随着这两份文件的出台，高校高度重视劳动教育和心理健康教育，按照文件精神大力推进劳动教育和心理健康教育工作。高校推进劳动教育与心理健康教育融合育人，更有助于提升劳动教育和心理健康教育的成效。然而，一些高校在劳动教育和心理健康教育融合育人方面还存在一些问题，这对大学生身心健康发展、高校人才培养质量提升产生了不利影响，因此有必要深入研究劳动教育和心理健康教育融合育人的问题。

一、高校劳动教育与心理健康教育融合育人的重要意义

（一）有助于提升大学生的心理健康素质

高校推进劳动教育与心理健康教育融合育人，有助于更好地提升大学生的心理健康素质。在实践中，除了在心理健康教育中引导和帮助大学生不断提升心理健康素质之外，在劳动教育过程中也能有效引导和帮助大学生培养积极心理品质，促进大学生心理健康素质的发展。大学生参加各种劳动实践活动，不仅对锻炼身体具有良好的效果，而且对释放精神压力、调适不良情绪、形成积极心理品质也具有积极作用。当大学生精神压力大，出现烦躁、焦虑不安等不良情绪的时候，选择去参加一些合适的劳动，让身体劳累出汗，有助于大学生转移注意力，释放精神压力、调适不良情绪。此外，参加劳动锻炼还有助于大学生磨练坚强意志，尤其是一些工作强度比较大、挑战比较大、持续时间比较长的劳动，甚至需要大学生付出巨大的努力和经过多次的尝试才能完成的劳动任务，对于磨练大学生的意志具有积极作用。通过强度较大的劳动实践一次次地挑战身体和心理的极限，是大学生培育坚韧不拔的意志力的有效路径。

（二）有助于提升大学生的身体健康素质

高校推进劳动教育与心理健康教育融合育人，有助于进一步提升大学生的身体健康素质。通过推进劳动教育与心理健康教育融合育人，引导大学生热爱劳动，以积极的心态参加各类劳动，能够让大学生的身体获得充分的锻炼，有助于大学生进一步提升体力、增强体质。大学生从事各类劳动实践的过程，通常也是舒展筋骨、活络肌肉的过程，在这一过程中，学生调动全身

的大小肌肉共同协作，让身体始终处于活跃兴奋状态，结果既锻炼了身体的筋骨肌肉，也锻炼了身体各部位的协调性。不仅如此，劳动锻炼还能够有效提升大学生的新陈代谢水平，增强身体免疫力。因此，大学生参加多样性的劳动实践，通过出力流汗，能够让身体获得更好的发育，促进身体健康素质提升。

（三）有助于提升大学生的劳动素养

高校推进劳动教育与心理健康教育融合育人，有助于提升大学生的劳动素养，主要体现在两方面：一是帮助大学生树立正确的劳动观；二是促进大学生劳动实践能力的提升。高校推进劳动教育与心理健康教育融合育人，引导和帮助大学生形成积极认知方式和积极心理品质，以积极心态去接受劳动观教育，就有助于大学生逐渐形成正确的劳动观，形成热爱劳动、崇尚劳动、尊重劳动者、尊重劳动成果的良好意识，树立劳动最光荣、最伟大、最崇高和最美丽的观念，形成爱岗敬业、报效国家、奉献社会的良好意识。此外，通过推进劳动教育与心理健康教育融合育人，引导大学生产生对劳动的积极情感，以积极的态度参加各种劳动实践活动，包括日常生活劳动、基本生产活动、勤工助学活动、课程实习实训活动、志愿服务活动等，通过持续地参加这些活动，大学生的劳动实践能力也会得到充分的锻炼，获得不断的提升。

（四）有助于提升大学生的审美素养

高校推进劳动教育与心理健康教育融合育人，有助于提升大学生的审美素养。

首先，高校推进劳动教育与心理健康教育融合育人，有助于培育大学生积极的情感和豁达超越的心胸，这为大学生提升审美素养打下良好的心理基础。情感性和超越性是审美的两个主要特征，审美活动需要主体与对象之间建立积极的情感联系，还需要主体具备超脱的心胸，能够超越物质和功利之外，这样才能建立一种审美关系，进入审美状态。高校有效开展大学生心理健康教育，能够帮助大学生培育积极的心理品质和豁达超越的心态，这有助于大学生与审美对象建立审美关系，树立正确的审美观。

其次，高校推进劳动教育与心理健康教育融合育人，有助于提升大学生感知美、欣赏美、创造美的能力。劳动就是主体使用劳动工具创造性地改造劳动对象的实践，劳动和美具有天然的联系，马克思曾提出"劳动创造了美"的著名观点。大学生积极参加各类劳动实践，在使用劳动工具、探索劳动技巧、改造劳动对象的过程中，会感受到劳动实践活动以及物质世界的真，感受到劳动人民通过劳动实践改造世界、创造美好生活的善，会感知和欣赏到劳动技巧、劳动对象乃至物质世界的美。大学生善于发明创造，总能创造出一件又一件新的东西或物品，他们除了考虑实用性之外，还会设计漂亮的外形，并按设计打造出漂亮的成品，实际上这也是一个创造美的过程。因此，大学生通过参加各类劳动实践，可以很好地感知劳动实践的真善美，对提升大学生感知美、欣赏美、创造美的能力具有积极作用。

二、高校劳动教育与心理健康教育融合育人存在的问题

（一）缺乏融合育人的理念

随着《中共中央 国务院关于全面加强新时代大中小学劳动教育的意见》和《全面加强和改进新时代学生心理健康工作专项行动计划（2023—2025年）》的出台，各高校对劳动教育和心理健康教育都高度重视，大力推进劳动教育和心理健康教育，工作取得显著成效。然而，一些高校还缺乏劳动教育和心理健康教育融合育人的理念，对于劳动教育与心理健康教育融合育人的重要意义认识不足，直接影响到融合育人工作的开展与成效。

（二）融合育人的机制不健全

一些高校对劳动教育与心理健康教育融合育人的重要性有了足够的认识，但在具体推进劳动教育与心理健康教育融合育人的过程中，并没有建立健全融合育人机制，领导机构、监督机制、保障机制、考核机制等都存在一些问题。领导机构方面的问题主要是没有成立融合育人的领导机构，或领导机构的功能职责以及下属部门的分工不完善、不科学。监督机制方面的问题主要是监督部门对相关部门、相关人员是否按照预先的部署和要求开展工作未能进行有效监督。保障机制方面的问题主要是对于人、财、物、场地等方面没有专门的政策或制度保障。考核机制方面的问题主要是考核主体、考核内容

体系和考核程序不健全、不科学。

（三）内容融合不足

高校推进劳动教育与心理健康教育融合育人，需要推进两者内容之间的融合。高校劳动教育与心理健康教育的内容虽然各成体系，但在很多地方有互通之处，可以实现内容的充分融合，形成新的、生动的、具有感染力的劳动教育或心理健康教育内容形态，从而更好地实现劳动教育与心理健康教育融合育人的目标。但在具体实践中，一些高校并没有很好地挖掘劳动教育与心理健康教育内容的互通之处，没有很好地融合劳动教育与心理健康教育内容，结果也影响了融合育人的成效。

（四）师资联动共建不足

高校推进劳动教育与心理健康教育融合育人，师资联动共建是一项重要工作。一些高校在劳动教育与心理健康教育师资队伍联动共建方面还存在一些问题，如一些高校不重视两个团队师资队伍的联动共建，没有推动两个团队师资队伍的联动共建；一些高校联动共建的力度不大，如没有建立常态的例会制度或联系沟通制度，没有统一组织参加相关专题培训，没有建立集体备课制度，没有共同设计和组织开展一些重大活动等。以上问题都会对劳动教育与心理健康教育融合育人的成效产生不利影响。

三、高校推进劳动教育与心理健康教育融合育人的对策

（一）树立劳动教育与心理健康教育融合育人的理念

没有融合育人的理念，就不会出现融合育人的顶层设计，更不会出现融合育人的行动。高校的领导班子以及教务处、学工处、劳动教育与心理健康教育两个团队的师资队伍等都应当改变劳动教育与心理健康教育各自为战的思维方式，自觉树立劳动教育和心理健康教育融合育人的理念，必须充分认识到劳动教育与心理健康教育融合育人的重要意义，认识到融合育人对于提升大学生的心理健康素质、身体健康素质、劳动素养以及审美素养的重要意义。

（二）建立健全劳动教育与心理健康教育融合育人的机制

高校建立健全劳动教育与心理健康教育融合育人的机制，应做好以下工作。一是成立相对固定的劳动教育与心理健康教育融合育人的领导机构，以制度的形式明确下来。领导机构的负责人由高校主要领导担任，成员包括心理健康教育团队、劳动教育团队、二级院系、宣传部、教务处、学工部、校团委、财务处等相关部门的主要负责人，制度文件还应该明确各相关部门的具体责任、工作内容、工作标准等。二是健全融合育人的协调机制。领导机构成立之后，可以建立例会制度，定期召开例会，对推进劳动教育与心理健康教育融合育人过程中的一些重要工作和注意事项进行提醒和沟通，对遇到的一些难点难题进行集体研究，共同商议解决办法，及时解决难点难题。三是健全融合育人的监督机制。可以由教务处或学校的教学督导等对劳动教育与心理健康教育融合育人工作进行全过程监督，监督各部门和相关人员是否按照预先的部署和要求开展工作，发现问题及时提醒整改。四是健全融合育人的保障机制。在人员方面应当按照国家的相关规定配足劳动教育与心理健康教育的师资，在资金方面应当设立开展劳动教育与心理健康教育的专项资金，此外还要保障在设备设施和场地方面能够满足开展劳动教育与心理健康教育所需。五是健全融合育人的考核机制。劳动教育与心理健康教育融合育人的考核可以由学校教学委员会进行，考核的内容体系以及程序可以由领导机构负责研究制定，提交学校教学委员会审定。

（三）融合劳动教育与心理健康教育内容

高校劳动教育与心理健康教育可以在很多方面实现内容之间的融合，如将劳动教育中树立正确劳动观的内容与心理健康教育中培养积极认知、学会职业规划、树立正确的人生态度、健全人格等内容融合起来；将劳动教育中热爱劳动、热爱劳动人民的内容与心理健康教育中建立积极情感的内容融合起来；将劳动教育中培养团结协作精神的内容与心理健康教育中融洽人际关系的内容融合起来；将劳动教育中培养攻坚克难、艰苦奋斗精神的内容与心理健康教育中磨练坚韧意志以及受挫教育的内容融合起来；将劳动教育中培养创新创造精神的内容与心理健康教育中激发心理潜能的内容融合起来；将劳动教育中动手出汗的效果与心理健康教育中消除不良情绪、释放精神压力的内容融合起来；等等。广泛开展劳动实践活动是劳动教育的重要内容，高校要科学合理地开展一系列的劳动实践活动，引导大学生在具体的劳动实践中促进身心和谐发展。

（四）联动建设劳动教育与心理健康教育的师资队伍

推进劳动教育与心理健康教育师资队伍的联动共建，可以从以下几方面着手。

首先，建立常态沟通机制。可以通过召开会议或者建立工作群的方式，随时针对推进劳动教育与心理健康教育融合育人的工作进行交流和沟通。

其次，根据需要组织两个团队的教师共同参加一些专题培训，如开展"如何更好地以劳动教育促进学生心理健康"专题培训，或开展其他一些心理学和劳动教育方面的内容培训。负责心理健康教育的教师熟悉劳动教育的内容之后，就能更有针对性地指导学生通过劳动实践促进心理健康，而负责劳动教育的教师了解了心理调适的方法和学生心理发展特点以及规律后，除了能够自我调适不良情绪、释放心理压力之外，还能更好地根据学生的心理发展需要以及发展规律对学生开展劳动教育，从而提升劳动教育的针对性和实效。

最后，建立集体备课制度。针对一些重要的内容，劳动教育与心理健康教育团队可以开展集体备课，共同设计和优化教学内容、选择合适的教学方式方法，必要的时候两个团队还可以共同设计和组织开展一些劳动实践活动。

总之，推进劳动教育与心理健康教育师资队伍的联动共建是必要的，不仅有助于提升两个团队教师的自身素质，也有助于提升劳动教育与心理健康教育融合育人的成效。

第七节 劳动法律意识

劳动法律意识是指人们对劳动法律规范的认知、理解和尊重，以及在劳动过程中自觉遵守和维护法律的精神。对于高校大学生而言，树立劳动法律意识意味着要深入了解劳动法律的基本原则和规定，明确劳动者与用人单位的权利义务关系，学会运用法律武器维护自身合法权益。

一、高校大学生兼职劳动法律意识

我国在学生兼职权益保护法律问题方面还存在着明显的漏洞和不足，没有像发达国家一样建立专门的详细制度。在此背景之下，需要根据我国校外兼职学生的实际情况和我国的国情提出有效的法律建议，让高校学生能够通过社会的磨炼提升个人能力，在毕业之后顺利适应社会工作环境。

（一）高校大学生兼职劳动过程当中涉及的法律关系

1.学生与学校

我国一直以来采取的是九年制义务教育制度，而高校学生本质上并不属于义务教育的范畴，所以学生和高校之间的关系可以理解为是一种特殊的教育服务合同关系，二者在法律地位上是平等的，高校学生是教育服务合同的一方，而学校则是教育服务合同的另一方。学生具有支配自身行为和社会活动的自由，但同时也要承担这些自由所产生的后果和责任。学校作为教育主体，需要根据有关规定对学生进行规章制度层面的合理束缚，负责学生在校期间的教育指导和保护。学生所在的学校负有教育监管的责任，应该对兼职学生进行提醒和适当保护，尽可能避免学生在兼职过程当中受到人身安全损害或合法权益侵害。原则上说，如果学生在兼职阶段出现各类风险，学校应该在职责范围之内承担对应的责任，除非是免责条款的特殊情形，如不可抗力或意外事件导致的学生权益受损，此时学校不存在过错，无需承担法律责任。

2.学生与劳动单位

学生和劳动单位之间的关系可以被认为是一种从属性组织关系和人身依附关系，用人单位和劳动者本身满足法律法规所规定的主体资格，学生作为劳动者，应该遵循劳动单位依法制定的各项规章制度，接受这些劳动单位的管理和业务安排。当然，由于兼职大学生本身没有完全毕业，他们的身份定位当中有一部分是学生，所以学生的档案和人事关系应该依附于学校的管理，在行为举止上要遵循学校的规章制度。可以看出，兼职学生的角色定位并不是完全行为自由的劳动者,他们的劳动时间本身并不固定,无法和劳动单位的正式员工相比。除此以外,部分学生在劳动的过程中,没有和劳动单位签订劳动合同,这不利于自身的权益保护。不过,从劳动本质属性来看,即便是兼职学生,他们和劳动单位之间也互相形成了事实层面的劳动关系,将这些学生纳入劳动法的保护范畴,本身符合劳动立法的宗旨要求,有助于维护社会的和谐和稳定。但是,一旦劳务纠纷发生甚至出现劳动仲裁行为时,那么就要考虑兼职行为和劳务关系之间的关联性,应用劳务法律条款内容进行协商或向法院提起诉讼。

3.学校与劳动单位

学校和劳动单位之间的关系相对特殊,因为二者并不存在普遍意义上的法律委托关系,因为高校学生的兼职行为不是通过校企合作或企业顶岗实习模式所做出的行为,而是学生自发按照劳动协议的内容为劳动单位提供劳动服务,获取应有的权益保障,一般情况下,高校并不干涉学生的兼职行为。所以从责任承担的角度来说,学校只要在日常的监管中尽到了应尽的责任,并且对学生进行了安全教育或风险告知,那么这些兼职学生的权益保障或责任就应当由劳动单位承担。

(二)高校大学生兼职劳动权益保护涉及的法律问题

1.学生的劳动权保障问题

劳动权益保障问题是法律问题当中的重要组成部分,因为我国有关兼职学生劳动权益保障的法律法规和相关管理体系并不健全。即便是我国普遍采用的《工伤保险条例》中没有将工伤保险的适用主体范围拓展至兼职学生层面,《社会保险法》中也并没有涉及学生在兼职期间的劳动伤害保险问题。而学生和劳动单位之间并没有在兼职阶段签订对应的劳动合同,所以意味着学生在很多情况下无法获得劳动法的保障,甚至无法直接获得工会的支持和帮助,在兼职期间也可能缺乏对应的劳动补助。这会使学生的劳动权益受到严重的影响,在操作层面无法照搬全职者的劳动法律规定,用人单位也无法按照全职员工的管理模式对学生进行管理。对于现代企业而言,他们本着趋利避害的原则,更加关注自身的权益而非兼职劳动者的权益,使某些在校大学生的兼职行为存在着无法可施的现实局面,也使工伤保险问题、黑中介问题、侵权救济问题和兼职环境安全问题屡见不鲜。出现此类问题的根本原因在于现行的立法缺位，以及学校对学生的监督管理存在空白之处。

2.学生的自我维权意识问题

现代社会的劳动力市场显然呈现出典型的供大于求的特征，无论是兼职岗位还是正式岗位，竞争都非常激烈。特别是高校学生自身在学历上不具备优势，他们在校外兼职期间并不能享受全职员工的基本待遇。除此以外，很多被侵权的学生都是因为自我维权意识相对淡薄，不懂得如何利用法律来保护自己，在受到人身伤害时往往处于非常弱势的局面。例如，很多学生对于不法行为缺乏应有的判断能力，他们只是希望在有限的时间之内找到一份能够为自己提供收益的工作，却忽视了确认劳动单位的资质、劳动文件要求以及劳动内容审查等，他们不明白劳动法和其他法律对于劳动者的倾斜保护部分，以至于在发生侵权行为之时，不知道寻求哪个社会组织的支持和帮助，不懂如何维护自己的合法权益。

3.法律救济途径问题

兼职学生在劳动单位的地位和角色属性比较特殊，虽然有很多学生在校外兼职期间受到劳动侵犯时，会想到通过劳动法来维护自身的权益，但是兼职期间的学生是否达到了劳动法律中的适格劳动者标准，却是一个比较难以界定的问题。由于我国的劳动法并没有明确提出学生在兼职工作中的身份，在处理类似的案件时，并不能完全按照劳动法中的条款来进行裁定，如社保制度、工资制度和节假日休假制度，都缺乏应有的参考依据。另外，参与兼职的学生人数众多，但劳动单位所提供的岗位非常有限，本质上是属于"卖方市场"的特殊状态，学生是劳动市场上的弱势群体，企业则具有足够的话语权。在学生的正当权益受损时，企业往往作为强势的一方，会使一些权益受损的学生无法获得有效的举证信息或侵权责任证据，这显然对兼职学生是极为不利的。

（三）高校大学生兼职劳动权益保护法律保障措施

1.通过法律法规保护学生的基本权益

在时机成熟之后，国家立法机关就可以拟定对应的法律法规，完成对于兼职学生的统一化和规范化管理，如充分考虑劳动者和劳动单位双方的利益平衡，并调动两者之间的积极性，必要时可以成立对应的职能部门，专门管理兼职学生的工作。假设学生在兼职过程中出现权益损害甚至是人身伤害事故，那么就需要根据学生的特殊定位，建立专门的特殊保险制度，让国家能够通过各种途径为学生创造对应的劳动就业条件，以推进社会和谐。对于学生来说，他们自身只需要缴纳一小部分保险费用，就可以在自身的权益受到侵害时获得对应的赔付。除此以外，举证责任制度也能维护兼职学生的合法权益，假如劳动者和劳动单位双方出现劳动争议，那么当事人有权利根据自己的主张提供对应的证据，无论是涉及劳动报酬、工时还是保险等问题，都可以进行特殊申诉。而学校作为学生的主要教育监管部门，也应该鼓励学生通过正当的法律途径来维护自身的劳动权益。

可以看出，通过法律法规保护学生的基本权益，等同于在立法上肯定了兼职学生的劳动者地位。目前的高校学生无论是在知识储备和身体素质上，还是自由行为支配能力上，都具备劳动者的劳动基础能力，所以我国立法机关可以且有必要以立法的形式明确当代高校学生的劳动者主体身份，这样一来，可以在对应的劳动纠纷案件中提供身份层面的法律依据。

2.引导学生进行社会化维权

学生的社会化维权本质上是通过权益保障的社会化来充分发挥学生的主体作用。例如，在现代媒体环境之下，要想真正强化用人单位的社会责任，就需要借助社会舆论来引导当代企业树立道德层面的形象。虽然对于现代企业而言，他们的经营目的是获取更多的利益，但是企业本身的行为并不能逾越法律法规的要求以及社会责任行为标准。学生是劳动力市场中的群体，同时也是社会的潜在人力资源，学生在企业内部付出应有的劳动时，就应该获得基本的劳动保障和劳动权益。前文所提到的法律途径是一种强制层面的约束，而这里所提到的社会化维权是道德层面的保障。无论是哪一种务工形式，都要根据企业的经营发展状况来优化人力资源管理，重点改善劳动者的劳动报酬与劳动条件。在出现劳动争议时，学生群体可以借助第三方的帮助（学校、社会组织、工会等）来代表自己和用人单位进行平等协商，特别是在自身的劳动权益受到侵害时，能够以更少的投入来获取双方可接受性更高的结果。工会或劳动行政部门本身要加强对各类用人单位的监督，如工商行政管理部门应该提升各类劳动中介机构的设立门槛，在满足公司法的基本要求之外，还应该查询这些机构或企业的以往信用度，对于出现过欺诈行为或侵害权益行为的单位要进行备案登记，强化市场监督等。

3.强化司法救济途径

司法救济要求强化现有的法律援助，为处于弱势群体的兼职学生提供相应的法律帮助，包括减免收费或提供法律支持等。目前大部分的兼职学生法律知识比较匮乏，如果单纯依靠一己之力来维护自身的权益显然难度过大。对此，可考虑将兼职学生正式纳入法律援助的保护范畴当中，在现有的法律援助体系内设立一个为兼职学生提供权益保护的专项部门，提供包括法律咨询或案件代理在内的各类法律服务。在立法规范之外，目前的司法救济途径还可以从司法救济的程序入手，解决好学生司法救济维权时间过长的问题。在这一方面司法部门可以制定对应的相关政策，首先要求用人单位垫付兼职学生劳动权益保障诉讼的相关费用，之后根据法院的裁定结果来作出合理的调节。虽然这种方法在一定程度上会增加我国司法资源的消耗，却能够提升对企业的监督力度，充分拓宽法律援助的适用范围，让学生在自身的权益受到用人单位侵害时，可以有明确的方向去咨询和寻求帮助，通过申请法律援助来解决问题。

二、高校大学生实习的法律意识

大学生校外实习作为大学教育体系中不可或缺的一环，为在校学生提供了接触社会、锤炼能力、积累经验的宝贵平台。然而，当前在实习环节中，由于缺乏有效的法律保障与监管措施，劳动权益问题屡见不鲜。诸如薪资待遇不公平、工作时长超出法定要求、职业健康安全保障不足，以及性别歧视与性骚扰等问题的出现，不仅严重侵害了实习生的合法权益，对其身心健康和成长发展造成了不良影响，同时也损害了实习单位的形象和声誉。鉴于此，构建一套完善的法律保护机制，切实保障大学生校外实习的劳动权益，已成为当前亟待解决的重要课题。

（一）大学生校外实习中的劳动权益问题

1.薪资待遇与工作时间问题

众多实习单位在大学生实习生的工资标准和工时限制方面存在不明确的

情况，致使实习生的合法权益无法得到切实保障。部分实习单位甚至借"试用期"之名，擅自延长实习生的工作时间，并将实习生的工资压缩至极低水平。这种行为不仅严重违背了《中华人民共和国劳动法》所规定的工资和工时制度，更对实习生的日常生活和学习造成了不良影响。此外，还有部分实习单位采取未经允许的加班以及工资抵扣等不当手段，进一步削减实习生的应得收入，这种做法不仅触犯了法律法规，而且极易引起实习生的不满情绪，造成不稳定的局面。

2.社会保险与福利问题

一些实习单位在为大学实习生提供社会保险和福利待遇方面存在明显不足，甚至缺乏必要的保障措施，这无疑给实习生在日常生活和工作中带来了极大的不便与潜在风险。在实习过程中，实习生往往需要面对多样化的工作环境以及潜在的危险因素，若缺乏相应的社会保险和福利保障，他们在工作中受伤或生病后难以得到应有的赔偿和医疗救治。因此，为了切实保障大学实习生的劳动权益，实习单位应当充分认识到为实习生提供基本社会保险和福利待遇的重要性，并积极落实相关政策，包括医疗保险、工伤保险以及生育保险等，以确保实习生能够在安全、稳定的环境中顺利完成实习任务。

3.职业健康安全问题

在大学生校外实习期间，职业健康安全问题亦成为公众瞩目的焦点议题。实习单位所营造的工作环境、所采取的工作方式以及工作强度等因素，均可能潜在地影响到实习生的身体健康状况。具体而言，在某些生产作业环境中，可能存在着化学物质的挥发、噪声的干扰以及尘土的弥漫等危险因素。若未能采取切实有效的防护措施，实习生可能面临健康受损的风险。此外，在一些涉及重体力劳动的岗位，若缺乏必要的人身安全保护措施，实习生亦容易发生工伤和意外伤害。因此，大学生校外实习过程中的职业健康安全问题亟待关注，实习单位应切实采取相应措施，确保实习生的工作环境安全，从而有效防范意外伤害事件。

4.性别歧视与性骚扰问题

在一些实习单位中，由于性别观念的束缚或工作环境特性的影响，实习生可能会遭遇不同形式的性别歧视与性骚扰。举例来说，在男性占主导地位的行业领域内，女性实习生时常面临性别歧视的问题，难以享有公平的待遇，甚至有时会受到言语或身体上的侵扰。反之，在女性占据主导地位的行业环境中，男性实习生亦可能遭遇类似的性别歧视或性骚扰问题。

这些不良的工作环境不仅给实习生带来心理上的压力和生理上的不适，更严重地阻碍了他们的职业成长和个人发展。因此，实习单位应当积极倡导性别平等观念，加强职业道德意识的培养，并制定切实有效的反性骚扰政策，以提供一个公正、安全、和谐的实习环境。

（二）大学生实习过程中的劳动权益保护措施

1.明确实习生工资标准与工时限制

为了解决大学生在实习过程中所面临的薪资待遇与工作时间问题，实习单位应制定明确的实习生工资标准，明确工时，并严格遵循相关法律法规执行。具体而言，实习单位应根据实习生的工作内容、工作难度及实际投入的工作时间等因素，合理制定薪资标准，以确保实习生的工资不低于当地所规定的最低工资标准，并应确保工资发放及时且公正。

同时，实习单位亦应严格把控实习生的工作时间，严禁超时工作或强迫加班的情况发生。具体而言，应设定明确的工时上限，如每日工作时间不超过八小时，并根据实习生的工作内容与性质，合理安排工作时间，以预防实习生过度疲劳与身体损伤。

2.确保实习生享有基本社会保险和福利待遇

为了妥善解决大学生在实习过程中所面临的社会保险与福利问题，实习单位有责任和义务为实习生提供必要的基本社会保险及福利待遇，以确保其合法权益得到充分保障。

具体而言，实习单位应依法依规为实习生购置医疗保险、工伤保险、生育保险等基本社会保险项目，以应对实习期间可能遭遇的各类风险与问题，为实习生提供必要的安全保障。此外，实习单位还应提出明确的福利待遇规定，包括为实习生提供带薪年假、节假日福利等，确保其在实习期间享受到应有的权益和待遇。这不仅有助于提高实习生的工作积极性和满意度，使其能够更好地完成实习任务，同时也有助于提升实习单位的社会责任感和企业形象。

3.加强实习单位的职业健康安全培训与监管

为切实保障大学生在实习过程中的职业健康与安全，实习单位务必加强对实习生的职业健康安全培训以及实施严格的监管措施。实习单位应当向实习生传授必要的职业健康安全知识及防护技能，指导其如何辨识并应对各类潜在危险因素，从而降低实习生在工作中遭遇伤害的风险。

同时，实习单位还需构建完善的职业健康安全监管体系，对实习生的工作环境、方式及强度等关键要素实施全面、高效的监控与管理，确保实习生在实习期间能够获得良好的职业健康与安全保障。具体而言，实习单位应制定明确的工作标准与操作规程，提供充足的防护设备与器材，并定期开展职业健康安全检查与评估工作，以便及时发现并解决问题，为实习生的身心健康提供坚实保障。

4.加强性别平等意识培训及严惩相关行为

为了有效解决大学生实习过程中所面临的性别歧视与性骚扰问题，实习单位应着力加强性别平等意识培训，并对相关行为进行严厉惩处。具体而言，实习单位需积极组织性别平等教育和职业道德教育活动，以切实提升实习生的性别平等意识和职业道德素养，并激励他们积极参与推进性别平等的各项工作。同时，实习单位还需明确制定反性骚扰政策，并建立完善的惩处机制，对实习过程中出现的性别歧视和性骚扰行为予以坚决打击和严肃处理。例如，可以设立实习生投诉和申诉渠道，以加大监督力度并强化惩戒措施，从而切实保障实习生的合法权益，防止其在实习过程中遭受任何形式的性别歧视和性骚扰。通过加强性别平等意识培训和严惩相关行为，实习单位不仅能够营造一个公正、公平、平等、和谐的工作环境，激发实习生的工作积极性，同时也能够进一步提升实习单位的品牌形象，为其长远发展奠定坚实基础。

三、高校大学生就业法律意识

（一）高校毕业生就业法律意识现状

1.相关法律知识和法律意识的匮乏

大多数高校毕业生在求职过程中，往往聚焦于简历制作和面试技巧等表面工作，以吸引用人单位的注意，从而获取更好的就业机会。然而，关于就业法律保障方面的重要问题，他们却普遍缺乏足够的了解和重视，甚至对如何维护自身合法权益持漠视态度。对于大一、大二、大三的学生而言，他们普遍认为就业问题尚属遥远，学习就业法律法规似乎并无紧迫性。而大四学生在面临就业压力时，往往采取临时应付的态度，认为只需在求职前简单浏览相关法律内容即可，缺乏深入学习和应用法律知识的意识。

事实上，大多数大学生在入学前鲜少接触法律领域，普遍缺乏基本的法律意识和常识，对法律在日常生活中的重要作用认识不足。在我国大学教育中，学生接受专业法律教育的机会相对有限，许多高校在培养学生的法律素养方面也存在明显不足。因此，学生们对就业相关的法律法规，如《合同法》《劳动合同法》等，几乎一无所知。这导致在求职过程中，他们往往存在法律盲点，无法有效运用法律武器保护自身权益。

在我们的调查中，许多学生对《劳动法》《劳动合同法》等法律法规持怀疑态度，认为这些法律对他们的求职并无实际帮助，也不期望法律能在就业过程中发挥积极作用。这反映出大学生对就业法律法规的认知水平普遍偏低，甚至在权益受到侵害时，也缺乏运用法律武器维护自身权益的意识和能力。因此，加强大学生法律教育，提高他们对就业法律法规的认知水平，已成为当前高校教育亟待解决的问题。

2.维权意识淡薄

谈及法律维权意识，网络上充斥着大量大学生求职过程中遭受欺诈的案例。许多大学生掌握的法律基础知识明显不足，对于如何保护自身合法权益的途径知之甚少，对自身的就业权利缺乏清晰认知，更不擅长运用法律武器捍卫自己的权益。甚至在遭遇用人单位的侵权行为时，部分大学生竟误以为这是理所当然的现象。

还有部分大学生在权益受到侵害后，虽有维权意识，却苦于无法找到合适的途径进行申诉，不知道如何有效维权，更不知道如何利用相关法律来保障自己的权益。有些同学甚至无法准确判断自己的权益是否已被侵犯。

因此，在面临不平等的情况时，多数毕业生往往选择默默接受或采取逃避、退缩的态度，不敢对用人单位的违法行为说"不"。在权益遭受侵害时，他们常常显得无所适从。在签订协议的过程中，学生通常会面临以下几方面的法律难题。

（1）劳动合同签订问题

《劳动合同法》第七条明确规定："用人单位自用工之日起即与劳动者建

立劳动关系",而第十条则进一步指出:"建立劳动关系,应当订立书面劳动合同"。因此,毕业生与用人单位之间应依据《劳动法》及《劳动合同法》的相关规定,建立正式的劳动关系,并依法签署劳动合同。

然而,据不完全统计,仍有近三成的用人单位未能与员工签订劳动合同。这一现象的产生主要源于两方面原因。一方面,部分用人单位为逃避缴纳社会保险等法律责任,故意避免签订劳动合同;另一方面,部分大学生由于法律意识和自我保护意识的缺失,缺乏合同意识,甚至有些涉世未深的毕业生盲目信任用人单位,仅与用人单位就权利与责任问题达成口头协定。由于缺乏书面证明,一旦发生劳动纠纷,这些毕业生在维权时将陷入不利境地,其合法权益难以得到有效保护。因此,我们呼吁所有用人单位和毕业生都应严格遵守《劳动法》及《劳动合同法》的相关规定,确保劳动关系的合法性与稳定性,切实保障劳动者的合法权益。

(2)试用期滥用问题

试用期作为用人单位与劳动者相互了解与适应的阶段,旨在评估新录用劳动者的工作表现,同时劳动者亦可通过此阶段对用人单位进行深入了解。根据《劳动合同法》第十九条规定,对于劳动合同期限在三个月以上但不满一年的,试用期最长不得超过一个月;劳动合同期限在一年以上但不满三年的,试用期最长不得超过二个月;而针对三年以上固定期限或无固定期限的劳动合同,试用期则最长不得超过六个月。

然而值得注意的是,许多毕业生对试用期的相关法律法规缺乏了解,导致他们常常受到不公平对待。有些用人单位往往利用试用期工资较低的特点,随意编造各种理由解除与毕业生签订的劳动合同,试用期结束后便解雇毕业生并重新招聘,以此手段持续利用廉价劳动力,以节约公司开支。因此,呼吁广大毕业生应加强对试用期相关法律法规的学习和了解,以保障自身权益不受侵害。同时,相关部门也应加强对用人单位的监管,确保他们遵守相关法律法规,维护劳动者的合法权益。

(3)合同条款模糊问题

在劳动合同的签订过程中,用人单位通常占据主导地位,部分用人单位依据国家相关法规及劳动部门颁布的合同范本,预先制定聘用合同文本。此类合同往往侧重于明确劳动者的职责与义务,以及用人单位所享有的权利,而对用人单位自身的责任以及劳动者的合法权益提及较少。鉴于众多应届毕业生法律知识的欠缺，他们往往未能察觉其中潜藏的"霸王条款"，错误地认为只能被动接受合同条款，而无其他选择余地。部分毕业生即便意识到某些条款有失公平，亦因顾虑而不敢向用人单位提出异议；更有甚者，未经仔细审阅合同内容便草率签字，此举无疑为日后可能发生的权益纠纷埋下了隐患。一旦发生劳动争议，用人单位往往会以已签署的合同为依据进行抗辩，导致许多毕业生在维权过程中处于被动地位。

3.法律意识淡薄

鉴于当前就业形势的严峻性，部分学生在求职过程中表现出过于急切的心态，甚至采取投机取巧的方式，从而导致了一系列违法事件的频发。毕业生在就业合同签订过程中，存在诸多容易触犯的法律禁区，具体表现为以下两个方面。

首先，部分学生在应聘时伪造虚假的简历和各类相关证书，以骗取用人单位的录用资格。这种行为不仅严重违背了诚信原则，更是触犯了相关法律法规。

其次，有些学生虽然与用人单位签署了就业协议，却未按照约定前往报到，单方面解除协议。这种违约行为不仅损害了用人单位的权益，也严重影响了毕业生的个人信誉。此外，还有部分学生同时与多家用人单位签约，然后再根据个人意愿进行选择，或在签约后频繁跳槽，随意单方违约。这种行为不仅扰乱了就业市场的秩序，也给用人单位带来了极大的不便和损失。

值得注意的是，这些毕业生往往缺乏对法律法规的充分认识和尊重。他们可能没有意识到造假是违法行为，一旦被发现将面临解除劳动合同和赔偿损失等严重后果。同时，他们也可能认为不去报到只是不守信用，最多只是道德问题，与法律无关。然而，这种漠视法律的心态和行为将会给个人和社会带来严重的后果。因此，呼吁广大毕业生在求职过程中要严格遵守相关法律法规，诚实守信，尊重用人单位的权益。同时，也希望社会各界能够加强对毕业生的法律教育和引导，帮助他们树立正确的法律意识和就业观念，共同维护良好的就业秩序和社会稳定。

（二）增强高校学生就业法律意识的对策

1.加强高校法治教育

学校应当高度重视对大学生的普法教育工作，以切实增强他们的法律意识和权利意识，使他们能够熟练掌握法律这一至关重要的工具。为此，高校应当将法律教育与择业教育紧密结合，确保大学生在掌握法律知识的同时，能够将其灵活运用于实际生活中。

具体而言，学校可以进一步增设与就业法律紧密相关的课程，如加强普法宣传教育，开展好《中华人民共和国民法典》的学习宣传贯彻工作。2020年5月28日，十三届全国人大三次会议审议通过了《中华人民共和国民法典》，这是中华人民共和国成立以来第一部以"法典"命名的法律，是新时代我国社会主义法治建设的重大成果。这部法律系统整合了中华人民共和国成立70多年来长期实践形成的民事法律规范，汲取了中华民族5000多年的优秀法律文化，借鉴了人类法治文明建设的有益成果，它是一部体现我国社会主义性质、符合人民利益和愿望、顺应时代发展要求的民法典，是一部体现对生命健康、财产安全、交易便利、生活幸福、人格尊严等各方面权利平等保护的民法典，是一部具有鲜明中国特色、实践特色、时代特色的民法典。在教学中，应详细阐释法律的基本原理、重要法条以及相关案例，使学生深刻领会到在求职、择业和就业过程中，面对可能的侵权行为，必须建立在充分学习、掌握和运用相关就业法律法规的基础上进行有效的维权。

此外，学校还应注重增强法律类课程的实践性和实用性，使学生在学习过程中能够明确了解在就业和签约过程中，哪些内容是与保护自身利益密切相关的，以及如何判断对方的用人条件是否侵犯了自己的合法权益。同时，学校还应教导学生在自身合法权益受到侵害时，应如何运用相关法律知识，通过合适的途径和方法来维护自己的权益，从而使损失最小化。

2.增强就业法律指导内容的实用性，提供务实的就业法律指导和服务

在大学生就业指导工作中，我们致力于培养一支具备相关专业知识的教师队伍，以便为毕业生提供精准而富有针对性的法律指导。此举旨在引导学生关注与求职就业紧密相关的法律法规，确保他们全面而系统地掌握保护自身合法权益的方法和途径，从而在就业过程中获得法律的保护。

在学生求职阶段，着重强调就业协议的重要性，以及其与劳动合同之间的显著差异，同时提醒学生保持警惕，避免陷入各类招聘陷阱和就业歧视的困境。鉴于当前高校学生在就业过程中普遍存在法律意识薄弱的问题，以及由此引发的侵权事件频发，高校应当依托就业指导中心，积极开展就业法律援助项目。

具体而言，可以针对毕业生在择业就业过程中遇到的法律问题提供专业的咨询服务，协助他们维护自身合法权益。通过培养大学生的就业法律意识、法律素养以及运用法律的能力，可以帮助他们更加理性地分析并解决纷繁复杂的就业侵权问题，从而确保他们能够在面对社会挑战时少走弯路、减少伤害。

第八节　数字劳动技术

劳动是人类特有的实践活动，马克思曾说，"任何一个民族，如果停止劳动，不用说一年，就是几个星期，也要灭亡，这是每一个小孩都知道的"。[1]数字信息时代，数字技术革命孕育了数字化的劳动形式，数字劳动成为人类劳动方式的最新样态。随着互联网、大数据、云计算、人工智能等新一代信息通信技术的广泛使用，数字信息基础设施的不断完善加速了社会经济各领域的数字化进程，在实现人与人、人与物以及物与物之间全连接状态的基础上催生了新的生产主体——数字平台，一种基于数字信息技术的新型资源配置方式。数字平台通过综合运用数字技术，将人类生存的现实世界不断数字化，擘画了全新的数字生活图景。由此，作为数字劳动主体的数字劳动者和数字平台之间的关系成为解构数字劳动的密匙。

---

[1] 中共中央马克思恩格斯列宁斯大林著作编译局. 马克思恩格斯选集（第4卷）[M]. 北京：人民出版社，2012：156.

一、数字劳动

（一）数字劳动的内涵

数字劳动就是依托数字平台的在线用户，以主体的认知、情感、经历、思想等为劳动对象生成内容的劳动。数字劳动产品以数据形式体现，各个平台用户在数字劳动过程中生成的内容表现为一个个具体数据，平台收集具体数据后进行整合，个别的、零散的具体数据就变成了具有集体性的一般数据。

当前，国内外学界关于数字劳动内涵的讨论方兴未艾，尚未达成统一认识，但总体来看，数字劳动指的是以数字信息技术和数字平台为关键性劳动资料，以数字化知识和信息为劳动对象，通过有效运用数字化劳动资料作用于数字化劳动对象，创造出种类多样的数字化产品和服务的新型劳动形式。

（二）数字劳动的分类

数字劳动产生的一系列数据信息都依赖于数字平台的收集与整合、记录和分析、执行和反馈。数字平台以供需一体化为理念，优化了供需两端的资源配置方式，通过强大的网络效应，将不同的数字劳动者聚集在一起，通过数据信息交换，实现分工协作，完成数字生产活动。基于平台上不同的运行机制，可以对平台上的数字劳动划分出不同的类型，主要可以分为三大类：专业型数字劳动、零工型数字劳动和用户型数字劳动。专业数字劳动者指的是与数字平台存在雇佣关系的数字平台专业技术人员，包括软件工程师、程序员、视频剪辑师等拥有熟练专业网络技术的专业劳动者，他们从事编写互联网程序、网站设计、软件应用开发等相关的工作。零工型数字劳动指的是与数字平台存在雇佣关系的数字平台零工，包括外卖员、网约车司机等依托平台系统完成配送服务、出车任务等工作，也包括活跃于互联网的博主、播客等主动发布数据信息的行为，如在平台发布文字、图片、短视频等。

以上专业型数字劳动和零工型数字劳动都属于雇佣关系下的有酬数字劳动，专业型数字劳动存在明显的雇佣与被雇佣的关系，其剥削性质类似于传统的雇佣劳动制，而零工型数字劳动是与数字平台建立的一种"合作式"的非传统雇佣关系。随着数字劳动主体扩大化，最广泛的数字劳动正是无数的互联网用户在数字平台无意识发布数据信息的行为,如浏览网页、观看视频、打游戏、网上购物等。互联网用户在平台上花费时间和精力产生了数据信息,平台对这类数字劳动是无偿占有,因而用户型数字劳动者和平台之间不存在雇佣关系,属于非雇佣关系下的无酬数字劳动。由此可见,数字劳动就是与平台存在雇佣或者非雇佣关系的数字劳动者,通过数字平台从事的各种有酬或无酬的劳动。总的来说,各种类型的数字劳动者都通过数字平台参与到价值创造的过程中,直接或者间接为平台上的数字资本带来巨大利润。

劳动过程是创造使用价值的过程,劳动者通过劳动资料作用于劳动对象,因此,劳动资料是连接劳动者与劳动对象的中介和桥梁。马克思在《资本论》中指出:"劳动资料不仅是人类劳动力发展的测量器,而且是劳动借以进行的社会关系的指示器。"劳动资料是判定一个社会的经济时代和劳动形态的重要标尺。数字劳动过程是数字劳动者借助移动终端设备、依托互联网平台、依靠数字技术,在数字空间进行数据信息的感知、记录、加工、整理、分析的活动,可见,劳动资料的数字化是数字劳动过程的关键部分,数字技术和数字平台是关键性的数字劳动资料,数字技术与劳动者、劳动对象深度融合,数字平台掌控了数字生产的全过程。

(三)平台化生产的价值创造和价值分配

1.平台化生产的价值创造

数字信息时代,数字劳动者借助数字平台生产各种数据信息。就价值形成过程来说,劳动对象和劳动资料都不创造价值,只有劳动才是价值的唯一源泉。马克思指出,劳动是价值创造的唯一源泉。数据商品之所以能够进行交换,就在于其是数字平台的数字劳动者投入一定量的"活劳动"的产物,交换的实质仍是不同劳动者之间劳动力的交换。智能化数字平台控制数字劳动过程,将各种数字劳动者的"活劳动"充分吸纳进来,整个数字劳动过程分别由不同类型的数字劳动者智能接续而成。其中,与平台有着直接或间接雇佣关系的专业技术人员直接参与价值创造的过程,广大的互联网用户虽然是平台化生产的主体,他们无意识在平台留下的原始数据信息无法直接作为数据商品获取交换价值,必须经过专业数字劳动者的"再加工",通过数字技术转移使用价值,才能转化成为价值创造的一部分,因而属于间接参与价值创造过程。不同的是，前者是传统意义上的"有酬"劳动者，他们的劳动是"直接创造剩余价值"的"生产性劳动"，而后者则成为披上"自由"外衣的"无酬"的产消者。此外，与平台处于零工关系下的劳动者，如外卖员、网约车司机、网络主播等，也是创造价值的"活劳动"中不可忽视的群体，平台以"绩效"方式用非正式雇佣的"合作"关系实现对其"活劳动"的吸纳。由此可见，数字平台在从数据中创造价值方面起着关键作用，但是作为一种固定资本，它本身并不能离开"活劳动"单独创造价值，数字劳动才是创造价值的唯一源泉，数字平台只是实现了价值转移。平台资本与数字劳动是"死劳动"与"活劳动"的对立，正如马克思所说，"资本是死劳动，它像吸血鬼一样，只有吮吸活劳动才有生命，吮吸的活劳动越多，它的生命就越旺盛""作为支配和吮吸活劳动的死劳动同工人相对立"。数字平台试图以消耗最低的成本获取数字劳动者创造的最大利润，数字资本提高了资本循环、周转效率，资本逻辑始终主导一切，资本的逐利本性并未改变。

2.平台化生产的价值分配

首先，数字劳动者方面。从数字劳动者类型来讲，无论是数字平台的专业技术人员、平台零工，还是广大的互联网平台用户，他们基本直接或间接参与了各种类型的数字平台的价值创造。专业技术人员通过运用专业的数字技术，在平台上出卖自己的劳动力，获得相应的工资或报酬。他们存在于各类平台之上，属于正式就业，具有稳定的传统雇佣关系和劳动收入。相比之下，平台零工有着截然不同的待遇。灵活的用工方式、弹性的工作时间、"多劳多得"的"零工关系"吸引了大批劳动群体。他们通过获得零工、委托或合同的形式进行劳动，虽然可以控制自己的工作节奏，但缺乏如专业技术人员一样的法律保障，且平台掌握利润的分配权，他们从平台中获取的收益与平台盈利相比是微乎其微的。而对于广大互联网用户来说，他们与平台之间没有明确的雇佣关系，他们在各种平台中的活动，虽被冠以娱乐、休闲、消费、玩乐，但实际上却花费时间和精力生产着为平台带来价值的数据信息，这部分价值完全被平台窃取，劳动者没有得到任何报酬。

其次，平台上的资本家方面。在资本逻辑作用下，平台资本家成为数据的主要占有者和获益者，平台通过数字技术将其转化为具有商业价值的数据商品，通过垄断数据商品的所有权和经营权实现资本迅速扩张的目的。平台通过收集用户的基础信息和行为数据，为每个用户建立一个偏好画像，基于这个偏好画像去进行特征学习和过滤，精准捕捉消费者的潜在消费欲望，向其推送个性化定制产品，并利用推送精准广告、植入式广告等方式获得报酬，其他实体企业和金融企业也愿意支付给平台高昂的广告费用。平台向消费者提供倾向性商品推送服务，为商家提供数据支持，帮助商家精准预测市场趋势、及时调整销售策略、精准定位市场，消费者、商家、广告商都依赖于平台，成为平台附庸，平台通过数据垄断，成为拥有绝对控制权的信息交换中心。

（四）平台资本主义时代的数字异化

尼克·斯尔尼塞克首次提出"平台资本主义"这一概念，他指出，"平台资本主义是对作为生产资料的数据进行提取和控制，以实现资本快速增值的经济模式"。[①]平台资本主义发展迅猛，数字平台的剥削也变得更加隐蔽和复杂，形成了对数字主体遮蔽的数字异化，数字平台由此开启"数字霸权"时代。

1.数字主体的异化之困

数字劳动异化主要表现在平台资本与互联网平台用户矛盾关系的基础上。平台资本并不以传统的雇佣关系为主进行数字生产，反而隐性统治着与平台没有雇佣关系的互联网用户的免费劳动而实现数字生产。平台模糊了生产和消费的界限，用户为平台生产大量数据信息的同时其自身也是平台的广告受众，由此成为产消者。因而，用户在为平台创造剩余价值的过程中遭受双重剥削。用户在为平台生产大量数据信息时并未获得薪酬，且占用的都是用户的闲暇时间，这也意味着，用户的闲暇时间变成了为平台创造剩余价值的剩余劳动时间。正如马克思所言："机器从一开始，在增加人身剥削材料，即扩大资本固有的剥削领域的同时，也提高了剥削程度。"[②]用户在数字平台内在的算法系统中丢失了生成数据的主体地位，逐渐成为"自我剥削"者，数字劳动依然是资本逻辑主导下的劳动，数字劳动的新型异化由此产生。

[①] 斯尔尼塞克.平台资本主义[M].程水英，译.广州：广东人民出版社，2018：278.
[②] 中共中央马克思恩格斯列宁斯大林著作编译.马克思恩格斯文集（第1卷）[M].北京：人民出版社，2009：34.

2.数字平台开启"算法霸权"时代

在智能化数字平台控制数字劳动的过程中,用户在平台上的行为无时无刻都会被算法记录、学习,数据是平台的核心资源,平台在智能算法支持下几乎以免费的方式"提取和控制大量数据"。由此,平台凭借数字技术加持成为权力的绝对控制者,所有用户必须按照平台制定的规则生存,尤其是那些掌握高精尖数字技术且拥有巨额资本支撑的巨型平台凭借资本和技术垄断优势,不断增强其平台权力,在挤压前端生产者剩余价值的同时,攫取后端消费者的价值,从而实现巨额、超额利润。平台资本通过抓住算法技术的复杂性操纵算法"暗箱",设置"价值陷阱",宣扬个人主义、享乐主义等,人们因此遭遇认同困境、陷入价值危机,难以回归现实场域。所以,数字平台并非一种客观中立的工具,"算法霸权"并无道德可言,它只关心人们感兴趣的内容,而推动它的唯一动力则是平台资本的逐利目的。因此,在平台资本主义时代,引导数字劳动实现正确的价值走向成为刻不容缓的议题。

马克思劳动价值论在数字信息时代的劳动现状之下依然适用,数字劳动并没有脱离马克思劳动价值论的基本框架,马克思劳动价值论依然是阐释数字劳动的最有力的科学武器。尽管劳动形式、劳动结构、劳动过程愈加复杂,劳动的数字化转向趋势愈加明显,但是活劳动仍然是创造价值的唯一源泉。尽管数字通信技术、互联网技术促进了先进生产力的大幅提升,平台资本主义时代仍然是马克思所指涉的历史时代,依然需要马克思劳动价值论的科学引领。对于数字劳动出现的新型异化,仍要以马克思劳动价值论为指导给予正确的回应和分析,从而揭示平台资本主义的本质和数字劳动的未来走向,以期明确数字劳动的正确价值走向。

二、数字劳动的内蕴

随着数字信息技术的广泛应用,人类已经完全融入了以数字技术为基本运作规则的数字时代。前沿数字技术的出现,如互联网、大数据、5G技术、云计算、物联网、区块链、人工智能等,正在深刻地重塑全球经济结构,引领传统资本主义向数字资本主义的转型。在这一过程中,劳动作为一种现实的个人的对象性活动,在数字时代也发生了新的变革,催生出了一种以"啃食"数据信息为特征,以数字技术为媒介,活跃于互联网这一社会空间的新型劳动样态——数字劳动。数字劳动的兴起无疑为个人提供了巨大的便利,正在加速生产和生活方式的转变。然而,在资本逻辑的主导下,数字劳动不可避免地异化为资本增殖的手段,成为资本的"蓄水池"。数字劳动已经成为资本无限扩散的新途径,广泛地渗透到人们生活的各个方面,由此加剧了资本对人们的控制和剥削。当前学界对于数字劳动展开的学术讨论主要集中在对数字劳动概念的界定、数字劳动生产性的辨析以及解放数字劳动异化的路径上。然而,鲜有学者关注数字劳动作为一种新的劳动样态本身所蕴含的超越资本逻辑的潜力。尽管一些学者试图揭示数字劳动内在的劳动解放潜力,但他们的研究结果主要集中在数字劳动从资本的主导中解放的路径。因此,揭示数字劳动本身内蕴的劳动解放潜力,成为当前学术界亟待探索的问题。下面基于马克思的异化劳动理论,通过揭示数字劳动异化的实质以及对当代数字资本主义的批判性审视,来探究数字劳动的出现如何能够在资本主义语境下挑战资本的主流逻辑,并为人的解放开辟新的路径。

(一)数字时代劳动样态的重塑:数字劳动的异化及其出场逻辑

继农业和工业经济之后,数字经济在全球范围内风靡云蒸,21世纪见证了数字劳动作为一种开创性的劳动范式的崛起。然而,在这种从传统劳动方式向现代劳动方式的转变中,一个基本事实似乎被遮蔽了:数字劳动仍受制于资本的逻辑,其独有的特征使资本对劳动的剥削和控制隐蔽化成为可能。因此,人们有必要重新回到马克思的异化劳动理论视域,审视数字劳动领域中的异化问题,澄明数字劳动的本质。

1.数字劳动异化的内涵及其实质

在《1844年经济学哲学手稿》(以下简称《手稿》)中,马克思针对劳动异化的发生对劳动作出了价值判断:劳动是"自由的有意识的活动",是"生产生活本身"的"一种手段"[1]。同时,马克思在劳动作为人的本质力量性的活动的基础上对"劳动何以异化"这一问题进行了说明。他认为,异化劳动这

---

[1] 中共中央马克思恩格斯列宁斯大林著作编译局.马克思恩格斯文集(第1卷)[M].北京:人民出版社,2009:162.

一概念是"私有财产运动"①的结果。数字时代重塑了劳动样态，诞生了数字劳动这一新的劳动范式。数字劳动建立在"数据+模型+算法"协同运作的基础上，构建了数字比特领域的操作框架和系统，重新定义了原子在这个广阔的数字领域中的轨迹。这一范式的转变推动生产力超越地方界限，进入全球范围，从基本水平向更高水平迈进，从孤立的机器向互联的系统过渡。数字劳动是指在雇佣劳动关系和非雇佣劳动关系下的劳动者，以数据资源为核心要素，利用信息通信技术作为传播媒介，并依赖现代信息网络为主要载体，生产数字商品和附着数字劳动的产品的非物质劳动。尽管数字技术的进步使今天的经济格局与马克思所处的时代有着显著差异，然而在资本主义生产关系下，数字劳动依然服务于资本无限增殖的扩张逻辑，直接或间接地参与剩余价值的生产。这是因为无论是受雇于资本的数字工作者，还是数字平台的普通用户，他们所从事的数字劳动都被视为资本的财产，直接或间接地同资本进行交换，为资本无限度的自我增值服务。简言之，他们在资本家的控制下劳动，而不是为自己劳动。因而，当追求剩余价值最大化的资本扩张逻辑融入数字劳动过程时，数字劳动的异化就作为结果出现了。数字劳动的异化不仅"在'数据'与'数字主体'之间架构了遮蔽存在与异化关系，从而导致劳动者的主体性瓦解"②，同时也使在虚拟空间中使用价值的创造边界逐渐模糊。数字劳动的异化本质上仍然是资产阶级无偿占有直接生产者劳动的结果。

2.数字劳动异化的出场逻辑

大数据时代，数字劳动已经成为一种新的劳动范式。与传统劳动相比，尽管数字劳动呈现出新的特征，但由于数字资本主义固有的追求剩余价值最大化的扩张逻辑，它不可避免地异化为与人的本质相敌对的劳动。因此，数字劳动成为大数据时代资本主义剥削的表现形式。这种现象可以归因于私有制的基础地位和资本扩张逻辑不变的前提。

其一，数据的私有是数字劳动异化的逻辑前提。在《手稿》中，马克思

---

① 中共中央马克思恩格斯列宁斯大林著作编译局.马克思恩格斯文集（第1卷）[M].北京：人民出版社，2009：166.
② 张灿.多维反思数字劳动[J].中国社会科学报，2023（4）：35-42.

从"国民经济学的各个前提"[①]出发，揭示了私有财产关系是劳动异化的逻辑前提。"在原始积累的历史中，大量的人突然被强制地同自己的生产资料分离，被当作不受法律保护的无产者抛向市场"[②]。这意味着在以私有财产关系为基础建构起来的生产关系中，劳动者为了生存被迫将劳动力作为一种商品带入市场，出卖给货币所有者以换取工资来维持生活。工业时代中劳动者和生产资料的分离造成这样一种情况："在工场手工业和手工业中，是工人利用工具，在工厂中，是工人服侍机器。……在工厂中，死机构独立于工人而存在，工人被当作活的附属物并入死机构。"[③]这样，劳动资料"在劳动过程本身中作为资本，作为支配和吮吸活劳动力而同工人相对立"[④]。在数字时代，数据作为生产剩余价值的原初材料成为数字资本主义生产的核心要素。马克思认为，资本家通过对生产资料的占有，无偿占有劳动者创造的价值，从而实现对劳动者的控制和剥削。因此，"当数据作为一种新的生产要素本质地被纳入资本主义生产过程并被资本主义私人所占有时，就成为一种支配和奴役数字劳动者的权力。"[⑤]从工业时代到数字时代，社会经济形态的变更依然没有改变资本控制和剥削劳动者的事实。简言之，数据的私有化为实现资本对数字劳动者的支配和剥夺劳动者的自主性提供了基础，导致数字化时代中劳动者权力失衡和进一步被剥削成为可能。

其二，数字劳动异化是资本逻辑在数字时代的表征。数字技术的迅猛发展和广泛应用正在重塑人们的生产生活方式。相较于传统的劳动方式，数字劳动确实提供了更大的自由度。然而，我们必须透过纷繁复杂的现实认识到，数字劳动所呈现的"自由劳动"实际上具有欺骗性，因为它本质上与资本的逻辑紧密相连。一方面，数字技术的发展使劳动者不再受制于特定的地理位置和时间，可以通过互联网和数字工具进行远程工作或创业。这种自由度似乎使劳动者能够更好地掌控自己的劳动过程，并在某种程度上解放了劳动者。

[①] 中共中央马克思恩格斯列宁斯大林著作编译局. 马克思恩格斯文集（第1卷）[M]. 北京：人民出版社，2009：155.
[②] 同上，823.
[③] 同上，486.
[④] 同上，487.
[⑤] 郭建娜，卜祥记. 从资本逻辑回归人本逻辑：数字劳动的正义重塑[J]. 理论导刊，2023（4）：55-60+94.

但是，数字劳动的自由度并非完全摆脱了资本的控制，因为在数字时代，资本家通过控制数字平台和算法规则，仍然能够对劳动者的工作进行监控和操控。虽然劳动者可以选择自己的工作方式和时间，但在数字平台上，他们仍然受到资本家设定的规则和条件的限制。数字劳动的自由度是在资本逻辑的框架下实现的，劳动者的选择和行动仍然受制于资本的利益和需要。另一方面，数字劳动为个体劳动者提供了更多的机会和平台参与到生产和创造价值的过程中。通过数字技术，数字劳动者可以利用自己的技能、知识和创造力，直接与消费者或客户进行交互和交易，绕过传统的中间商和资本所有者。由此，数字劳动最初因给劳动者带来了更大的自主权和控制权，给人一种从资本逻辑的控制中解放出来的假象。然而，现实远非理想，资本家通过控制数字平台和市场，仍然能够从劳动者的劳动中获取剩余价值，并实现对劳动者的控制和剥削。在数字资本主义的语境下，数字劳动表面上是一种解放的领域，但实际上延续了资本的无休止积累。所谓表征着"自由的有意识的活动"[1]的自由工人，依然像"奴隶"一样，"为满足无限的需要即主人的贪欲而劳动"，并牢牢地受制于资本逻辑。

3.数字劳动异化的四重观照

马克思在《手稿》中采用一种"现象学"式分析，通过对经济事实的观察，从现实层面还原了劳动异化的实际情况。他明确指出："劳动的现实化就是劳动的对象化。……对象化表现为对象的丧失和被对象奴役，占有表现为异化、外化。"[2]马克思进一步深入探讨并总结了异化劳动的四重规定性：工人与自己的劳动产品的异化、劳动活动本身的异化、人的类本质的异化以及"人同人相异化"[3]，以此说明了资本如何在劳动的全过程中剥削人进而控制人本身。因此，运用马克思的异化劳动理论，可以从以下四个方面来说明数字劳动异化的四重表征。

一是数字劳动者与数字劳动产品的异化。从资本诞生的那一刻起，"剩余

---

[1] 中共中央马克思恩格斯列宁斯大林著作编译局. 马克思恩格斯文集（第1卷）[M]. 北京：人民出版社，2009：162.
[2] 同上，157.
[3] 同上，163.

价值以从无生有的全部魅力引诱着资本家"①，劳动者被迫卷入资本的逻辑，将自身一切可以利用的东西都服务于资本的增殖。在数字劳动中，处于雇佣关系中的数字劳动者被迫将自己的智力、创造力和劳动力投入生产过程中，为生产数字产品服务。然而，由于资本主义的本质，数字劳动者生产的产品最终被剥夺了所有权和控制权。这些产品成为资本家的私有财产，被用于获取利润和实现资本增殖。数字劳动者在生产过程中付出的努力和创造力被异化为资本的一部分，他们与自己所生产的数字劳动产品之间的关系断裂。由此，"这一切后果包含在这样一个规定中：工人对自己的劳动的产品的关系就是对一个异己的对象的关系"②。

二是数字劳动活动本身的异化。马克思认为："产品不过是活动、生产的总结。因此，如果劳动的产品是外化，那么生产本身必然是能动的外化，活动的外化，外化的活动。"③所以，异化不仅表现在结果上，而且表现在生产行为中，表现在生产活动本身中。相较于传统劳动，数字劳动是分工和技术进一步发展的结果。劳动者因其独有的细分化和碎片化的劳动方式得以超越时空限制进行劳动，但也正是因为如此，这种劳动方式使劳动者与自己的劳动产生了疏离感，他们往往无法体验到工作的整体意义和价值。同时，为适应资本主义生产的要求，数字劳动生产过程被严格规范化和标准化，数字劳动者被迫按照特定的算法和流程进行操作，以提高生产效率和降低成本。这种规范化和标准化的要求剥夺了数字劳动者对工作过程的自主性和创造性的发挥。在这里，活动是受动，力量是无力，生殖是去势。数字劳动更高程度的机械化和重复性使劳动者的工作内容局限于数据输入、文件整理、内容编辑、图像处理等任务。劳动者的劳动被解构为数据和代码，变得和机器无异。

三是数字劳动者本质的异化。在数字劳动领域，劳动者"在这里只是当做一定量劳动的吸收器"④，而不再是自主地发挥本质力量的主体。马克思强调，劳动是人的本质力量性的活动，是人与自然界相互作用的基础。然

---

① 中共中央马克思恩格斯列宁斯大林著作编译局. 马克思恩格斯文集（第5卷）[M]. 北京：人民出版社，2009：251.
② 同上，157.
③ 同上，159.
④ 同上，221.

而，在数字劳动中，劳动者被剥夺了主体性，他们的劳动只是作为"数据和代码的形式耗费并加在原料中了"[1]。马克思认为，人与动物的区别在于"有意识地生命活动"。这种有意识地存在使人的生活成为自身的对象，人的活动也因此成为"自由的活动"。然而，在数字劳动中，"异化劳动把这种关系颠倒过来"[2]。数字劳动剥夺了人们对自己生活的主观把握和掌控，使人们的生命活动和本质"变成了对人来说是异己的本质"，"变成仅仅维持自身生存的手段"[3]。

四是数字劳动者社会关系的异化。数字平台的兴起为人们构建起一个不同于现实世界的数字"乌托邦"，社交媒体平台成为 21 世纪人们交流、表达和展示自己的主要渠道。在这个虚拟国度中，个体通过各类 App 塑造自己的形象，追求点赞、关注和评论的认可，将自己的价值与社交媒体上的"社会资本"挂钩。人们开始过度关注自己在社交媒体上的形象和表现，而忽视了真实的社交互动和情感联系，"直接结果就是人同人相异化"[4]，人与人之间的关系变得虚拟、表面化和功利化。

此外，数字资本主义下的算法决策也对人与人之间的社会关系产生了影响。许多决策过程，如招聘、贷款审批和推荐系统等，已经实现了自动化和算法驱动。这些算法基于个人的数字足迹、在线行为和社交关系来评估个人，进而做出判断和决策。然而，这种决策过程的非透明性和缺乏人为干预可能导致人们对决策结果的不信任和异化感。"因此，在异化劳动的条件下，每个人都按照他自己作为工人所具有的那种尺度和关系来观察他人。"[5]人们的人际关系和个人特点被算法定义和决定，而非由真实的人对人的互动塑造。

（二）探究数字劳动的内在解放潜力：解构资本逻辑成为可能

数字劳动的出现引发了人们对资本逻辑的重新审视。马克思的观点揭示了问题的解决往往内蕴于问题本身。通过"跳出私有财产与异化劳动因果

---

[1] 中共中央马克思恩格斯列宁斯大林著作编译局. 马克思恩格斯文集（第5卷）[M]. 北京：人民出版社，2009：221.
[2] 同上，162.
[3] 同上.
[4] 同上，163.
[5] 同上，164.

'循环论证'的框架,直接从人的历史发展和人的本质力量出发审视异化劳动"[1],探究数字劳动中人解放的物质前提和内在逻辑。尽管数字劳动本质上仍然是资本无限追求自我扩张的产物,但劳动异化只是"生产力发展的必然性",而非"生产的某种绝对必然性"。这种颠倒的过程只是"一种暂时的必然性"[2]。正如马克思所说:"自我异化的扬弃同自我异化走的是同一条道路"[3]。数字技术的发展使数字劳动成为资本强加于劳动者的新的镣铐,同时也为他们创造了挣脱这些枷锁的条件。因此,数字劳动本身蕴含着挑战资本主导地位、解放工人、动摇资本主流逻辑的可能性,进而建立更加公正和以人为本的劳动关系。

1.数字劳动为人的解放创造了物质条件

马克思从人的生存处境和生活境遇出发去观照现实的人,并致力于从现实的人的视角出发探寻人的解放的途径。他指出,现实的个人的"第一个历史活动就是生产满足吃、穿、住、行需要的资料"[4],因此,"生产力的巨大增长和高度发展"是实现人的解放"绝对必须的实际前提"[5]。在当前新一轮产业技术革命的推动下,数字劳动作为赋能数字经济蓬勃发展的新生产力,它的快速发展将为人的解放奠定物质基础。与传统劳动相比,数字劳动超越了传统雇佣关系对劳动者的束缚,将他们从物理边界和固定工作时间的限制中解放出来,为人们创造了更多的机会和选择。在传统雇佣关系中,劳动者通常只负责执行特定的任务,而数字劳动则鼓励劳动者参与到更广泛的项目和决策中。劳动者可以根据自己的专长和兴趣参与到更多的创新和问题解决过程中,从而激发出更多的创造力和创新思维。这种自主性和创造力的提升极大地推动了生产力的提升。数字劳动引入了各种数字化的工作流程和工具,如项目管理软件、在线协作平台和自动化工具。通过数字协作工具和平台,人

---

[1] 王虎学.马克思分工思想的历史发展轨迹——基于马克思经典文本的考察[J].中共中央党校学报,2016,20(3):52-60.
[2] 中共中央马克思恩格斯列宁斯大林著作编译局.马克思恩格斯文集(第8卷)[M].北京:人民出版社,2009:208.
[3] 中共中央马克思恩格斯列宁斯大林著作编译局.马克思恩格斯文集(第1卷)[M].北京:人民出版社,2009:182.
[4] 同上,531.
[5] 同上,538.

们可以实时共享和编辑文档、进行在线会议和协作项目，无论身处何地，都能够高效地进行团队合作。这种数字化的协同工作方式不仅简化和加速了工作流程，减少了烦琐的手动操作和重复性工作，提高了工作质量和效率，还打破了时间和空间的限制，为资源的高效配置提供了更多的可能性。数字劳动促进了共享经济和合作模式的兴起。通过数字化的工具和技术，劳动者改变了传统的商品和服务交换模式，以更加灵活的方式提供自己的技能和服务。同时，数字劳动也鼓励人们采取合作模式，通过合作伙伴关系共同开展工作，共享风险和收益。这种合作模式的兴起不仅提高了劳动效率，还促进了资源的优化配置。正如马克思在《德意志形态》中所描述的那样："在消除了社会活动固定化的共产主义社会，任何人都没有特殊的活动范围，而是都可以在任何部门内发展。"[1]数字劳动恰恰提供了这样一种可能。在数字生产力赋能下，催生出了新的产业和经济模式，产生了"以互联网为基础的'网签加盟''合作合营''利益分成''众包模式'等新型模式"[2]，为生产力、生产要素和生产关系注入了新的动能。

2.人的解放是数字劳动的内在逻辑

马克思认为，科学技术的进步是人类内在力量的体现。数字劳动的自由、自觉本性决定了作为劳动主体的人的解放是数字劳动内在逻辑发展的必然趋势。数字劳动赋予劳动者更大的自主权和决策权。劳动者可以根据自己的兴趣、技能和意愿选择工作内容、工作方式和工作时间，摆脱了单一职业或岗位的束缚。他们通过自我学习和提升来适应不断变化的工作需求，实现个人的职业发展和成长。数字劳动得以成为"扩大、丰富和提高工人的生活的一种手段"[3]。同时，劳动者在数字化时代更加注重自我激励和自我管理，他们不再依赖于传统的管理体系和指令，而是更加自觉地制定自己的目标，自行组织和管理工作，并主动追求个人的成就和满足，从而减少了资本主义生产关系下劳动的异化感。人类所从事的任何劳动实践活动都是在具体的历史条

---

[1] 中共中央马克思恩格斯列宁斯大林著作编译局.马克思恩格斯文集（第1卷）[M].北京：人民出版社，2009：537.
[2] 胡拥军，关乐宁.数字经济的就业创造效应与就业替代效应探究[J].改革，2022（4）：42-54.
[3] 中共中央马克思恩格斯列宁斯大林著作编译局.马克思恩格斯文集（第2卷）[M].北京：人民出版社，2009：46.

件和社会环境中进行的,劳动在多大程度上能够真正反映和发挥其解放潜力,不可避免地受到其运作的主流社会和历史条件的影响。数字劳动通过互联网和开放平台为数字平台的普通用户提供了一个联合的场域。马克思认为,"联合的行动,至少是各文明国家的联合的行动,是无产阶级获得解放的首要条件之一。"[1]在传统的资本主义经济中,少数大公司垄断了市场和生产力,导致资源配置不均和创新受阻。然而,随着数字技术的快速发展和数字平台的互联互通,世界各地的数字用户都能够平等地传递信息和共享资源。这种趋势使当今的资本主义呈现出"去中心化"和"去垄断"的特征,为社会的进步和个体的解放带来了新的可能。数字技术的快速发展推动了信息的广泛传播和共享。通过互联网和社交媒体等平台,个人可以自由地表达意见、分享知识和经验,并与其他人进行交流和互动。这种去中心化的信息传递机制打破了资本对传统媒体的垄断地位,使个人具有了更大的话语权和影响力。此外,数字技术还为个人提供了更多的教育和学习机会。在线学习平台和开放式在线课程使知识和教育资源得以广泛共享,个人可以根据自己的兴趣和需求自主选择学习内容和学习方式。这种去垄断化的学习环境使个人能够更好地发展自己的技能和知识,提高自身的竞争力和创造力。

3.数字劳动异化的解放以人为本逻辑为旨归

从马克思在《手稿》中的思考来看,他通过深入探究异化与私有财产之间的关系,指出扬弃异化劳动的进路是扬弃私有财产这一"外化劳动的根据和原因"[2]。在此基础上,马克思重新审视了人与劳动的关系,并找到了一条现实可行的扬弃路径。他明确指出,"共产主义是对私有财产即人的自我异化的积极的扬弃"[3]。然而,在数字劳动异化的背景下,劳动者仍然处于这样一种境地:"工人仅仅为增殖资本而活着,只有在统治阶级的利益需要他活着的时候才能活着。[4]"当数字劳动融入资本无限追求自我扩张的逻辑时,劳动者不仅表

---

[1] 中共中央马克思恩格斯列宁斯大林著作编译局.马克思恩格斯文集(第2卷)[M].北京:人民出版社,2009:50.

[2] 中共中央马克思恩格斯列宁斯大林著作编译局.马克思恩格斯文集(第1卷)[M].北京:人民出版社,2009:166.

[3] 同上,185.

[4] 中共中央马克思恩格斯列宁斯大林著作编译局.马克思恩格斯文集(第2卷)[M].北京:人民出版社,2009:46.

现为非现实化的存在，而且成为资本家赖以吮吸活劳动的隐秘武器。这"不仅夺去了儿童游戏的时间，而且夺去了家庭本身惯常需要的、在家庭范围内从事的自由劳动时间"①。因此，扬弃异化数字劳动必然要求扬弃数字资源不平等的所有制，转向一种以"以人为本"逻辑为基础的新型经济模式。在《雇佣劳动与资本》中，马克思认识到，"资产阶级社会中出现的资本是一种占统治地位的社会生产关系。并且，资本开始被透视为一种作为不在场的在场性出现的支配性的奴役关系。"②资本是一种实际上反映了以物为媒介的、人对人剥削的社会关系，即资本也是一种由剩余劳动堆叠形成的社会权力，掌握了这种权力的人可以无偿地占有他人的劳动产品，对别人进行支配。从马克思在历史中解析资本主义私有制来看，技术在推动分工和交往的发展方面发挥着重要的作用，分工和交往又会影响人与人之间的关系，从而劳动的技术形式塑造着劳动的社会组织形式。"数字生产方式是与传统的产业生产方式不同的生产方式。"③因此，只有"从根本上变革数字生产关系，消灭资本主义私有制，建立数字生产资料公有制，使数字劳动者真正平等地掌握生产资料及劳动成果，保证劳动者对劳动产品的所有权，确保劳动所得的合理性和劳动分配的公正性，才能消除由于私有制而产生的数字劳动者同数字产品的分离与对立"。④在数字时代，数字劳动的出场意指着人本劳动的重建。共享经济平台如 Uber 和 Airbnb 使个人能够利用自己的车辆或房屋进行服务和出租，从而获得收入。微信、微博、QQ、Tik Tok、YouTube 等网络平台成为人们创作和分享的网络场域的同时，也成为人们连接亲朋好友、同事、社群的重要工具。随着"新就业形态劳动者数量大幅增加"，如"网约配送员、网约车驾驶员、网约货车司机、互联网营销师等"，数字劳动带来了一系列解放性的变化。

其一，数字劳动通常以远程工作、自由职业或灵活就业的形式存在，为

---

① 中共中央马克思恩格斯列宁斯大林著作编译局. 马克思恩格斯文集（第5卷）[M]. 北京：人民出版社，2009：454.
② 张一兵. 马克思：资本是一种社会生产关系——《雇佣劳动与资本》研究[J]. 东岳论丛，2022，43（7）：86-94+192.
③ 蓝江. 数字劳动、数字生产方式与流众无产阶级——对当代西方数字资本主义的政治经济学蠡探[J]. 理论与改革，2022（2）：60-72.
④ 谭天. 数字劳动异化的出场逻辑、在场表征与回归理路——以《1844 年经济学哲学手稿》为线索[J]. 理论导刊，2022（7）：91-97.

劳动者带来了更大的自主权和灵活性。

其二，数字劳动往往涉及在线工作和虚拟办公，为劳动者提供了更大的发展空间和潜力，使他们能够在全球范围内展示自己的才华和技能。

其三，数字劳动也为劳动者带来了更多的创造性和创新性。在虚拟环境中进行工作，劳动者可以更加自由地表达自己的想法和创意，不受传统工作场域的限制。他们通过数字技术和工具开展创意工作，为企业和社会带来新的价值和变革。

针对这一新兴的劳动形态，我国发布了《关于维护新就业形态劳动者劳动保障权益的指导意见》，"为符合确立劳动关系情形、不完全符合确立劳动关系情形的新就业形态劳动者公平就业、获取劳动报酬、休息、劳动安全、社会保险等提供保障和支持。"[1]因此，数字劳动作为一种劳动方式的人本化重构，内在地承载着劳动回归人的本质的逻辑，蕴含着实现人的本质的复归的潜力。

（三）数字劳动的扬弃与自由：构建人类劳动新形态路径

马克思认为，人的解放并不是空灵的概念或诗性的玄思，而是基于实践逻辑和理论逻辑的现实运动。在他看来，资本主义社会在一定程度上促进了人的解放。资本主义生产方式不仅创造了"比过去一切世代创造的全部生产力还要多，还要大"的生产力，而且消除了"一切固定的僵化的关系"[2]，斩断了阻碍人类社会发展的"封建的、宗法的和田园诗般的关系"[3]。然而，马克思也指出："资本由于无限度地盲目追逐剩余劳动，像狼一般地贪求剩余劳动，不仅突破了工作日的道德极限，而且突破了工作日的纯粹身体的极限。"[4]为了寻求人的解放路径，在数字资本主义语境下，马克思对资本主义的批判依然具有现实意义。人的解放首先要着眼于数字劳动的解放，使数字劳动摆脱异化和剥削，回归它本身。简言之，数字劳动不能沦为资本或其他剥削性生产

---

[1] 任欢. 切实维护好新就业形态劳动者劳动保障权益[N]. 光明日报，2021-08-19（002）.
[2] 中共中央马克思恩格斯列宁斯大林著作编译局. 马克思恩格斯文集（第2卷）[M]. 北京：人民出版社，2009：34.
[3] 同上，33-34.
[4] 中共中央马克思恩格斯列宁斯大林著作编译局. 马克思恩格斯文集（第5卷）[M]. 北京：人民出版社，2009：306.

关系的工具，而是应该作为一种自觉自愿的活动丰富人们的生活。只有消解以利益为中心的资本主义和以人为中心的共产主义的异质性，才能实现人的劳动的解放，达成"一切人的自由发展"[①]的终极目的。

1.重塑以"以人为本"逻辑为旨归的新型劳动范式

劳动就其最初的本性来说，是一种具有自由性和自觉性的活动，但是剥削者的介入使这种活动丧失了最初的本性，成为剥削者手中的武器。在资本主义社会中，人由劳动的主体变成了劳动的客体，生产资料和劳动产品都变成资本家手中奴役人和压迫人的工具，人由全面的人变成了片面的人。因此，要扬弃数字劳动异化，就必须消除资本主义私有制这一造成数字劳动异化的根本原因，使"劳动资料"与"工人"重新组合，将私有变为公有。只有当劳动不再只是生活的工具而变为现实需求时，人类的发展才能从单一的发展转向全方位的发展，数字劳动才能真正解放。一方面，确保数字资源的开放共享，使其不再受到私有制的限制。生产资料公有制是社会主义制度的基础和基本的经济特征。在社会主义初级阶段，必须坚持以公有制为主体，推动数字资源从私有到公有的转变，实现数字资源的公平获取。为了保障公众的合法权益，需要制定相关法律法规，明确数字资源的归属和使用方式，并建立健全的监管机构来加强对数字资源的管理。同时，应该建立数字资源的共享平台，鼓励各方面的参与和贡献，促进资源的广泛流通。此外，还应加强数字技术的研发和创新，提高数字资源的开放性和可访问性，以更好地为社会主义发展服务。另一方面，只有坚持以人的发展为旨归，数字劳动才能够成为人的劳动。在数据产生、数据汇聚、数据加工、数据开放和数据消费的过程中，无论是处于雇佣劳动关系下收集、加工数据的数字劳动者，还是间接提供价值的数字平台的普通用户，他们在一开始就被剥夺了数据的所有权。因此，个人应该拥有对自己生成的数据的所有权和控制权。这意味着个人可以决定是否分享、如何使用以及与谁分享他们的数据。这需要建立明确的法律框架来保护个人数据的隐私和安全，并确保个人可以行使他们的数据权利。个体在数字化时代的角色和存在方式发生了变化，在可视化的网络空间中，

[①] 中共中央马克思恩格斯列宁斯大林著作编译局.马克思恩格斯文集（第2卷）[M].北京：人民出版社，2009：53.

个体的生命往往被抽象为数字和符号,变成了"数字人生"。数字化的解构引发了个体对他们的身份和自主性的质疑。当前,资本主导的力量通过掌握数据的所有权和控制权,影响和操纵信息的流动和使用,导致个人的行为、需求和价值观被资本塑造和操纵。通过算法和数据分析,资本精确地定位和追踪个人的兴趣、喜好和行为模式,从而以个性化的方式向其推送广告、产品和服务以满足资本利润的最大化。要使数字劳动回归人的本质,需要明确辨析个人数据的使用范围,加强数据隐私和安全保护。政府和相关机构应该制定严格的数据安全标准和隐私保护措施,确保个人数据不会被未经授权地访问和滥用。数字劳动者和数字平台应当遵循道德准则,确保数据的使用符合个人利益和社会利益。因此,只有坚持以人为主体,维护个体在数字空间中的权益和尊严,才能使数字劳动回归其本质,彰显人的价值,实现从以资本为中心到以人为中心的价值转变。

2.重塑数字技术应用中以人为本的价值导向

党的二十大报告明确指出,"加快发展数字经济,促进数字经济和实体经济深度融合,打造具有国际竞争力的数字产业集群"。当前,世界正在经历一场由技术革命和产业结构调整推动的深刻变革。数字技术、数字经济作为世界科技革命和产业变革的先机,日益融入经济社会发展的各领域、全过程,全球经济数字化转型已是大势所趋。习近平总书记强调,发展数字经济是把握新一轮科技革命和产业变革新机遇的战略选择。在社会主义市场经济条件下,如何在数字技术应用的过程中坚持以人为本的价值导向,确保技术的合法、合规使用,造福于民,是我们必须面对的重要问题。"数字技术社会应用的二重性源于技术自然属性的内在价值与技术社会应用的外在价值的相互背离,数字技术解放劳动的优越性被追求剩余价值的社会价值裹挟。"[1]首先,注重技术的人本性。数字技术应用的目标应该是服务于人类的需求和福祉,而非陷入资本增殖逻辑的魔爪中为生产剩余价值服务。因此,需要重视人类的价值和权益,将人的需求和利益放在首位,根据劳动者的个体特征确保数字技术的设计和应用能够真正实现人的价值,提升人类的生活质量。其次,强

---

[1] 陈红,邢佳妮.数字劳动异化的表征、危害及其超越[J].海南大学学报(人文社会科学版),2023,41(2):80-88.

调技术的社会责任。数字技术的应用不仅仅要考虑技术自身的属性，还涉及对社会的影响和责任。

3.构建以"共商共建共享"为原则的数字命运共同体

在数字经济、数字技术和数字创新的推动下，全球各国的经济、社会和文化等方面都越来越紧密地联系在一起。数字命运共同体以"共商、共建、共享"为原则，强调各国间的合作与共享，旨在构建一个开放、包容、互利共赢的数字生态系统，实现共同发展和繁荣。正如马克思所指出的，无产阶级要获得解放，需要实现"自由人的联合体"，而"自由人的联合体"的实现又是以"世界交往为前提的"[1]。因此，从数字时代本身具备的互联互通的特点来看，构建消除特殊利益和共同利益二元对立的数字命运共同体将为人的解放提供新的可能。近年来，全球经济面临着经济全球化逆流、保护主义盛行、单边主义加剧以及全球供应链的断裂和脱钩等挑战。与此同时，某些发达国家出现了极端政治倾向、国家安全概念泛化、民粹主义和狭隘民族主义的抬头。在这样的背景下，摒弃"虚假的共同体"，构建真正的命运共同体变得尤为重要。在数字命运共同体中，各国不再以狭隘的特殊利益为出发点，而是以共同利益为导向进行合作和共享。这种开放的态度能够打破国界和地域的限制，促进全球范围内的互动和交流。在这样的环境中，各国共同推动数字经济的发展，共享数字技术的成果，解决贫困、环境污染和社会不平等全球性问题，并共同应对数字化时代面临的数据隐私和网络安全等挑战，覆盖普遍的利益。

---

[1] 中共中央马克思恩格斯列宁斯大林著作编译局. 马克思恩格斯文集（第1卷）[M]. 北京：人民出版社，2009：539.

第四章　新时代高校劳动育人的主要形式

在新时代背景下，高校劳动育人的形式丰富多样，通过多样化的劳动实践活动，能够全面培养学生的劳动素养和综合能力。本章就详细分析新时代高校劳动育人的主要形式：服务性劳动育人、生产性劳动育人、生活性劳动育人、创造性劳动育人、情感性劳动育人以及数字性劳动育人。

第一节　服务性劳动育人

服务性劳动主要指运用知识、技能、工具和设备等资源，为他人和社会提供有益的服务，增进国家和社会公共领域以及个人福祉。服务性劳动体现了公益性和利他性的特点，是推动社会和谐与进步的重要力量。在服务性劳动过程中，学生通过帮助他人、服务集体，能够实现自我价值，强化社会责任感，增强服务意识，提高社会公德。服务性劳动不仅有助于学生形成正确的价值观和人生观，还能够为他们未来的职业生涯奠定坚实的基础。

随着社会的进步和发展，人们对公共服务的需求日益增长，服务性劳动的重要性也日益凸显。因此，在高校劳动育人中，教师应该积极倡导和推广服务性劳动，鼓励学生参与到服务性劳动中，推动社会的进步和发展。

当前，服务性劳动强调实践育人。在实践育人视域下，推进志愿服务与劳动育人融合的意义重大，因为志愿服务是社会文明进步的重要标志，是培育和践行社会主义核心价值观的重要载体。党的十八大以来，习近平总书记高度重视志愿服务工作，站在提高社会治理现代化水平的高度，对志愿服务工作作出了一系列重大部署。《关于全面加强新时代大中小学劳动育人的意见》明确提出，支持学生深入城乡社区、福利院和公共场所等参加志愿服务。[①]因此，深入探索新时代劳动育人视野下志愿服务的实施策略，对于培养德、智、体、美、劳全面发展的社会主义建设者和接班人具有重要意义。

一、高校劳动育人与志愿服务融合的现实意义

志愿服务是指在不求回报的情况下，为改善社会环境、促进社会进步而自愿付出个人的时间、精力的工作。常见的志愿服务主要包括关爱帮扶、公共环境维护、文明行为倡导、文明风尚普及、环保知识宣讲、文化交流推广等。志愿服务强调无偿、利他和自愿三个基本原则，即通过广大志愿者参与服务的实际行动，倡导并逐步形成团结、友爱、互助、进步的志愿服务精神。劳动是人类最基本、最普遍的活动形态，在人类文明进步和社会发展历程中发挥了重要的作用。劳动育人是对学生进行热爱劳动、热爱劳动人民的教育活动，主要包括生活劳动育人、生产劳动育人以及服务性劳动育人三方面。从志愿服务和劳动育人的定义来看，志愿服务本质上是一种无偿的、自愿的公益性劳动，属于服务性劳动育人的范畴。同时，志愿服务和劳动育人都承载着重要的教育功能，即在价值取向、实践要求等方面具有一致性。因此，推进志愿服务活动与劳动育人融合具有重要意义。

首先，志愿服务和劳动育人在价值取向上具有一致性，即都是为了培养德、智、体、美、劳全面发展的社会主义建设者和接班人。一方面，开展志愿服务有助于强化青少年思想引领和价值引领，引导青少年积极践行社会主义核心价值观，传播青春正能量；另一方面，开展志愿服务活动是全面实施素质教育，促进学生健康成长的重要抓手，通过志愿服务活动培养学生的劳动精神，提高学生的劳动实践能力，并在参与志愿服务活动的过程中不断丰富学习体验，增强社会责任感，提高自身综合素质。劳动是成功的必由之路、

---

① 孙贵平. 以志愿服务为载体践行社会主义核心价值观[J]. 管理观察，2019（08）：81-83+86.

创造价值的源泉，从全面小康、脱贫攻坚到北斗组网……这些中国奇迹的背后，都凝聚着广大劳动者辛勤劳动的心血。新时代新征程，社会主义的接班人不仅应是合格的建设者，还应是能够充分担起国家发展重任的人。[①]不辛勤劳动、踏实奋斗，又怎么能够撑起中国梦。因此，开展劳动育人显得尤为必要，要通过劳动育人的浸润，引导学生为实现第二个百年奋斗目标努力奋斗。

其次，志愿服务和劳动育人在实践要求上具有一致性。实践教育是通过组织学生参加社会实践活动，帮助学生提高分析问题的能力，增强学生对社会的感性认识，了解国情，帮助学生树立正确的思想观念。志愿服务和劳动育人都是青少年通过具体的实践活动来接受锻炼，提高自身水平。一方面，在具体的实践活动过程中，要密切关注劳动育人实施的模式和形态，这些都要具体顺应时代的变化，而且可以与志愿服务活动进行高度融会贯通；另一方面，志愿服务活动作为服务性劳动育人的重要分支和载体，应该被充实到劳动育人的内容中，并纳入劳动育人的实践体系中。

二、高校劳动育人与志愿服务融合的现状分析

从中国青年志愿者行动发起以来，志愿服务活动参与主体从过去的高校学生逐步扩展到广大中小学青少年。青少年逐渐成为志愿服务的重要力量，并赢得社会广泛认同。长期以来，区域各级团组织始终高度重视以志愿服务活动为载体，推进服务性劳动育人，并围绕"爱社区""邻里守望"等主题，积极开展敬老爱老、帮困解难、应急救助等志愿服务活动；围绕文明街区创建、文明城市宣传、文明交通等主题，开展"文明行为"志愿服务活动；结合植树节、世界环境日等重要时间节点，广泛开展植树、环境美化、垃圾分类等志愿服务活动，取得了丰富的实践经验和丰硕的成果，有力地提高了学生的劳动素养。与此同时，我们也认识到，在以学生志愿服务为载体深化服务型劳动育人的实践过程中，仍然存在诸多问题。

---

① 严海珍.劳动育人促进学生全面发展的途径探析[J].延边教育学院学报，2023，37（01）：123-126.

（一）学生综合实践素养有待提升

学生综合实践素养，包含知识素养、能力素养和社会素养三个方面。目前，高校学生的知识素养主要在学校教育中得到提升，但在知识融合运用上，还比较欠缺。学生的动手操作能力、实践探究能力以及学以致用的能力相对较弱。学生的公民意识、社会责任、价值观念、家国情怀等社会素养方面，尚有待提高。

（二）教育理念还存在偏差

志愿服务精神和劳动育人理念是开展志愿服务的核心，也是推动劳动育人长期开展的内在动力和有力支撑。一方面，尽管学生对志愿服务和劳动育人的认知度和参与热情整体呈现上升趋势，但学生"被动"参加志愿服务劳动的现象仍很普遍，部分家长、老师以及社会对志愿服务和劳动不够了解，认为高校学生不必参与，意义不大等。另一方面，部分家长和社会对学生参与志愿服务性的劳动抱有过高的期许，认为学生可以通过这些活动获得很大收获，并使社会治理取得显著成效，显然在学生有限的时间和精力下很难达成这些预期。

（三）活动开展形式较为单一

目前，高校结合劳动育人开展志愿服务活动，大部分仍停留在图书整理、参观人员的接待、街道清扫等这些传统常规项目上，活动内容和形式重复、机械，缺乏特色服务和深层服务，活动流于形式、缺乏新意。从实际情况来看，缺乏根据高校学生身心特点和劳动育人目标而有针对性地设计的志愿服务活动或项目，导致高校学生的参与度不够、获得感不强、积极性不高，没有充分发挥志愿服务、劳动育人在培养和提高学生社会实践能力与综合素质方面的作用。

（四）活动供需矛盾比较突出

当前学校对志愿服务等实践活动愈发重视，并将学生参与实践的情况纳入了学生综合实践评价体系。例如，学校将学生参与志愿服务的时长作为入队、入团、评优等的重要参考指标。同时，学生和家长也十分愿意参与志愿服务等实践活动，但是学校提供给学生参与志愿服务等实践活动的机会不多，学生想参加但缺乏足够的途径和平台。当前志愿服务活动存在的主要问题是志愿服务宣传力度不够，参与途径较少，即学生参与活动的供需关系不匹配。[①]

（五）活动课程体系不够完善

目前，在结合劳动育人开展志愿服务活动的过程中，很多高校都根据实际情况进行了活动课程的开发设计，但开发程度和具体实施效果则不尽相同。课程开发缺乏科学性，主要表现为活动目标不明确、程序不规范、缺乏系统性和专业性的培训等。

三、高校劳动育人融合志愿服务的实践策略

针对目前在以学生志愿服务为载体深化服务型劳动育人的实践过程中存在的问题，应该坚持秉承"勤以立人"的核心理念，始终践行"奉献、友爱、互助、进步"的志愿精神，以全面提升学生综合实践素养为目标，以创新志愿服务活动品牌为重点，着力探索志愿服务与劳动育人融合发展的创新实践路径，丰富志愿服务和劳动育人的内容，搭建以劳动育人为载体的志愿服务平台，完善志愿服务和劳动育人相关保障机制，全面构建实践育人新格局，培养德、智、体、美、劳全面发展的时代新人。

（一）以志愿服务为载体，强化对劳动育人的认识

志愿服务和劳动育人是实践教育的重要途径，要准确把握志愿服务和劳动育人的精神实质和科学内涵，不断激励青年学生奋斗。同时，通过劳动育人使学生开启理论与实践相结合的行动，自觉地将劳动育人转化为自身的行为习惯和社会参与的能力，培养勤于实践、乐于奉献的时代新人。

---

① 贺颖. 高校学雷锋活动常态化的实践与思考——以西南大学"红帽子"青年志愿者服务队为例[J]. 济源职业技术学院学报, 2016, 15（01）: 49-52.

（二）依托校园志愿服务活动，创建校内劳动育人场所

将校园分为不同的卫生责任区，组织学生志愿者参加校园清洁和执勤，做校园清洁的参与者和监督者。同时，不断创造和丰富以劳动育人为载体的志愿服务活动课程内容，依托图书馆义务馆员、校园文明执勤岗、食堂文明监督岗、后勤维修岗、校园绿化养护岗、宿舍管理岗等校内志愿服务岗位，动员和招募青年志愿者参与其中，营造整洁、文明、健康的学习和生活环境。

（三）依托校外志愿服务活动，创建校外劳动育人平台

依托城市共建共治共享行动，结合社区需求、社区特色、区域实际，统筹推进社区文化墙、社区故事展、社区美食荟、社区音乐会等主题活动，建立校外志愿服务平台，为学生参与校外实践提供有力支持。创新开展"职业教育周"系列活动，开展专业服务进社区活动，如金融知识进社区、应急救援知识宣传、禁毒宣传、环保宣传等，建立固定的社区服务点和非固定的服务流动点。

（四）强化高校相关课程体系的研究

围绕推进志愿服务与劳动育人融合发展的项目选择、服务理念、服务内容、服务途径等核心问题，开展相关志愿服务的实践研究。同时，深挖区域资源，在实践研究的基础上，针对不同阶段学生的身心特点，构建阶梯式成长体系，开发具有区域特色的活动课程。依托社区治理、青年友好城市创建以及弘扬优秀传统文化等契机，丰富志愿服务和劳动育人活动的内容和形式，探索形成"学校+""志愿服务家庭小组""志愿服务社团"等志愿服务融合劳动育人活动的新模式，逐步构建具有区域特色的活动品牌。

（五）健全相关培训管理与激励机制

加大对志愿服务和劳动育人的培训力度，组织开展服务性劳动基本技能培训，提升学生综合素质。健全相关管理制度，规范学生志愿者招募、培训、管理和考核等各项工作，明确岗位要求和职责，加强活动的阶段总结，强化志愿者管理工作。将学生参与志愿服务活动的情况纳入各级评选表彰的考评

体系及学生综合素质评价体系。

（六）加强组织领导，积极拓展实践场所

学校成立志愿服务工作领导小组，研究志愿服务工作，及时推广好的经验和做法，解决活动过程中存在的实际问题，不断把高校志愿服务和劳动育人活动引向更深层次。以团组织的形式负责志愿服务和劳动育人活动的具体组织实施和考核评估等工作。充分利用社会各方面资源，为劳动志愿服务提供必要保障。积极协调社区和企业履行社会责任，开放各级各类实践教育场地，为学生体验志愿服务与劳动育人融合发展的新形态、新方式提供相关支持。同时，学校要充分依托校内现有场地和资源，积极组织学生参加以劳动育人为载体的志愿服务活动。

（七）强化安全和物质保障

健全志愿服务安全管理机制，加强对师生志愿服务和劳动育人活动的安全教育，强化风险意识。制定活动风险防控预案，完善应急与事故处理机制。科学评估相关活动的安全风险，强化过程管理。加强工作经费保障，将相关工作经费纳入预算管理体系，专项经费用于志愿服务融合劳动育人的组织实施、记录认证、保险购买、物质保障等环节。

第二节　生产性劳动育人

生产性劳动是人类社会发展的基石，是以直接创造生产、生活必需品为目的的活动，用于满足国家、社会以及个人在物质层面的需求，促进财富的积累。学生参与生产性劳动不仅有助于他们了解社会的运转机制，也能够让他们深刻体会到劳动的价值和意义。

一、教育与生产性劳动相结合的意义

（一）深化高校教育教学改革

教育与生产劳动相结合是高等教育发展的重要方向，是推动经济社会持续健康发展的重要保障。高校承担着培养具备创新精神和实践能力的高素质人才的重任，因此高校需要不断深化教育教学改革，将教育与生产劳动结合起来，适应经济社会发展的客观需要。

在学科建设上，高校应重视学科交叉与融合，推动学科之间的协同创新。通过加强学科间的交流与合作，打破学科壁垒，促进知识共享和创新思维的碰撞；还应根据经济社会发展的需求，优化专业设置和课程结构，培养更多具备跨学科知识和综合能力的人才。

在办学规模上，高校应根据经济社会发展的需求和自身办学实力，合理规划办学规模、办学层次和专业设置。一方面，高校应根据市场需求和人才供给情况，适时调整招生规模和专业设置，确保人才培养与社会需求相匹配。另一方面，高校应加强内涵建设，提高办学质量和水平，不断提升自身在高等教育领域的竞争力和影响力。

（二）推动社会生产力的发展

劳动者是生产力的直接实施者，是推动社会进步和发展的关键力量。劳动者的受教育水平直接影响到生产力的发展水平和速度。

首先，劳动者的受教育水平有助于生产力的提升。在现代社会，知识和技能的获取不再局限在传统的师徒传承或经验积累方面，而是依赖教育体系的培养，通过接受系统的教育和培训，劳动者能够掌握更为丰富的专业知识，提升自己的技能水平。

其次，劳动者将先进技术与生产活动相结合的能力决定着生产力发展水平。随着科技进步，越来越多的技术被引入生产过程中，因此劳动者必须具备相应的技术能力和创新精神，将先进技术与生产劳动相结合，将科学知识和技术转化为现实的生产力，推动经济社会快速发展。

（三）促进人的全面发展

马克思在论述资本主义社会的生产关系时指出："分工对社会财富而言是一个方便有用的手段，是对人力的巧妙运用，但是它降低了每一个体的能力。"[1]这句话揭示了分工在推动社会生产力发展方面的作用，但同时也指出了分工给个体劳动者带来的局限性。在资本主义生产体系下，分工日益精细化和专业化。劳动者被分配到生产系统的各个环节，每个人只负责其中的一小部分，且需要长时间重复操作，这一模式虽然提高了生产效率，却使劳动者的技能变得更加单一、片面，甚至很难摆脱所从事的工作、适应其他领域的工作需求，因此这种制度也限制了劳动者的个人发展和成长。

但是，马克思并没有完全否定分工的积极意义，认为未来教育将能够突破分工带来的局限性。马克思认为，"未来教育对所有已满一定年龄的儿童来说就是生产劳动同智育和体育的结合，不仅是提高社会生产的一种方法，也是造就全面发展的人的唯一方法。"[2]显然，这句话指明了解决分工问题的方向。通过教育，学生能够学习更多的知识和技能，熟悉整个生产系统的运作，他们并不局限在某一特定的生产环节，而能够考虑社会发展的需要或者自己的兴趣，灵活地从一个生产部门转到另一个生产部门，这种跨部门流动有助于劳动者拓宽视野，提高了他们的综合素质和适应能力。此外，教育还可以提升学生的动手能力。在教育过程中，学生可以自主参与各种活动，在实践中不断锻炼自己的动手能力。

教育与生产劳动的结合有助于提升学生的素质和能力。学生经过劳动育人，可以系统地学习专业知识和技能，为自己未来的生产活动打下坚实的基础。

教育与生产劳动的结合有助于学生掌握先进的劳动工具。随着科技进步，现代生产工具日益智能化和自动化，学生必须具备相应的操作和维护能力。学生经过教育，能够熟悉并掌握这些先进的劳动工具，使自身的体力和脑力得到极大地解放，提高劳动生产率。

---

[1] 中共中央马克思恩格斯列宁斯大林著作编译局.马克思恩格斯文集（第9卷）[M].北京：人民出版社，2009：161.

[2] 同上.

二、高校生产性劳动育人的有效途径——实践育人体系的构建

教育与生产劳动相结合深刻揭示了教育与社会生产之间的紧密联系。而实践育人作为推进教育与生产劳动相结合的有效途径，对于培养新时代所需的高素质人才意义重大。

（一）劳动育人和实践育人融合的意义

1. 出于消除劳动认同危机的实际需要

新时代，高校基于社会和谐有序发展的需要，对育人工作进行新的定位，重视劳动育人，将其作为培养现代人才的关键路径。高校认识到劳动认同对培养高素质劳动者的作用，是劳动者的精神动力与思想基础。

部分家庭在时代发展中没有转变对教育的陈旧观念，只关注学生智力教育，致使轻劳动、重资本的社会风气较为严重，对学生正确认识劳动造成了不良的影响。青少年在社会不良风气的干扰下难以正确看待与理解劳动。

在全球资本霸权的影响下，劳动异化等问题出现，劳动认同在此背景下面临较大的危机，对我国社会层面劳动精神弘扬、社会成员劳动观念建立与社会习惯养成等，均会产生消极的影响，高校实践育人也会受到影响。高校在劳动认同出现危机的时期，师生参与实践育人的精神动力不足，实践育人思想根基动摇，崇尚劳动的实践育人氛围遭到破坏，这些均会成为高校落实育人目标的阻力。高校对社会发展环境进行分析与解读，在人才培养全过程融入劳动育人，肯定劳动认同的主流价值，可以消除劳动认同危机。

2. 贯彻党新时期教育方针的有效路径

中国特色社会主义教育需要为社会培养德、智、体、美、劳全面发展的建设者，可以承接社会主义建设任务。新时代，我国对教育工作提出新的方针，引导学生形成正确的劳动观，崇尚劳动，尊重劳动，愿意参与劳动，将劳动和美丽、伟大等词汇关联起来。新时代，党对教育从业者提出新的要求，高校作为人才培养的重要场所，应锁定教育工作的方向。高校需要对国家关于劳动育人方面的指示与规定进行解读，高校领导在劳动育人方面需要领悟《全面加强新时代大中小学劳动育人的意见》的核心思想。将社会实践、生产实习、勤工助学等和劳动育人衔接起来。在劳动育人和实践活动结合后，让

学生利用劳动中获得的感悟解读劳动育人理念信息，并作出学时方面的规定，来凸显劳动育人的功能效用，这样有利于高校落实党的教育方针。

3.推动劳动者德、智、体、美、劳全面发展的必然选择

在新时代，社会经济发展格局悄然变化，人才成为企业竞争的本源。技能型、知识型、创新型劳动者队伍建设工作在积极进行着，可以在社会层面营造精益求精的敬业风气，还可以塑造劳动光荣的社会风尚，为培养新劳动者创造条件。在新时代，高校必须重视学生德、智、体、美、劳综合素质的发展，为社会培养高素质的劳动者。我国高等教育在发展期间，开展劳动育人实践、设置劳动育人课程的学校逐渐增多，但是不少学校因缺乏工作经验，所以会在劳动育人活动期间出现形式化的问题。高校在推进教育活动时，需要对劳动育人形式进行创新，寻找利于劳动育人工作推进的方式，同时为学生提供较多劳动的机会，让学生在活动中提升感知力。从当下大部分高校学生的表现中，发现学生对体力劳动者缺乏基本的尊重，没有形成正确的劳动观，也没有吃苦耐劳的精神。高校需要基于社会对新型劳动者的要求，以劳动育人作为树立学生劳动观的手段。高校劳动育人活动的开展，在培养学生劳动能力、劳动精神、劳动观念等方面均有较好的作用。劳动育人在增智、树德、育美、强体等方面均有较高价值，劳动育人将成为推动学生德、智、体、美、劳全面发展的教育路径。

（二）劳动育人和实践育人融合的逻辑机理

1.理论逻辑耦合性

在新时代，劳动育人、实践育人活动的理论来自实践哲学观和马克思主义劳动价值论，劳动可以被视为创造价值与财富的源泉，在全人类自由发展中，也一直发挥巨大的作用。马克思认为劳动让人的主体性得以体现，还可以将人的内在力量表现出来。在人类繁衍中，实践一直是较为特殊的活动方式，此种活动可以为感性劳动赋能，使其持续进行，在感性劳动与创造活动的进行中，为社会发展提供基础。整理马克思主义理论内容，对马克思实践哲学话语进行分析可知，实践与劳动在本质上没有差别，是人类创造现实社会的手段，二者对人类繁衍与发展均有重要的意义。根据对实践哲学观和马克思主义劳动价值论的研究，实践和劳动对人类生存与发展均有重要意义，

在理论逻辑层面具有耦合性的特征。

2.价值逻辑共通性

在新时代，针对劳动育人和实践育人，选择一定手段和方法可以为二者融合提供条件与路径，有效规避劳动育人弱化、泛化的问题。高校在现代人才培养中，立足国家立德树人的要求，组织学生参与实践类活动，需要学生用到脑力与体力，有助于学生综合能力的发展，可以为国家储备综合素养高的现代人才。在当下，实践教育和劳动育人弘扬涵盖奋斗、勤俭、奉献、创新等劳动精神要素的社会主流价值观。在新时代，劳动育人和实践教育围绕社会主流价值观，营造劳动风尚浓厚的社会文化氛围，在高素质劳动者培养方面作用显著。

（三）劳动育人和实践育人融合的路径

1.定位劳动育人的价值取向

基于劳动育人价值发挥的需要，应该看到劳动育人的特殊性，为避免其真正价值遭到遮掩，积极挖掘劳动育人的价值，根据人才培养要求，对新时期劳动育人形式与内容进行调整。劳动育人的方式应该多元，可以根据不同对象选择对应方式，保证教育活动在发展个人全面能力方面有较好的效果，有助于个人综合素养的提升。因此，需要改变传统专业过度注重技术培训与体能训练的形式，应注重劳动育人健体、增智、美德、创新等功能的发挥。在劳动育人价值探索方面，需要正确看待劳动育人，对劳动育人涵盖的元素进行探索。创造教育、生存教育、全人教育是劳动育人的内涵，应该基于劳动育人的需要，回归劳动育人本体。教师需要以合理手段全面提升学生的能力，使学生在活动参与中培育劳动精神。在劳动育人工作方案的筹划中，应该协调个人根本价值和劳动育人工具性价值的关系，确定新时期劳动育人的工作目标，明确劳动育人的价值取向，从而有利于劳动育人实践活动的开展，并能在个人素养培养方面获得较好的成效。

2.建立完善的劳动育人制度体系

劳动育人制度体系的构建有益于劳动育人活动的进行，有利于教育活动育人价值的发挥，使劳动育人在个人素养培养方面发挥较好的作用。在劳动育人开展中，需要建立集家庭、学校、社会于一体的整合机制，在政府支持下打造自上而下的格局，有益于新时期劳动育人工作的进行。在劳动育人组织与开展时，需要以制度作为保障，建立常态化劳动育人制度体系的长效机制，促使劳动育人可以在制度的保障下长时间开展。在劳动育人制度体系建设中，应该完善劳动育人监督机制与管理机制，对劳动育人制度的运转情况进行动态监测，一旦发现劳动育人制度存在不足，可以快速进行定位并寻找解决对策，有助于劳动育人理念在具体活动中的落实，发挥劳动育人的价值。

第三节　生活性劳动育人

生活性劳动指学生在个人生活中处理衣、食、住、行等日常自理活动时所付出的劳动，其不仅是一种简单的体力付出，也是一种自我提升、自我锻炼的过程。学生个体参与生活性劳动可以增强自身的劳动意识，体验持家之道，养成终身劳动的好习惯。

一、生活性劳动育人的问题

生活在当下的人们，受益于社会生产力和社会财富的快速提升与增长，逐渐改善了贫困、饥饿、疾病等问题，生活水平得到显著提升。随着现代生产力的飞速发展，人们也面临前所未有的挑战，闲暇生活时间逐渐增多，人们有了更多的休闲和娱乐机会，但也让人们更容易陷入空虚和无聊中；社会竞争的加剧让人们面临一定的压力和焦虑；消费主义的泛滥、媒介技术的娱乐化应用和推广让人们更容易沉迷于物质享受和虚拟世界的虚幻中，忽视对现实生活的关注和思考。在这样的困境下，生活性劳动育人就十分必要，既能帮助学生树立正确的价值观和人生观，还能培养他们的实践能力和创新精神。学生主动参与到生活性劳动中，能更加珍惜劳动成果，也能让他们更加关注现实生活，发现生活中的美好，培养出积极、健康、向上的生活态度和生活方式。

（一）闲暇时间增多与生活空心化

在生活中，除了劳动时间，便是除基本生理之外的闲暇时间。随着现代社会生产力的迅猛发展、各种先进劳动技术的广泛应用，越来越多的人从冗长繁重的劳动中解脱出来，拥有了更多的闲暇时光。甚至有学者指出："当前人类已经进入了休闲时代，休闲成了人们一种新的普遍的生活方式。"[1]

但闲暇时间的增多并不意味着生活质量的提升。闲暇时间虽然为个人提供了更多自由生活的可能性，但这些可能性需要得到合理的引导和利用。现实中，劳动与闲暇之间往往存在着一种微妙的对立关系。一方面，现代道德文化往往过分赞美劳动而贬低闲暇，将劳动视为高尚和有价值的，而将闲暇视为消极无意义的；另一方面，个体在劳动中有可能会感到紧张与痛苦，但是在闲暇中感受到放松和愉悦，这使劳动变得抽象、理性、乏味，闲暇显得感性、多样、舒适。[2]这种对立的劳动和闲暇状态导致现代人在劳动生活中体验到消极的感受，不得不在闲暇生活中寻求补偿。但是，过度放纵可能加剧生活的空虚感。因此，通过生活性劳动育人，学生能够形成对劳动生活的积极、合理的观念认识和价值态度，使他们在劳动中体验到成就感、自我实现和价值创造。

（二）消费主义泛滥与生活物欲化

在现代社会和经济高速发展的背景下，生产规模不断扩大，社会产品日益丰富，社会财富持续增长，消费也在不断促进和刺激着经济的发展。随着物质生活的日益丰富，刺激性消费导致现代人的欲望释放和增加，形成一种特有的消费主义文化。[3]

随着生产规模的扩大和社会财富的增加，现代人的物质生活得到极大的丰富。从衣、食、住、行到娱乐休闲，各种商品和服务层出不穷，满足了人们多样化的需求。企业运用广告、促销、社交媒体等各种手段，不断刺激人

---

[1] 潘立勇，寇宇."微时代"的休闲变革反思[J].浙江社会科学，2018（12）：134-141.
[2] 尤西林.现代性与时间[J].学术月刊，2003（8）：20-33.
[3] 蔡昱.资本逻辑下的欲望异化及人类的自我奴役[J].山东大学学报（哲学社会科学版），2015（4）：151-160.

们的购买欲望，让人们不断追求更多的物质享受。这种消费主义文化的泛滥使消费的目的不再是满足实际需求，而是追求被制造出来、被刺激起来的欲望的满足。

二、走向学会积极生活的劳动育人实践

我国现代著名教育家陶行知先生指出："教育就是生活的改造。"[①]陶先生的话揭示了教育的本质，为教育实践提供了宝贵的启示。陶先生所倡导的生活教育是指通过教育赋予生活新的意义和价值，使生活更加丰富多彩，更加积极向上。

生活教育注重"给生活以教育，用生活来教育，为满足生活的合理需要而教育"。这种教育理念认为教育的目的在于帮助学生学会积极生活，学会以积极、乐观的态度面对生活中的挑战和困难，不断提升自己的生活品质。而学生既是学校教育的主体，也是未来社会生活的主体，因此他们需要通过教育来培养正确的生活态度、掌握必要的生活技能、养成良好的生活习惯，以及铸就崇高的生活美德。

在当下的教育环境中，生活性劳动育人逐渐受到人们的关注和重视，旨在通过生活性劳动育人，培养学生的生活性劳动意识、生活性劳动技能以及生活性劳动精神，从而为他们未来的生活打下坚实的基础。但生活性劳动育人的价值远不止于此。从更广泛的生活视角出发可以发现生活性劳动育人具有整体性和综合性的生活价值。这是因为劳动生活本身就是日常生活的重要组成部分，通过生活性劳动育人，学生能够形成正确的生活态度和价值观。

生活性劳动育人还有助于培养学生的团队合作精神和创新能力。在生活性劳动过程中，学生有时候需要与同伴协作完成任务，这不仅可以培养他们的团队意识和协作能力，还可以激发他们的创新思维和创造力。同时，生活性劳动育人还可以帮助学生了解社会、认识生活，从而增强他们的社会责任感和使命感。

在现代社会中，学会积极生活对于每一个人来说都至关重要。积极生活

---

① 徐明聪. 陶行知生活教育思想[M]. 合肥：合肥工业大学出版社，2009：59.

的核心之一便是掌握必要的生活技能。

首先，人们生活在一个分工精细的社会中，每个人所从事的工作越来越专业化，但这并不代表着可以忽视其他领域的生活技能。以家庭生活中的劳动为例，烹饪、打扫、水电安装维修等技能虽然在现代社会中可以被外包给专业的服务机构或被智能家电替代，但这些技能的掌握对于学生的日常生活仍然非常重要。掌握这些技能，不仅能使学生在需要时自给自足，更能提升学生的独立生活能力，增加学生生活的乐趣和满足感。

其次，学习必要的生活技能有助于学生丰富人性。生活正是因为充满各种各样的事务才显得丰富多彩，而一个身体和心理健康的人正是因为参与各种各样的生活事务才能体现其作为一个人的主体性。无论是亲手制作一顿美食，还是亲手修理家中的小物件，这些生活技能能让学生更深入地体验生活的美好，感受自己的成长和进步。

第四节　创造性劳动育人

创造性劳动是指劳动者在掌握自然规律的基础上，充分利用最新的技术手段，积极发挥创造性思维，进而改造世界的实践活动。

一、高校创造性劳动育人的内涵

苏联著名教育家苏霍姆林斯基提出了创造性劳动育人思想。他强调，创造性劳动不仅是体力劳动和脑力劳动的结合，更是人们在实践中充分发挥自己的文化知识、实践技能和科学思维，创造出新理论、新技术、新方法和新模式的过程。这种创造性劳动能产生新的物质价值、精神价值，推动社会的进步和发展。为了激发学生对创造性劳动的兴趣，培养他们的创新才能，苏霍姆林斯基提倡劳动应与丰富的智力活动相结合。他认为只有在劳动中融入智力活动，才能激发学生的创造力和想象力，培养他们的创新精神和能力。这种教育方式不仅能提高学生的综合素质，还能为未来的社会发展培养更多具有创新精神和实践能力的人才。

习近平总书记也多次围绕劳动价值、弘扬劳动精神等内容进行深刻论述。他强调劳动是人类的本质活动，是实现人的全面发展和社会进步的重要途径。他号召全民"辛勤劳动、诚实劳动、创造性劳动"，并特别提到要把学生"长大后能够创造性劳动"列为新时代劳动育人的重要目标。高校应该积极响应这一号召，将创造性劳动育人的内容纳入人才培养的全过程，通过组织学生参加创造性劳动，引导他们以手脑并用的方式，获取新知识、新技能，并树立正确的劳动价值观，从而提高学生的综合素质和实践能力，为社会的创新和发展培养更多具有创造力和创新精神的人才。

在具体实践中，高校可以通过开设与创造性劳动相关的课程和实践项目，让学生亲身体验和参与到创造性劳动中来。同时，还可以邀请企业和社会组织参与进来，为学生提供更多的实践机会和资源。此外，高校还可以通过加强对学生劳动成果的展示和评价，激发学生的创造热情和积极性，培养他们的创新精神和实践能力。

二、高校创造性劳动育人的开展现状与问题

依托创造性劳动育人，高校正肩负着培养具有创造才能与创新精神的人才的重任。但关于如何培养人的创造才能与创新精神，高校创造性劳动育人究竟应该教授什么内容、采用何种教学方法以及如何构建完整的育人体系等问题，仍然需要学校与教师进行深入研究和探讨。

（一）教育主体：师生开展创造性劳动育人意识亟待加强

主体意识在高校教育体系中扮演着举足轻重的角色。在深入观察当前高校创造性劳动育人的实践情况后不难发现，一些高校在创造性劳动育人的推进过程中仍存在着诸多不足与挑战。

从顶层设计层面来看，部分高校尚未将创造性劳动育人纳入其人才培养体系，缺乏系统性的规划和有力的指导。这种缺乏顶层设计的状况导致创造性劳动育人的实施缺乏明确的方向和目标，难以形成有效的教育合力。由于缺乏专门的教师队伍来支撑创造性劳动育人的开展，高校在专业师资队伍的

配备上显得捉襟见肘,不仅影响了创造性劳动育人的教学质量,也制约了其深入发展。

从教师层面来看,大部分高校缺乏对教师开展创造性劳动育人的重视、鼓励和资源支持。教师在参与创造性劳动育人的过程中缺乏足够的积极性和动力,而且由于职能划分不够明晰,教师在创造性劳动育人中的角色定位也较为模糊,难以充分发挥其专业优势和创新精神。

从学生层面来看,多数高校仅将创造性劳动育人作为课余生活的补充,导致其在教育体系中处于边缘化的地位,这种边缘化现象让学生难以对创造性劳动育人形成全面、深入的认识,容易产生抽象和混杂的印象,而且由于缺乏有效的引导和激励,学生对参与创造性劳动育人的热情也普遍不足,难以形成积极的学习行为。

另外,创造性劳动环境的缺失也是制约创造性劳动育人成效提高的重要因素。由于缺乏真实、生动的创造性劳动场景,学生在激发创新创造愿望、提升创造能力等方面存在困难。而且,教育与创造性劳动的有机融合也缺乏有效的实现途径,高校在唤起学生热爱劳动、热爱创造的创造性劳动意愿方面显得力不从心。

（二）教育内容：创造性劳动育人内容设计亟待完善

创造性劳动育人主要通过劳动实践培养学生的劳动知识与技能、价值观念,促进他们全面发展,其不仅要求高校系统地进行组织管理,更需要在学科体系、教学体系、管理体系中完善相关设计,确保教育活动的统筹规划和具体实施的各环节都能得到妥善安排。

但是当前部分高校在创造性劳动育人方面的实施情况并不理想。一方面,部分高校对创造性劳动育人的认识尚不深入,对其要求比较模糊,缺乏具体的实施方案,导致一些高校仅仅在校内开展了一些劳动育人活动的试点,但并未从创造性劳动育人的角度出发,对内容进行全面、系统的设计。另一方面,一些高校在创造性劳动育人的内容设计上存在一定的局限性。它们更多地囿于一般的劳动育人范畴,注重让学生学习劳动知识与技能,强调"以劳树德、以劳增智、以劳健体"的劳动技能。但是,这种教学方式往往忽视了创造性劳动观、创造精神的培养,并没有很好地引导大学生围绕运用新知识、新技术、新工艺、新方法，在充满智力活动内容的创造性劳动中实现知识与技术的结合。

有些高校在开展创造性劳动育人活动时仍然以简单的志愿服务活动、卫生清洁活动等体力劳动为主，并没有将大学生创造性劳动育人的知识、技能传授和创新性价值观念的引导结合在一起。这种方式虽然能够让学生参与到劳动实践中，但无法真正激发他们的创造潜能，也无法培养他们的创新精神和团队协作能力。

（三）教育阵地：创造性劳动育人亟待融入高校育人全过程

创造性劳动育人应贯穿于整个育人过程的各个环节，以实现全面育人的目标。但从目前的实施状况来看，高校在创造性劳动育人的实施上还存在诸多问题，需要加以改进和完善。

在第一课堂中，高校对创造性劳动育人的内涵和实施路径尚处在探索阶段。多数高校的创造性劳动育人实践往往仅停留在教育理念层面，缺乏系统的课程设置和教学计划的安排，导致创造性劳动育人的实施显得缺乏连贯性，难以形成有效的育人机制。另外，高校在创造性劳动育人的教材建设上也存在不足。目前，构建创造性劳动育人的教材体系尚未落到实处，缺乏精品课程和特色课程，导致学生在接受创造性劳动教育时缺乏系统的教材支持，难以深入理解创造性劳动的内涵和价值。

在第二课堂中，高校应加强创造性劳动育人的实施。但部分高校在开展创造性劳动育人时往往没有将其与一般的劳动育人区分开来，导致创造性劳动育人的开展缺乏针对性和实效性。而且，部分高校在思想政治教育中忽视了创造性劳动育人的重要性，没有将其与课程思政的教育内容充分结合起来。

三、高校创造性劳动育人的实施路径

高校创造性劳动育人是一个涉及教育主体、教育内容及实施过程等多方面的复杂问题。下面提出一些具体的实施路径。

（一）加强制度建设，激发创造性劳动育人的师生双主体参与积极性

在当今快速发展的时代背景下，高校需要加强相关制度建设，吸纳师生

全员参与，以提升学生参与创造性劳动育人的积极性，增强教师在创造性劳动育人过程中的成就感。

高校应着力加强师资队伍建设。师资队伍是开展创造性劳动育人的核心力量，教师的专业素养和教学水平直接关系到创造性劳动育人的实施效果。因此，高校应充分发挥教师在创造性劳动育人过程中的主导作用，加强创造性劳动育人师资队伍的建设。一方面，高校应选聘具备专业知识和实践经验的专任教师，专门负责学生的实习实践、创新创业教育等，因为他们能发挥引导作用，帮助学生掌握创造性劳动的基本技能和方法。另一方面，高校应聘请"大国工匠"、全国劳动模范和先进工作者、行业专家等兼职行业劳动模范导师参与学生的校外实习实训、职业规划教育等，因为他们能为学生提供宝贵的实践经验和职业指导，帮助学生更好地了解行业发展趋势和市场需求。

为了激励教师积极参与创造性劳动育人工作，高校应出台相应的激励措施。同时，高校应开展创造性劳动育人主题教学竞赛、成果奖励等活动，激励教师提升创造性劳动育人水平。对于在创造性劳动育人方面取得突出成果的教师，高校应给予表彰和奖励，激发他们的工作热情和创造力。此外，高校还应把创造性劳动育人纳入教学质量评价体系，在学生评教、督导评教、管理人员评教中增设创造性劳动育人评价指标，引导教师在专业课程中融入创造性劳动育人的理念和方法，提高教育教学质量。

高校应营造创造性劳动育人的浓厚氛围。创造性劳动育人需要搭建情景性的劳动环境，让学生在多样化的活动中感受创造性劳动的魅力，因此高校应多措并举，营造创造性劳动育人的浓厚氛围。高校可以组建大学生创造性劳动主题社团，组织创意大赛、创新创业实践等各类与创造性劳动相关的活动，为学生提供展示自己才华和创造力的平台，激发他们对创造性劳动的兴趣和热情；可以组织创造性劳动育人相关讲座，邀请专家学者、行业领袖等为学生传授创造性劳动的理念和实践经验；在重大节日和时间节点，高校还可以举办表彰大会等活动，对在创造性劳动方面表现突出的学生进行表彰和奖励，树立典型人物和事迹宣传的榜样。

在校园文化建设方面，高校也应充分利用各种形式融入创造性劳动育人的内容。高校可以在校园文化墙、路演宣传等地方展示创造性劳动的成果和典型案例，让学生在日常生活中感受到创造性劳动的价值和意义；还可以通过举办创新创业大赛、开设创新创业课程等方式，培养学生的创新意识和创业能力，为他们的未来发展奠定坚实的基础。

（二）丰富教育阵地，打造多层次互通的创造性劳动育人阵地

创造性劳动育人主要是培养学生的创新思维和实践能力，通过劳动实践来促进学生全面发展，这与思想政治教育的目标不谋而合。因此，加强创造性劳动育人与思想政治教育的融合不仅有助于提升思想政治教育的效果，也能为创造性劳动育人提供更加丰富的实践平台。

创造性劳动育人中的创新价值观教育是思想政治教育教学内容和目标的重要组成部分。创新价值观作为现代社会发展的核心驱动力，对培养学生的创新精神和实践能力有重要作用，因此高校应以国家颁布的有关文件为依据，丰富和深化思想政治教育课程体系建设，将创造性劳动育人内容纳入其中，通过科学设置课程内容和考核要求，将中国特色社会主义劳动价值观培育纳入高校劳动育人规划，使学生在接受思想政治教育的同时深入理解并践行创新价值观。

在加强创造性劳动育人与思想政治教育融合的过程中，高校还应充分结合理想信念教育。理想信念是引领人们前进的动力源泉，是培养学生创新精神和实践能力的重要支撑。通过将创新价值观潜移默化地融入学生思想引领工作的全过程，可以帮助学生树立正确的世界观、人生观和价值观，激发他们的创造潜能和实践热情。

此外，高校应加强创造性劳动育人与第二课堂教育的融合。第二课堂作为高校育人的重要阵地，具有形式灵活、内容丰富等特点，可以为学生提供更加广阔的实践平台。因此，在构建第一课堂与第二课堂协同育人机制的过程中，高校应创设创造性劳动育人的情景和劳动环境，充分利用第二课堂的优势，丰富其载体与形式。具体来说，高校可以结合学校特色和专业特色，分层分类地开展社会实践活动、志愿服务活动、创新创业活动以及校园文化活动等，这些活动不仅能为学生提供实践机会，还能帮助他们将所学知识转化为实际能力。通过第二课堂与第一课堂的互动补充和互促融合，可以将创造性劳动育人的理念贯穿于整个教育过程中，实现德育、智育、体育、美育的有机结合。

第五节　情感性劳动育人

霍克希尔德在其著作《心灵的整饰——人类情感的商业化》(*The Managed Heart: Commercialization of Human Feeling*)中提出了"情绪劳动(Emotional Labor)"的概念。霍克希尔德认为个人情绪不仅受到文化背景和社会规范的影响，还在工作关系中受到雇主的管控，情绪劳动这一概念被用来描述员工根据雇主的要求管控自己情绪的过程[1]。情绪劳动表现为三个特征：首先，情感劳动是发生在人与人之间的情感"交互"之中的；其次，情感劳动是通过情感扮演（或展演）手段以在对象身上激发某种情感为目的；最后，情感劳动是在雇主的指挥下进行的，情感劳动的形式要符合雇主意愿，结果要满足雇主利益。情感劳动揭示了当代工作关系中的特殊现象，为了提供更好的服务，劳动者需要在交互劳动中将私人情感商业化，让个人情感作为他用。情感劳动的研究为理解服务业中劳动形态、组织结构、工作关系提供了研究的方法。越来越多的研究者开始运用情感劳动这一理论透视诸如教师、护士等职业，研究劳动中的情感付出给个人身心健康造成的负面影响。

一、高校情感劳动的育人价值

正向的情感在学生成长过程中至关重要，但要认识到情绪情感具有多维性、两极性的特点，它既有积极的一面，又有消极的一面，因此在育人工作中不仅要注重情绪情感的持续付出，还要善于引导和调控学生的情绪情感，使其朝着积极、健康的方向发展。

在日常教学工作中，教师需要表现出耐心、宽容、理解等积极心理品质，激发学生的学习兴趣和动力，这种情感付出不仅体现在言语上，更体现在行动上。教师应该关注学生的需求、倾听学生的心声、给予及时的鼓励和支持，让学生感受到关爱和尊重，建立起良好的师生关系。

---

[1] 李晓凯.现代性情境下的个体情感——兼论《心灵的整饰：人类情感的商业化》[J].兰州文理学院学报（社会科学版），2021，37（5）：112-117.

教师要引导学生正确理解和处理情绪情感。很多大学生的情绪情感容易受到外界因素的影响，因此需运用课堂教育、个别辅导等方式，帮助学生认识到情绪情感的多维性和两极性，学会调节和管理自己的情绪，以及处理自身与他人之间的情感关系。

师生间的情感融通是双向的。教师在理解学生的同时，也需要让学生读懂自己的喜怒哀乐，这样学生才能明确教师所传递的育人意图、行为要求及价值规范，从而更加积极地配合教学工作，朝着教育目标所指引的道路前行。同时，不能忽视情绪劳动在高校工作中的重要性。

（一）陶冶学生的情感，以培育健全人格

情感与理性在日常交往中扮演着至关重要的角色，是教育领域不可或缺的基石。在学生的教育工作中，情感与理性互为补充、相得益彰，共同构成了教育活动的必备基础与前提条件。

情感是一切道德法则和教育活动的源泉，它不仅能激发人们的共鸣与同理心，更能塑造个体的道德品格和人格特质。在教师与学生的互动中，情感发挥着桥梁与纽带的作用，使师生之间的交流与沟通更加深入、真挚。教师通过情感关怀和陪伴，帮助学生树立积极的心态，为学生的健康成长奠定坚实的基础。

理性是人类智慧与文明的体现。在教育领域，理性思维的培养能提高学生的综合素质和创新能力。高校在传授知识的同时也应注重培养学生的理性思维和批判精神，引导学生独立思考、勇于探索，形成科学的世界观和人生观。在教育工作中，情感与理性并不是孤立存在，而是相互交织、相互渗透。情感为理性提供了动力与源泉，使教育活动更加生动、感人；理性为情感提供了方向与保障，使教育活动更加科学、规范。二者共同作用于教育过程，促进学生的全面发展。此外，情感与理性在教育中的融合还体现在班级文化建设、课堂氛围营造等多个方面。通过创建积极向上、和谐友爱的班级氛围，为学生提供一个良好的成长环境；通过组织丰富多彩的班级活动，激发学生的参与热情和创新精神，培养学生的团队协作能力和社会责任感。

（二）升华育人共同体的情感，以发展情感文明

情感文明不仅是个体层面上的情感需求得到满足，更是将个体的生命融入人类文化的广阔天地，推动情感社会化。高校作为情感劳动育人的重要阵地，其工作正是情感文明的具体实践和体现。

情感文明涵盖了从个体到社会、从静态到动态、从微观到宏观的多个层面。在个体层面，情感文明表现为个体基本的情感需求得到满足，同时个体能够不断将自身生命融入人类文化之中，实现情感的升华和社会化的加速。

从静态的角度来看，情感文明关注情感结构、层次的和谐与平衡，强调个体从文化中获得自我生命的印证及调适标准，使个体在生命的体验中，特别是在文化体验中获得生活的意义感。

从动态的角度来看，情感文明注重情感在生物维度、伦理维度、审美维度等方面的品质提升及生长，代表着人类优秀情感内涵的丰富和升华，推动着个体在情感的动态变化中不断成长和进步。

此外，情感文明致力于构建富有情感因素的文化氛围和环境，使人类能够在这种环境中共同成长和进步。学校陪伴和带领着学生成长，帮助学生实现学业目标、社会目标和发展目标。在引导学生进行文化融合及精神建构的过程中，需要拥有敏锐的情感知觉能力，从学生的眼神、话语中感受他们的真实需求，积极主动地回应。同时，还需要具备复合的情感基质，使他们能体验到专业生活的趣味和育人共同体团结合作的力量，投入情感劳动中。

二、通过情感性劳动育人来培养学生的劳动情感

在信息爆炸、知识日新月异、科技飞速发展的时代，人们已经不再仅仅满足于物质层面的追求，而是更加关注人本身的发展、内在的生长需求和情感愿望。随着社会经济、文化的不断发展和进步，人们对情感的需求越来越强烈，情绪情感的价值日益凸显，成为人存在的真正本体。

（一）创造具身情境，促进劳动情感的生成

当代劳动育人的深层次内涵在于工具性的外在价值与存在性的内在价值

的统一，其不仅体现在劳动育人的目标上，也贯穿于劳动育人的整个过程。高校学生正处于身心发展的关键期，因此学校应当顺应他们的身心发展规律和特点，通过精心组织和实施真实的、丰富的劳动活动来激发他们的劳动兴趣，促进劳动情感的生成。

劳动育人的一个重要目标是促进环境与学生的紧密联结。学校可以充分利用当地的自然资源和人文环境，将体育活动和手工劳动有机结合起来。在手工课上，教师可以引导学生动手制作自己喜爱的物品，在制作过程中，学生不仅可以锻炼动手能力，还可以学习到裁缝、制鞋、烹饪、木工、雕刻和金工等实用技能。

劳动育人还需要关注学生的感受。学生的心理较为敏感，对外界事物的反应更为直接和深刻，因此在劳动育人过程中，应当密切关注学生的情感变化，及时给予鼓励和引导。通过让学生亲身参与劳动实践，让他们在"做"中感受劳动的趣味和艰辛，从而培养他们的劳动意识和劳动习惯。

此外，劳动育人还具有非功利性的特点。它强调发展的内在性，注重培养学生的综合素质和个性特征。在劳动实践中，学生可以通过具身体验劳动过程，获得真实的、个性化的精神成果。这种成果不仅体现在技能的提升上，更体现在学生的情感态度和价值观的塑造上。通过劳动育人，可以培养学生勤奋、诚实等良好的品质，为其未来的成长和发展奠定坚实的基础。

（二）树立榜样，增强情感共鸣

在劳动教育中，学校的任务在于让从事创造性的、内容深刻而丰富的劳动的思想，像立功绩、到远方去旅行的幻想一样占据学生的精神世界，指出了学校在培养学生劳动思想方面的重要职责。为了实现这一目标，需要善于对高校学生的思想施加影响，使劳动和劳动者在他们的心目中占据重要的地位。

情感认同是劳动育人的基础。可通过多种方式，来促进学生劳动情感和劳动精神的内化。高校可以定期组织劳动故事分享会，邀请学生分享自己或身边人的劳动经历，让高校学生感受到劳动的价值和意义。在分享会上，师生可以一起讨论劳动故事中的感人瞬间和劳动精神的具体体现，加深他们对劳动的理解和认同。此外，还可以利用课堂时间，结合教材内容，向学生讲述不同行业劳动者的辛勤付出和贡献，让学生感受到劳动者的伟大和崇高。

榜样示范是劳动育人的关键。优秀劳动者是学生学习和模仿的榜样，他们的劳动精神可以激发学生的崇敬之情，促使学生尊重劳动者和劳动成果。学校可以邀请不同岗位的优秀劳动者到校开展讲座或交流活动，让学生近距离感受劳动者的风采和劳动精神。家长也要以身作则，成为学生学习的榜样。

（三）以情育人，在教学中渗透劳动教育

情绪劳动是当代社会的重要发现。作为个体内心感受，情绪是外界客观影响与个体主观需要的联结，情绪劳动是服务业日益发展的必然结果。教师情绪劳动是指作为学校工作人员的教师遵循国家和学校的情绪管理规则，为教育教学付出心血、投入情感的过程。教师情绪劳动的发现和研究不仅可以丰富教师劳动的内涵，为改善教师身心健康、和谐师生关系、优化学校管理、提升教育教学质量都提供了重要的契机。苏霍姆林斯基曾说："善良的情感是良好行为的肥沃土壤。"情感是使道德认识转化为道德行为的连接点和动力。在教学过程中，只有让学生的情感贯穿教学始终，拨动其心弦，才能促进学生积极的劳动体验，进而产生情感共鸣，切实提高学生的劳动素养。古人云："感人心者，莫先乎情。"情感是道德行为的精神支柱、道德行为的力量源泉。在劳动主题教学中，要根据学生的心理特点和认知规律，从"情"入手，以"情"为线，借助调查、游戏、展示等多种形式，让劳动的种子在学生的心灵中生根、发芽、开花、结果，最终达到"情到深处自然行"的理想境界。

第六节 数字性劳动育人

一、数字时代劳动育人

劳动育人对学生劳动知识、技能和能力的培养具有重要作用。学生在现实生活和真实社会场景中积累了宝贵的劳动知识和经验，这是通过劳动育人所实现的。劳动育人面临着困难，如要如何培养学生正确对待劳动及其成果的负责任态度，以及如何培养他们积极努力工作的劳动品格。马克思的劳动价值观是一个重要的理论基础，可用于指导劳动育人的实践。中共中央、国务院提出了《关于加强和改进新形势下高校思想政治工作的意见》，数字时代的劳动育人须采取相应策进行创新。劳动育人的意义在于帮助学生养成良好的劳动习惯，并树立马克思主义的劳动价值观念。从以上所述的内容来看，劳动育人在人才培养和教育改革方面扮演着重要的角色。

二、高校混合式劳动育人

随着数字时代的来临，高校混合式劳动育人模式的探索变得愈发重要。下面通过对混合式劳动育人模式的研究，探讨其在数字时代下的应用和意义，并特别强调其在思想政治教育中的引导作用。通过在线平台、电子档案等数字技术手段，学生可以在不受时间和空间限制的情况下进行实践操作和学习，从而提高他们的实践能力和创新思维。思想政治教育作为一项重要任务，通过混合式劳动育人模式在学生中培养社会主义核心价值观、弘扬中国传统文化，引导学生树立正确的世界观、人生观和价值观。高校应当积极探索混合式劳动教育模式，在数字时代为学生提供更加全面和符合现代劳动需求的教育服务，并通过思政引导确保学生在实践中牢记使命、锤炼品格，成为既有实践能力又有正确价值观的高素质人才，为社会的发展作出贡献。

（一）混合式劳动育人的定义

混合式劳动育人将人力劳动、机器劳动、物质劳动和非物质劳动结合在一起，形成一种新颖的教育方式。这种教育模式将混合式教学思想视为基石，并借助组合劳动育人和数字化技术的优化，实现线上线下、校内校外等多种要素的融合。混合式劳动育人注重培养学生的主动性、促进师生间的互动、打通知识与实践之间的联系，旨在获得劳动育人最优效果。通过以"三全育人"理念为指导，我们致力于培养学生正确的劳动观念，帮助他们获得必要的劳动技能，培养他们积极进取的劳动精神，把思想政治教育贯穿在劳动习惯培养的各个环节中。混合式劳动育人让学生能够获得更多学习的机会和丰富的经验，使他们在劳动中获得更为全面的发展。

（二）数字时代下混合式劳动育人的特点

1.内涵丰富化

数字时代劳动育人的转型是一个极其重要的发展趋势。随着劳动育人的不断发展演变，它已经从过去的单一教育形式转向了混合式教育。这种改变使劳动教育更加充实和深入，更加重视各种多样化的劳动形式和复杂的劳动技能。过去，劳动育人注重培养学生的基础生产劳动技能，而在数字时代，劳动育人注重培养学生利用信息技术进行创新工作的能力。为了达成这个目标，劳动育人运用了项目、探究、开放和创造式等不同教学活动的方式。通过参与这些活动，学生可以在实际的劳动实践中进行问题探索、自主研究，并提出解决方案。这种教育模式的实施不仅可以培养学生自主学习的能力和创新思维，而且有助于提高学生的团队合作和沟通能力。学生参与项目式劳动育人活动时，可能需要协作完成一项有挑战性的任务。通过互相合作交流，他们可以共同解决问题，实现既定目标。

2.形式多样化

混合式劳动育人可以选择多种形式，比如车轮转换式、场所轮换式和个人轮换式。除此之外，联合了项目式和能力式的混合劳动育人也正处于不断发展之中，它们着重培养学生的实际操作能力和专业技能。内外混合式和外部混合式劳动育人形式不仅为学生带来更多的学习机会，同时也提供了更多的机遇。学生可以通过混合式劳动教育以不同的方式锻炼和发展自己的能力，从而提高自己的综合素质。

（三）数字时代下混合式劳动育人设计

1.全学年的混合式劳动思想教育

全学年的混合式劳动思想教育是将劳动育人与思想教育相结合，贯穿整个大学生涯的教育模式。这种模式旨在通过实际工作和思想引导相结合，全面培养学生的实践能力、创新思维和社会责任感。在这种模式下，学生将参与各种实际工作项目，如社区服务、企业实习等，直面现实问题，培养实践能力和解决问题的能力。同时，思政教育的内容将贯穿其中，通过专门的课程、讲座、讨论等形式，引导学生深入思考社会价值观、人生观和世界观等思想问题。全学年的混合式劳动思想教育模式有以下几个优势：首先，通过实践学习，学生能够真实地感受到工作中的挑战和困难，提高问题解决能力和适应能力；其次，通过思政教育的引导，学生能够更好地理解工作的意义和社会责任，培养正确的价值观；最后，全学年的模式能够给予学生持续学习、成长和反思的机会，促进个人全面发展。

2.三维数字化劳动育人准备

教师应该掌握相应的理论与政策基础知识，了解学生的需求，因材施教，进行适宜的教学设计，从而充分发挥劳动育人在培养人才方面的作用。教师应根据学生的兴趣爱好和特长，结合线下实践引导，制订出混合式劳动教育方案，以满足学生的需求。学生自主能力的培养是劳动育人的关键目标之一，教师应采用递进性学习和立体化考核等方法来增强学生的自主能力。教师在建立考核体系时应确保采用恰当且综合的考核方式，以促使学生在知识和心理两方面均得到发展。

在现代信息技术的支持下，可以利用大数据、云平台、物联网等技术手段对数字化劳动育人过程进行监测和评价记录，从而更好地帮助学生顺利过渡到就业状态，获得更好的劳动育人效果。

3.数字化劳动育人的全过程投入

数字化劳动育人需要构建为学生提供个性化学习支持和辅导的全过程模式，通过智能化教学和数据分析来跟踪学生的学习进度和表现，为他们提供及时的反馈和指导。同时，持续的研究和评估也是数字化劳动育人的重要投入，通过研究和评估，学校可以了解教育效果，不断改进和优化教学策略，提升数字化劳动教育的质量和效果。

第五章 新时代高校劳动育人的问题审视

劳动育人作为德、智、体、美、劳五全育人的重要组成部分，一直受到国家的重视。2020年印发的《中共中央 国务院关于全面加强新时代大中小学劳动教育的意见》明确指出：劳动育人直接决定社会主义建设者和接班人的劳动精神面貌、劳动价值取向和劳动技能水平。[①]文件还强调要适应科技发展和产业变革，注重新兴技术支撑和社会服务新变化，紧密结合经济社会发展变化和学生生活实际。然而，当前普通高等院校劳动育人资源薄弱，劳动育人体系碎片化和劳动教育资源应用方式单一的现状亟须改变。本章着重分析新时代高校劳动育人的问题，主要包括教育观念的保守僵化、教育内容的单一枯燥、教育方式的错位异化、教育条件的保障滞后、教育评价的标准缺乏、课程实施的效果不佳、数智技术的风险冲击。

第一节 教育观念的保守僵化

一、高校劳动价值观培育体系有待完善

（一）劳动价值观的培育课程体系缺乏系统性

虽然很多高校已经开设了相关的劳动教育课程，但这些课程缺乏整体性、

---

① 教育部.关于印发《大中小学劳动教育指导纲要（试行）》的通知[EB/OL]. http：//www. moe. gov. cn/srcsite/A26/jcj_kcjcgh/202007/t20200715_472808. html，2020-07-09.

系统性和多样性。众所周知，课程培育是培育大学生劳动价值观最直接的环节，但现有的劳动价值观培育理论课程主要以思想理论教育课为主，实践课程也仅仅局限在短期的劳动实践课，导致学生难以形成科学、全面的劳动价值观，难以掌握必备的劳动技能。

（二）劳动价值观的培育方法未能做到与时俱进

长期以来，很多高校将劳动价值观教育等同于劳动教育，忽视了二者之间的本质区别。劳动价值观的培育更加注重在劳动的过程中学生能够切实实现思维上的转变，从内心深处认同劳动价值观的价值意义。但当前高校在劳动价值观的培育方法上仍显单一和陈旧，缺乏创新性和时代性。当代大学生长期处在"过度代劳"的生活中，尚未完成其本应在成年前建立起的基本劳动认知、形成的劳动习惯与掌握的生活必备劳动技能。因此，应紧紧围绕生活劳动场域这一原点，以日常生活劳动为主要内容，激发大学生的主体能动性，系统开展大学生劳动价值观培育实践课程建设，帮助大学生养成良好的劳动习惯，并将劳动作为追求美好生活的自觉行动，在实践中纠正生活方式变化所导致的价值认识偏颇，同时借助高校及日常生活劳动实践予以辅助，培育积极健康的劳动价值观。

（三）劳动价值观的考核评价体系不够健全

目前，受教育功利主义思想的影响，劳动教育被弱化、虚化甚至异化的现象比较严重，家庭和社会对劳动价值观的考核评价往往过于片面和僵化，过分强调劳动实践的结果，忽视了学生在思想层面的变化和成长。这种机制容易导致学生为了应付考试而敷衍了事，难以真正激发他们主动劳动的积极性。劳动教育评价体系的缺失，使劳动价值观的传播和弘扬受到一定挑战，尊重劳动、崇尚劳动、热爱劳动的氛围有待进一步加强营造。

二、家庭劳动价值观培育不足

家庭是孩子成长生活的重要起点，犹如一个温馨的港湾，为孩子提供了成长所需的养分和庇护。在家庭环境中，家长不仅是孩子的亲人，更是他们的启蒙者和引路人。家庭因素无疑成为影响大学生劳动价值观培育的重要因素之一。

在当前教育背景下，应试教育的影响无处不在。家长普遍关注学生的学业成绩，将成绩视为衡量孩子成功与否的重要标准，但这种过分关注学业成绩的教育方式往往导致家长对学生的劳动观念和劳动能力缺乏足够的关注。家长认为只要孩子能够取得优异的成绩，进入一所好大学，未来的前途就一片光明，这种观念忽略了劳动教育在孩子成长过程中的重要作用，使很多大学生缺乏基本的劳动技能和劳动习惯。

受传统"劳力者治于人"错误观念的影响，很多家长对孩子的职业选择持有偏见。他们认为体力劳动是低人一等的职业，只有从事脑力劳动才能成为社会的精英，因此他们不愿意让孩子去从事体力劳动，甚至将体力劳动视为一种惩罚，这不仅对孩子的身心健康产生了不良影响，更会导致他们对劳动形成偏见，从而鄙视甚至是逃避劳动。

三、社会大环境中不良行为的影响

人是社会性的动物，其行为、观念都不可避免地会受到社会环境的影响。大学生作为新时代的青年代表，其劳动价值观形成会受到社会大环境的多重影响。

（一）社会思潮观念影响

一些大学生由于缺乏足够的辨识能力和判断力，容易受"享乐主义""个人主义"等思想的侵蚀。这种思想的盛行使一些大学生在思想上更加倾向于追求享乐和舒适，忽视劳动的重要性，他们认为劳动是辛苦和乏味的，不愿意付出努力去创造和贡献。这一观念严重扭曲了大学生的劳动价值观，使他们对劳动产生抵触情绪。

（二）当前就业压力

当前，高校不断扩招，大学生的数量越来越多，受当前经济发展影响，大学生的就业压力日益增大。在这一背景下，一些大学生往往会选择从事一些高收益但相对轻松的工作，忽视劳动的意义和价值，他们将劳动看作获取金钱和物质的手段,而不是实现自我价值和为社会贡献的重要途径。

(三)对明星、网红等群体的过度追捧

近年来,一些明星、网红等群体因为高收入和高社会关注度而受到大学生的追捧,一些大学生渴望一夜成名,不想付出劳动,只想取得劳动成果,对辛勤劳动、劳动创造财富等理念产生怀疑,他们认为通过炒作、营销等手段可以轻松获取成功和财富,无需付出辛勤的劳动。这种错误的观念严重误导了大学生的价值观,使他们忽视了劳动的重要性和价值。对明星、网红等群体的过度追捧表现为一种社会现象,其特点在于公众对这些个体的高度关注、过度崇拜以及盲目模仿,导致了一种不健康的价值观和消费观的传播。以下是该现象的具体表现。

一是高度关注与崇拜。公众对明星、网红等群体的私人生活、言行举止以及任何动态都表现出极大的兴趣。他们关注明星的社交媒体账号,追踪他们的新闻动态,甚至将他们的言行视为自己生活的指南。这种过度关注往往导致对明星、网红的盲目崇拜,认为他们的一切都是完美的,值得效仿。

二是盲目模仿。由于对明星、网红的崇拜,许多人会盲目模仿他们的言行举止、穿着打扮以及生活方式。这种模仿可能涉及购买相同的服装、化妆品、饰品等,甚至模仿他们的饮食、运动习惯等。这种盲目模仿不仅可能导致个人财务的紧张,还可能对个人的身心健康造成负面影响。

三是价值观扭曲。过度追捧明星、网红可能导致社会价值观的扭曲。一些人可能会认为,只要拥有美貌、名气或财富就能获得幸福和成功,而忽视了个人品质、道德观念以及社会责任感的重要性。这种价值观扭曲可能导致个人行为的失范和社会风气的败坏。

四是消费主义盛行。对明星、网红的过度追捧往往与消费主义紧密相连。明星、网红经常成为各种广告的代言人,他们的推荐和代言往往能引发消费者的购买热潮。这种消费主义盛行的现象可能导致资源的浪费、环境的破坏以及个人负债的增加。

五是引发心理健康问题。过度追捧明星、网红还可能导致心理健康问题。一些人可能会因为对明星、网红的过度关注而忽视自己的现实生活,产生焦虑、抑郁等心理问题。同时,对明星、网红的过度崇拜也可能导致个人自尊心的降低和自我认同感的缺失。

为了应对这种过度追捧的现象，需要从以下两个方面入手。

首先，媒体和社交平台应该承担起责任，传播健康、正面的价值观，避免过度炒作和夸大明星、网红的形象。

其次，公众应该增强自我意识和批判性思维，理性看待明星、网红等群体，不盲目崇拜和模仿。同时，教育部门和家庭也应该加强对青少年的教育引导，帮助他们树立正确的价值观和人生观。

第二节 教育内容的单一枯燥

一、劳动教育课程的设置不合理

劳动教育课程在高校教育体系中占据重要地位，是开展劳动教育的主要方式。劳动教育课程不仅有助于培养学生的劳动技能，也能帮助他们树立正确的劳动观念，增强劳动意识，全面提升学生的综合素质。

但令人遗憾的是，一些高校在劳动教育课程的设置上并不尽如人意。在开设劳动教育课程时，很多高校往往缺乏系统性和全面性，并没有形成一套完整、科学的课程体系。甚至有些高校存在虚设课程的现象，仅为了应付相关政策和要求，并没有真正重视劳动教育课程的建设。一是部分高校对劳动教育不够重视，没有出台专门政策和制度为劳动教育保驾护航。二是部分高校的劳动教育缺乏系统管理，导致劳动教育停滞于理论说教层面，缺乏针对大学生劳动素养提升的专项培训课程。三是劳动教育的管理部门、组织部门和实施部门权责不清、相互推诿，劳动教育的管理、组织和实施杂乱无章，导致高校劳动教育流于形式，缺乏系统规划和有效监督。四是劳动教育课程设置不科学，高校劳动教育课程的设置不仅要符合学生的年龄和心理特点，还需要具备科学性、时代性和创新性。

上面这些情况直接导致学生在接受劳动教育时很难获得全面、深入的学习体验，他们只能接触到一些零散的、片面的劳动知识，而无法形成对劳动教育的全面理解和深刻认识。而且，由于缺乏系统的学习和实践，学生的劳动技能也无法得到有效的提升。这种不理想的状况不仅影响了劳动教育的效果，对学生的成长和发展也产生了负面影响。在缺乏劳动教育的情况下，学生因为无法形成正确的劳动观念，缺乏劳动意识和劳动精神，导致他们缺乏社会适应能力。

二、劳动教育未能有效融入德、智、体、美四育课程

在当前的教育体系中，劳动教育往往呈现出一种割裂、孤立的状态。这主要表现在劳动教育并未有效地融入德、智、体、美这四育的课程中，缺乏与其他课程之间的紧密联系与相互渗透。这种孤立状态使劳动教育难以在学生的全面发展中发挥应有的作用，也限制了其教育价值的最大化。

首先，从劳动教育与德育的关系来看，二者本应是相辅相成的。然而，现实中劳动教育往往被视为一种单纯的体力劳动，而忽视了其在培养学生道德品质、塑造健全人格方面的重要作用。因此，需要加强劳动教育与德育的结合，让学生在劳动中学会尊重劳动、珍惜劳动成果，培养他们的责任感和奉献精神。

其次，劳动教育与智育的关系也值得我们深思。劳动不仅是一种体力劳动，更是一种智力活动。通过劳动，学生可以锻炼自己的实践能力、解决问题的能力以及培养创新思维能力。然而，当前的劳动教育往往缺乏对这些智力因素的关注，使劳动教育在智育方面的作用大打折扣。因此，需要将劳动教育与智育相结合，让学生在劳动中发挥自己的智力潜能，提高他们的综合素质。此外，劳动教育与体育、美育的结合也具有重要意义。劳动可以锻炼学生的体魄，增强他们的体质，而美育则可以通过劳动教育培养学生的审美能力和创造力。然而，在当前的教育体系中，劳动教育往往与体育、美育相脱节，缺乏有效的结合。因此，需要加强劳动教育与体育、美育的联系，让学生在劳动中体验美，提高他们的审美水平和创造力。

当前劳动教育存在的问题不仅仅是缺乏与其他课程的联系，更在于缺乏有效的传播载体和实践路径。由于传播方式的单一和缺乏吸引力，劳动教育的内容往往难以深入人心，难以激发学生的学习兴趣和积极性。

三、教育内容陈旧单一

劳动教育的具身性在一定程度上决定着劳动教育质量。反观当前的劳动教育现状,各地、各学校劳动教育形式较为单调,课堂内以教师系统讲授劳动理论知识为主,课外校外劳动实践来源有限、类型相对单一,大多是来自社区、传统手工业或机械制造业中的传统劳动项目,与学生生活实际关联不够紧密,吸引力不够强大,尚不能充分调动学生主动参与劳动的热情。近年来,随着国家对教育事业的日益重视,高校在劳动教育方面的努力也取得了显著的成果。然而,仍有部分高校在劳动教育内容的设置上显得过于陈旧单一,缺乏足够的新意和吸引力。这种教育内容的局限性不仅影响了劳动教育的深度和广度,更引发了学生对劳动教育的抵触情绪,从而削弱了其教育效果。

具体而言,一些高校在劳动教育课程设计上往往停留在传统的体力劳动层面,缺乏与现代科技、创新思维和团队协作等内容的融合。这种教学方式往往使学生感到枯燥无味,难以激发他们的学习兴趣和积极性。此外,劳动教育的内容也未能充分利用校园文化、优秀传统文化、红色文化、爱国主义文化等文化载体,使劳动教育课程显得单调乏味。

第三节 教育方式的错位异化

高校劳动教育方式的错位异化已成为当下教育领域亟待解决的一大问题。劳动教育本身是为了培养学生的劳动技能、弘扬劳动精神、促进学生全面发展,但是在实际操作中往往违背了初衷,甚至出现了种种弊端。

一、过于注重形式,忽略实质

在当今的高等教育体系中,劳动教育逐渐受到重视,越来越多的高校将其纳入课程体系中。但当前一些高校在劳动教育的实施过程中过于注重形式而忽略实质,导致劳动教育并未发挥其应有的作用。

（一）将劳动教育简单地等同于体力劳动

在劳动教育中，很多高校简单地将劳动教育等同于体力劳动，认为只要让学生参与一些基础的体力劳动，就能达到劳动教育的目的。但这种理解是片面且狭隘的，因为劳动教育所涵盖的内容远不止于此。

一些高校在推行劳动教育时往往过于强调体力劳动，忽略对劳动技能、劳动习惯和劳动精神的培养。这种片面的理解实际上是在剥夺学生接受全面劳动教育的机会。因为体力劳动只是劳动教育的一部分，并不是全部。如果仅将劳动教育局限于体力劳动，那么学生将无法获得更全面的劳动教育体验，也无法真正领略到劳动教育的深刻内涵和价值。

（二）将劳动教育视为一种附加的课外活动

在当前的教育体系中，劳动教育并未被充分纳入课程体系中，导致其缺乏必要的系统性和深度。这种缺失不仅使劳动教育难以真正融入学生的日常生活和学习中，更让它无法与其他学科形成有效的衔接和互补。

劳动教育作为培养学生劳动技能和劳动习惯的重要途径，本应是一个有机的整体，与其他学科相互渗透、相互促进。但由于缺乏系统性和深度，劳动教育在实际操作中往往显得孤立无援，难以发挥其应有的教育价值，因此高校需要从课程体系出发，将劳动教育纳入其中，使其成为一门必修课程，确保其在教育体系中的重要地位。同时，还需要关注劳动教育的具体实施过程。目前，一些高校在劳动教育方面采取"走过场"式的做法，这不仅体现在课程内容上，还体现在对劳动教育的评估和反馈上。这种"走过场"式的做法往往让学生觉得劳动教育只是一种形式，缺乏实质性的内容和价值。

二、过于单一和刻板

当前，高校劳动教育的方式往往过于单一和刻板，无法充分满足学生的个性化需求，也无法激发他们的学习兴趣。

许多高校在劳动教育中采取的是"一刀切"的方式，即对所有学生采用相同的劳动教育方式，没有根据学生的实际情况和兴趣爱好进行个性化的教育安排。这种缺乏针对性的教育方式导致学生无法从中获得足够的收获和成长。此外，高校劳动教育还存在师资力量不足的问题。一些高校由于经费缺乏等原因难以聘请到专业的劳动教育教师，导致劳动教育的教学质量和效果受到严重影响。劳动教育不仅需要教师的专业指导，还需要教师的热情和耐心。如果师资力量不足，劳动教育就难以得到有效实施。同时，劳动教育需要丰富的实践机会和条件，一些高校由于场地、设施等限制，无法为学生提供足够的劳动实践机会，导致学生的实践能力就难以得到锻炼和提升。

第四节 教育条件的保障滞后

一、劳动育人客观资源缺乏

劳动育人资源作为劳动教育的重要支撑，涵盖了为劳动育人服务的各种条件和要素，这些资源包括劳动育人的教材、教学设备、实践基地以及专业师资等。但当前劳动教育资源匮乏问题日益凸显，成为劳动教育发展的瓶颈。

从劳动育人课程设置的角度来看，当前很多高校在劳动育人方面设置的课程数量相对较少，形式较为单一，导致学生在接受劳动教育时，难以获得全面、系统的知识和技能。此外，一些高校对劳动教育的重视程度不够，往往将其视为次要课程，进一步削弱了劳动教育的影响力。

从劳动育人师资配比的角度来看，目前很多高校的劳动育人专业教师数量不足，质量参差不齐，因为很多教师是由其他专业教师转岗而来，缺乏专业的劳动教育背景和经验，导致劳动教育的质量难以得到保障，也难以达到预期的教育效果。

从劳动育人制度设计的角度来看，当前很多高校的劳动育人保障制度尚不健全。一方面，劳动育人的监督、管理和评价体系尚不完善，难以对劳动教育的实施效果进行有效评估；另一方面，劳动育人的激励机制不足，难以激发教师和学生的积极性。

二、劳动育人资源整合不到位

当前，我国劳动育人资源的薄弱已成为社会各界的共识。面对巨大的劳动育人需求与短缺的劳动育人资源之间的矛盾，高校必须深入剖析原因并寻找解决办法。一方面，客观的劳动育人资源短缺现象不容忽视；另一方面，劳动育人资源的搜集与整合工作尚未得到充分的重视和实施。

随着国家对劳动育人政策的倾斜与扶持，劳动育人体系建设取得了长足的发展。虽然客观的资源缺口正在逐步得到弥补，劳动育人资源整合不到位的问题却依旧凸显，主要体现在以下几个方面。

（一）劳动育人资源显得单薄，无法满足多元化的教育需求

目前，劳动育人资源主要局限在课堂活动中，忽略了课外活动的重要作用。课外活动是劳动育人不可或缺的一环，它能够让学生在实践中学习、在体验中成长。此外，线上劳动育人资源也未得到充分利用。在信息化时代，线上教育资源具有传播速度快、覆盖范围广、互动性强等优势，可以有效弥补线下资源的不足。

（二）劳动育人过程中信息数据的搜集与整合工作被忽视

劳动育人过程中产生的数据对评估育人活动的效果、优化育人策略有重要作用。但目前对于这些数据的搜集与整合工作尚未得到充分重视。依托现有的大数据技术，可以快速、完整、低成本地实现劳动教育过程数据的记录与存储，进而为劳动教育体系的完善提供有力支撑。

三、劳动育人资源利用不充分

目前许多高校在劳动育人资源的利用上显得捉襟见肘，未能将其潜在的价值完全挖掘出来。

（一）资源使用方式过于单一

当前，高校在利用劳动育人资源时主要依赖课堂传授和校内实践活动的

形式。尽管这些方式有其存在的必要性，但长此以往，形式的单调和枯燥往往会使劳动育人的效果大打折扣。很多学生在课堂上对劳动育人的理论知识感到乏味，在实践活动中又因为缺乏足够的指导和支持而无法深入体验劳动的价值。劳动教育资源使用方式过于单一的具体表现可能包括以下几个方面。一是教学方法单一。过多依赖传统的讲授式教学方法，教师单方面向学生灌输知识，缺乏互动和实践环节，导致学生参与度低，难以深入理解劳动教育的内涵。教学方法缺乏创新和多样性，没有充分利用现代教学技术和手段，如虚拟现实（VR）、增强现实（AR）、在线学习平台等，来丰富劳动教育的教学形式。二是活动形式单调。劳动教育的实践活动形式单一，常常停留在传统的清洁、维修等劳动项目上，缺乏新颖和富有挑战性的活动，导致学生缺乏参与的热情和动力。劳动教育往往与其他学科脱节，没有实现跨学科融合，导致学生难以将劳动教育与其他学科知识相结合，形成全面的知识体系。三是缺乏个性化教学。一刀切的教学模式下，劳动教育的教学模式过于统一，缺乏针对不同学生的个性化教学方案，没有充分考虑到学生的兴趣、特长和需求，导致学生缺乏个性化的学习体验。目前，学生缺乏自主学习机会，劳动教育往往以教师为主导，学生缺乏自主学习的机会和平台，没有机会发挥自身的创造性和想象力，限制了学生的发展空间。

（二）资源利用上缺乏共创共享的意识

劳动育人资源并不是孤立的资源体系，而是需要与多方共同参与和共享的。但当前许多高校在资源利用上主要采取自建自用的方式，缺乏与兄弟院校、社会企业等机构的沟通与交流。这种封闭和孤立的资源利用方式不仅限制了劳动育人资源的共享和共创，也阻碍了劳动育人体系的长远发展。在劳动教育实践基地方面，高校或教育机构在利用劳动教育实践基地时，往往局限于固定的场所和设施，没有充分开发和利用校外的实践资源，如工厂、农场、社区等，限制了学生的实践经验和视野。在教学资源缺乏多样性上，劳动教育的教学资源主要依赖于教材和课堂讲解，缺乏多样化的教学资源，如视频、音频、实物展示等，使教学内容单调乏味，难以吸引学生的兴趣。

（三）数据资源的挖掘上存在不足

劳动育人资源数据量大、形式多样，蕴含着丰富的信息，这些信息能够为劳动育人体系的建设与发展提供重要的数据支撑。但目前很多高校对这些数据资源的利用还停留在简单的保存阶段，缺乏对数据的深入挖掘与分析，导致劳动育人评估缺乏可靠的资源依据，也使劳动育人体系的建设缺乏科学的数据支持。

第五节 教育评价的标准缺乏

教学评价在整个教学环节中扮演着举足轻重的角色，它不仅是对教育教学情况的全面测评手段，更是推动教学质量提升的关键因素。但由于缺乏针对劳动素养的明确评价标准，劳动育人的评价维度和标准还没有得到充分地构建和完善，导致劳动育人的成效难以进行量化评估，影响了劳动育人的深入实施和效果体现。目前，很多高校对劳动育人课程的成绩评定主要依赖于劳动时长或教师的主观意识，这种评价方式缺乏科学依据，难以保证评价的客观性和公正性。[1]

当前，劳动育人评价体系指标的缺失导致教育工作者在劳动育人过程中难以准确把握学生的实际情况和需求，难以有效地指导和帮助学生提升劳动素养，其不仅影响了劳动育人的实施效果，还导致了学生对劳动育人的认知产生偏差，削弱了劳动育人的实效性。[2]

---

[1] 高展望，姚福义. 劳动价值观视域下高校劳动育人评价体系研究[J]. 继续教育研究，2021（7）：100-105.

[2] 赵章彬. 高等高校劳动育人的价值、内涵与实践研究——以培养目标为视角[J]. 中国职业技术教育，2020（23）：34-4.

一、评价主体过于单一

部分高校教师往往片面地认为劳动育人仅仅等同于各专业的职业培训课，因此忽视了对其进行专门的劳动育人评价。他们可能更多地关注于技能传授和考核，而忽视对学生劳动态度、劳动习惯、劳动技能等多方面的综合评价，这种片面化的理解不仅无法全面反映劳动育人成果，还会误导学生形成错误的劳动观和价值观。此外，一些高校为了加强与企业之间的合作，由合作企业进行授课，但合作企业的专业导师往往侧重对学生职业技能的指导和评价，无法对学生在劳动育人课程中的其他表现进行更为完善的评价，导致评价内容的单一性和片面性，无法全面反映劳动育人成果。

二、评价内容缺乏广泛性

从劳动育人的评价内容来看，一些高校在劳动育人的实施和评价过程中普遍存在着评价内容缺乏广泛性的问题。这种局限性的存在使高校劳动育人的效果难以达到预期，无法全面反映学生在劳动教育中的成长与收获。因为一些高校教师对专业课程与劳动育人课程之间的联系认识不足，他们往往将二者视为相互独立的体系，忽视了二者之间的相互促进与融合，导致劳动育人评价难以有效融入专业课程的学习过程中，无法形成全面、系统的评价体系。

一些高校的部分专业课程与劳动育人课程在内容上也存在一定的重复现象，这种重复不仅浪费了教育资源，还让劳动育人评价难以找到独特的切入点，难以有效实现全面化。因此，高校在构建劳动育人评价体系时需充分考虑专业课程与劳动育人课程之间的联系与区别，避免内容的重复与交叉。

一些高校的教育工作者在开展劳动育人评价工作时，往往将评价侧重点制定为学生对劳动知识的掌握程度以及劳动技能的熟练程度。这种以知识和技能为主导的评价方式虽然能反映学生在劳动教育中的一部分成果，却无法全面评价学生的劳动态度、劳动精神、劳动理念等更深层次的内容。这种片面的评价方式不仅无法真正体现劳动育人的价值，还会误导学生的发展方向，使他们过于注重表面形式而忽视内在精神的培养。

这种片面化的劳动育人评价方式还会使高校劳动育人工作与当前的行业发展趋势以及社会发展状况相脱节。在快速发展的现代社会中，劳动育人的内涵和外延都在不断拓展和深化。高校需要紧跟时代步伐，不断更新劳动育人的理念和方法，构建符合时代要求的评价体系。但由于评价内容的局限性，一些高校的劳动育人评价工作往往滞后于社会发展的需要，无法有效培养学生的综合素质和创新能力。

三、没有开展过程性评价

过程性评价对劳动育人评价工作有重要意义，其不仅能够更加全面地反映学生的学习过程和劳动态度，还有助于培养学生的劳动观念和实践能力。但一些高校的校方以及教师并没有充分意识到这一点，认为结果性评价更加直观、简便，而过程性评价过于烦琐、耗时，这使劳动育人评价工作在一定程度上流于形式，难以真正发挥其应有的作用。

此外，忽视过程性评价还会导致劳动育人评价工作存在大量的认知隐患。由于结果性评价只能对学生实施量化评价，而无法全面反映学生的劳动态度、观念以及实际能力，导致评价结果失真，甚至误导教育决策，过于依赖结果性评价还会抑制学生的创新精神和实践能力的发展，不利于培养具有高素质、高技能的应用型人才。

四、育人导向不足

劳动育人评价并非是一个简单的评估过程，它是一个教育引导、反馈改进的过程。但一些高校教师在实际操作中，仅将劳动育人评价作为成绩评优、增加学分等项目的辅助材料，使劳动育人评价趋于功利化，直接降低了其原有的育人机能以及反馈机能，这种功利化的倾向使学生更多地关注评价结果，而不是评价过程中所反映出的自身在劳动素养、实践能力等方面的不足与提升空间。此外，虽然一些高校能够开展全面的劳动育人评价工作，但是他们在后期的反馈工作上却做得不够到位。由于缺乏有效的反馈机制，学生往往无法及时获取关于自己劳动育人方面的具体评价和建议，无疑增大了劳动育人评价工作的难度，也不利于高校学生的全面发展。

第六节　课程实施的效果不佳

高校劳动教育课程实施效果不佳，其背后的原因复杂且多样。

一、重视程度不够

当前，一些高校对劳动教育的重视程度仍然不够，仅仅将其视为一种形式上的任务，而不是真正融入学生全面发展的教育体系中。这种对劳动教育的轻视态度无疑给学生的成长和发展带来了负面影响。

（一）劳动教育投入明显不足

从课程设置的角度来看，一些高校对劳动教育的投入明显不足，在课程设置上缺乏对劳动教育的系统规划和设计，导致劳动教育课程与专业课程之间存在较大的脱节，难以形成有效的衔接。同时，劳动教育课程的课时安排也相对较少，难以充分保证学生对劳动教育的深入学习和实践。

（二）师资力量和教学资源匮乏

一些高校在劳动教育方面缺乏专业的教师队伍，导致教学质量难以保证。同时，教学资源的不足也限制了劳动教育课程的开展和深化。缺乏必要的实践教学场所和设施使学生在劳动教育过程中难以获得充分的实践体验和技能提升。

（三）学校对劳动教育的宣传和推广不够

一些高校缺乏对劳动教育的有效宣传和推广，导致学生对其重要性认识不足，难以形成积极参与劳动教育的氛围。这种缺乏宣传和推广的情况进一步加剧了劳动教育在高校中的边缘化地位。

二、学生的认知偏差

当前大学生面临着日益增大的学业压力和竞争压力，他们更倾向于将时间和精力投入知识学习和技能提升上，以期在未来的职业生涯中取得更好的成绩。但很多学生忽视了劳动教育对于个人品格塑造、社会责任感培养等方面的重要作用，对劳动教育的认知存在明显的偏差。他们对于劳动教育的理解往往停留在表面，认为它只是一种形式主义的课程，无法真正学到有用的知识和技能。这种认知偏差的原因是多方面的。

首先，现代社会的价值观导向使学生更加关注个人成就和利益，而忽视了劳动对于社会整体发展的重要性。他们认为只要掌握了足够的知识和技能，就能够轻松地应对未来的工作和生活，却忽视了劳动教育对于培养社会责任感、团队合作精神以及创新能力等方面的积极作用。

其次，学校和社会对劳动教育的重视程度不够。在当前的教育体系中，劳动教育往往被视为一种附属品，缺乏必要的投入和关注。学校往往注重学生的学业成绩和技能培养，忽视劳动教育对于学生全面发展的重要性，社会上也缺乏对劳动教育的关注和宣传，使学生无法真正了解劳动教育的意义和价值。

最后，劳动教育资源的不足也是制约其发展的一个重要因素。在一些地区和学校，由于经济条件的限制，劳动教育的设备和场地无法得到充分保障，学生难以亲身体验到劳动的乐趣和成就感。同时，劳动教育的师资力量也相对薄弱，缺乏专业的劳动教育教师，使劳动教育的实施质量和效果受到一定的影响。

第七节　数智技术的风险冲击

数字化技术的全面应用为教育领域带来前所未有的变革，尤其是在劳动教育模式的实施和评价机制的优化方面。但任何事物都有其两面性，数字化技术的快速发展带来的挑战，尤其对高校学生劳动观念产生了影响。

一、数字化渗透淡化了学生知行合一的劳动观念

在数字化浪潮的席卷下，现代社会的生活方式和价值观念正在发生深刻的变化。尤其对于年轻一代来说，数字化渗透不仅改变了他们的学习方式，更在某种程度上淡化了他们知行合一的劳动观念。随着科技的快速发展和人民生活水平的逐步提高，学生对劳动的认知和态度正在发生微妙的变化。

（一）当前学校教育中应试教育的影响

在当今社会，我们不难发现，许多学校和家长过分强调学生的考试成绩，将分数视为衡量学生能力的唯一标准，却忽视了劳动教育在个体成长中的重要作用。这种应试教育导向不仅限制了学生的全面发展，更在一定程度上扭曲了他们对劳动的看法。

首先，过分强调考试成绩导致学生缺乏实践能力和创新精神。在应试教育的压力下，学生往往只关注书本知识和考试技巧，而忽视了实际操作和动手能力的培养。他们缺乏将理论知识应用于实际问题的能力，也缺乏独立思考和创新的勇气。这种教育方式培养出的学生往往只擅长应试，却难以适应社会的多元化需求。

其次，应试教育导向也扭曲了学生对劳动的看法。在一些家长和教师的观念中，劳动似乎是一种低人一等、不值得追求的活动。他们更倾向于将时间用于学习和应试，而不是参与劳动实践。这种观念导致学生缺乏对劳动的尊重和热爱，甚至将劳动视为一种负担或惩罚。有些家长甚至将劳动作为对子女的惩罚手段，这无疑加剧了孩子对劳动的抵触心理。

实际上，劳动教育对学生的成长具有重要意义。劳动可以帮助学生锻炼动手能力，提高实践能力，培养他们的团队协作精神和责任心。同时，通过劳动实践，学生可以更深入地了解社会和生活，增强对社会的认知和理解。此外，劳动教育还有助于培养学生的创新精神和解决问题的能力，使他们更好地适应未来社会的发展。因此，应该重新审视应试教育导向的弊端，重视劳动教育在个体成长中的重要作用。学校和家长应该鼓励学生积极参与劳动实践，培养他们的劳动技能和劳动精神。同时，还需要加强对劳动教育的宣传和推广，让更多的人认识到劳动教育的重要性，共同推动学生的全面发展。

（二）人工智能设备的普及与应用

随着科技的日新月异，智能设备已经如雨后春笋般涌入人们的日常生活，为人们带来了前所未有的便捷。智能手机、智能手表、智能家电等各类设备，它们凭借先进的技术和智能化的功能，使我们的生活变得愈发轻松。然而，这些智能设备的普及在一定程度上改变了我们的生活方式，甚至影响了我们对劳动价值的认知。

智能设备的广泛应用使许多传统劳动变得不再必要。以前，我们需要花费大量时间和精力去完成的琐碎任务，如今只需通过简单的操作，就能轻松完成。例如，智能家居系统可以自动调节室内温度、湿度和照明，让我们无需再亲自去调节各种设备；智能扫地机器人则可以自动清扫地面，让我们从繁重的家务劳动中解脱出来。这些设备的出现极大地减轻了我们的负担，使我们有更多的时间和精力去关注其他更有意义的事情。

然而，智能设备的普及也带来了一些负面影响。一些学生开始过分依赖这些设备，将原本需要自己亲自动手完成的任务，如写作业、整理房间等，都交给了智能设备来完成。他们渐渐忽视了劳动的价值和意义，认为劳动是一种低效率、低价值的行为。这种观念的形成不仅影响了他们对劳动的态度，还可能对他们的成长和发展产生不利影响。

劳动是人类社会进步的基础，它不仅仅是一种生存手段，更是一种精神追求。通过劳动，我们可以锻炼自己的意志品质，培养自己的责任感和使命感。同时，劳动还能让我们更好地理解生活的艰辛，珍惜来之不易的成果。因此，不能因为智能设备的普及而忽视劳动的价值和意义。

为了纠正这种错误的观念，需要加强对学生的劳动教育。学校应该注重培养学生的劳动习惯和技能，让他们了解劳动的重要性和价值。同时，家长也应该在家庭教育中注重培养孩子的独立性和自主性，让他们学会自己动手解决问题。此外，社会也应该营造一种尊重劳动、崇尚劳动的氛围，让每个人都能够认识到劳动的价值和意义。

（三）智能社会的出现

在快速发展的智能社会中，科技的进步使许多传统行业和岗位正在被机器和算法所取代，这无疑给学生对劳动的认知带来了更为复杂和多元的视角。一方面，他们深刻认识到劳动在现代社会中的重要性和价值，是推动社会进步、创造美好生活的基石；另一方面，他们也敏锐地觉察到劳动的形式和内容正在发生深刻的变化，传统的体力劳动正逐渐让位于智能化的生产方式。

在这种背景下，高校学生对"劳动创造美好生活"这一传统观念的认知逐渐淡化。尽管在理论上，他们普遍认同劳动的价值和意义，认为无论是体力劳动还是脑力劳动，都是社会发展的重要组成部分，都应得到尊重和认可。然而，在实际行动中他们往往缺乏主动性和积极性，对参与劳动持有一种消极的态度。

这种现象的产生，一方面源于学生对劳动形式的误解。他们认为，随着科技的发展，许多体力劳动已经被机器所取代，而脑力劳动则更加重要和有价值。因此，他们更倾向于从事与自身专业相关的脑力劳动，忽视了体力劳动的价值。另一方面，学生对劳动内容的认知也存在偏差。他们认为，只有从事高技能、高收入的劳动才能体现自身的价值，对于一些看似简单、低收入的劳动则不屑一顾。

然而，这种知行不一的现象实际上反映了学生在劳动观念上的矛盾和困惑。他们既希望实现自我价值，又担心在劳动中失去自我；既渴望创造美好生活，又害怕劳动的艰辛和付出。这种矛盾心理使他们在面对劳动时往往犹豫不决，难以付诸实践。为了帮助学生树立正确的劳动观念，高校应该加强劳动教育，引导学生认识到劳动的重要性和价值。

二、数字化应用割裂了体力劳动和脑力劳动

数字化应用无疑已经深刻改变了传统劳动分类的界限，使原本分明的体力劳动和脑力劳动之间的界限逐渐变得模糊。在传统的观念中，劳动被明确划分为体力劳动和脑力劳动两大类别，然而，随着科技的飞速发展，尤其是数字化技术的广泛应用，这一传统分类方式正面临着前所未有的挑战。

在《陶行知全集（第2卷）》中，陶行知先生曾对劳动的本质进行了深入的剖析，他认为劳动的本质在于谋求手脑相长，旨在提升自主能力，获取真知，并了解劳动者的甘苦。然而，在工业化进程不断加速的今天，脑力劳动

在人们的生产生活中所占的比重越来越大，逐渐成为人们推崇的劳动形式。这种现象不仅体现在职业选择上，更在高校教育、实习与实训等多个环节中都有所体现。

在高校教育中，数字化技术的应用日益广泛，如虚拟仿真、在线教育等形式的普及，使学生可以更加便捷地获取知识和信息，同时也使脑力劳动的比重进一步增加。然而，这种趋势也带来了一些问题。许多大学生在面对虚拟仿真等数字化劳动形式时表现出浓厚的兴趣，他们热衷于在虚拟环境中进行各种操作和实践，对于需要付出一定体力的实训则显得相对冷漠。这种对体力劳动的轻视和缺乏兴趣无疑影响了他们对劳动的全面认识和尊重。这种现象的出现，一方面是由于数字化技术的普及和应用，使脑力劳动在人们的生产生活中所占的比重越来越大；另一方面也与人们对劳动的认识和态度有关。在一些人眼中，脑力劳动被赋予了比体力劳动更高的价值，他们认为脑力劳动更加高级、更加重要，而体力劳动则被视为低级、简单的劳动形式。这种观念不仅导致了对体力劳动的轻视，也影响了人们对劳动的全面认识和尊重。

然而，必须认识到，无论是体力劳动还是脑力劳动都是人类劳动的重要组成部分，它们各自具有独特的价值和意义。体力劳动不仅能够锻炼身体、增强体质，还能够培养人们的耐心和毅力；脑力劳动则能够提升人们的思维能力、创新能力，推动社会进步和发展。因此，应该摒弃对体力劳动的轻视和偏见，以一种更加全面、客观的态度来看待劳动。同时，需要关注数字化技术对传统劳动分类方式的影响和挑战。虽然数字化技术的应用为我们的生活带来了很多便利和改变，但也需要注意到它可能带来的问题。例如，过度依赖数字化技术可能导致人们缺乏实际的操作能力和实践经验，影响他们的全面发展。因此，在推进数字化应用的同时需要注重培养学生的实际操作能力和实践经验，帮助他们更好地理解和尊重劳动。

三、学生数字技能培养与就业市场不匹配

当前的高等教育体系中，学生数字技能的培养与市场就业的需求之间存在一定程度的不匹配。

在数字化时代，工作环境和技能需求都发生了显著的变化。从环境上看，扁平化的组织结构、人机交互的工作形式以及团队协作的分工方式成为主流。这种变化要求员工不仅要具备扎实的专业技能，还要具备快速适应新环境、新技术的能力。在技能需求方面，随着技术更新换代的速度加快，培训窗口期越来越短，软技能逐渐受到重视。软技能不仅指工作所需的硬性技能，更包括协调能力、管理能力、合作组织能力等。这些技能在数字化时代的工作中具有不可替代的作用。

当前高校组织的专业课实习存在诸多问题，导致学生所学知识与未来就业需求之间存在较大的差距。首先，实习内容往往过于简单，缺乏挑战性。学生很难在实习过程中真正运用所学的专业知识，导致他们的实践能力得不到有效提升。其次，有关数字化技能的培训更多停留在技能展示层面，缺乏实际训练操作。学生在学习过程中更多地采用观摩或模拟的方式，很难真正掌握数字化技能的核心要义。最后，数字化技术应用范围广泛，仅仅依靠书本上的案例或在实习时观摩无法满足未来就业的需要。

四、部分大学生劳动价值观偏误

当代大学生作为"网生一代"[①]，在数字化的浪潮中成长，对数字化有着天然的好感和接受度，他们善于利用数字化工具开展劳动，提高了工作效率，同时也拓宽了劳动的领域和方式。但在数字化时代，大学生的劳动价值观也面临着一些挑战和异化现象。

（一）轻视传统劳动

一些大学生认为数字化劳动才是高端、前卫的劳动方式，而传统劳动则显得过时、低端，这种观念显然是片面的。从古至今，社会生产力的发展推动了劳动手段、劳动工具的升级，从纯手工劳动到机器劳动的转型，数字化直接推动了劳动向智能化转变，这是历史发展的客观规律和必然趋势。但就

[①] 张建，杨帅.大学生"手机控"现状调查与对策分析[J].西南民族大学学报（人文社科版），2019（1）：143-151.

劳动者本身所从事的劳动而言，并没有高低贵贱之分，无论是体力劳动还是脑力劳动，无论是传统劳动还是数字化劳动，都是社会发展的重要组成部分，都值得尊重和鼓励。

（二）急功近利的思想

在数字化时代，信息传播速度极快，一些成功的案例和故事很容易吸引人们的眼球。在这种背景下，有的大学生对日常的劳动失去兴趣，只想追求快速成功和名利，他们希望通过直播、短视频等数字化平台一夜成名，实现自己的"网红"梦想，但这种急功近利的劳动思想往往忽视了劳动的本质和价值，也容易导致他们在未来的职业发展中陷入困境。

我国"智育至上"的思想由来已久。高等学校在教学过程中，对学生文化课成绩相对关注，将智力教育作为教学重点，造成劳动教育所获得的资源较少，进而导致学生整体性发展受到约束，综合素质的提高面临冲击。受"劳心者治人，劳力者治于人"等传统思想观念的影响，许多人轻视体力劳动，甚至将体力劳动作为惩戒的手段，忽视了劳动教育所蕴含的精神价值。这使劳动教育成为强加给学生的东西，快乐劳动变为被动劳动，造成大学生主动劳动的意识不强，劳动态度消极。此外，伴随着经济社会的快速发展，全球化的不断深入，拜金主义、享乐主义侵蚀着大学生的价值观，使他们对于劳动的理解变得世俗化、金钱化、功利化。

（三）在数字化洪流中迷失自我

数字化为大学生提供了便捷的娱乐消遣方式，他们往往利用碎片化时间观看智能手机，沉浸在各种信息和娱乐中。在面对数字算法的精准推送，他们往往容易陷入"信息茧房"，难以自拔，过度依赖数字化工具，忽视现实生活中的交往和体验，从而导致精神世界的空虚和迷茫。在数字化时代，每个人都成了上网的独立个体，或者说被网络异化为信息传递的节点。人们可以发布信息、分享信息，而一旦发布或分享，自身就会成为信息传递的节点。海量信息每天都在更新，即便是人们发布的一些无用的信息，也被互联网保存。如此一来，人们似乎活在信息更新的逻辑链条里，而不是活在现实世界里。毕竟，网络会虚拟现实，会创造一个虚拟的现实世界，让人们沉迷其中。

学生们迷茫了，不再到图书馆借阅图书，而是到网络游戏中打打杀杀，到网络游戏中充值。很多网络交流都用键盘打字，不管是手机的虚拟键盘还是电脑的真实键盘，现在还出现了语音输入，更加快捷，严重影响了学生对文字的理解和运用能力。交流当然以实用为主，但长期交流都用大白话，甚至用一些通用文字代替家乡话独特发音的文字，就更是以讹传讹了。人们似乎迷茫了，并不知道已经被互联网异化了。

第六章　新时代高校劳动育人的优化路径

劳动教育是高校落实立德树人根本任务的重要内容。新时代加强大学生劳动教育是实现中华民族伟大复兴的必然选择，是深化高等教育教学改革的客观需要，同时也是促进大学生成长成才的本质要求。当前劳动教育还存在着教育观念的保守僵化、教育内容的单一枯燥、教育方式的错位异化、教育条件的保障滞后、教育评价的标准缺乏、课程实施的效果不佳、数智技术的风险冲击等现实问题。对此，应该重点在纠正大学生关于劳动的错误思想认识、丰富劳动教育内容、创新劳动教育方式、提供劳动教育条件、创新劳动教育评价、强化劳动课程治理、注重数智伦理等方面狠下功夫，使大学生在劳动实践活动中既生产物质资料、创造精神财富，又习得劳动技能，树立正确的劳动价值观，在日常生活、学习、工作中自觉主动参与劳动，用实干助力中华民族伟大复兴。

第一节　更新思想观念，提升劳动教育地位

一、以劳动教育为基础，构建家校社协同育人机制

高校育人工作的开展需要劳动教育的支持，从而能为学生实现全面发展提供保障。但是这一工作的开展还需要多方的配合，并且结合循序渐进的原

则，促使高校教育教学工作的有序进行。其中需要构建家庭、学校和社区为一体的协同育人机制，促使各个参与方能发挥自身的教育价值和优势，对大学生进行共同教育，促进劳动教育的深化，彰显思政教育的优势，有助于学生的发展。

首先，家庭教育是根本。因为家庭教育对于学生有先天的教育优势，且家庭环境对于学生劳动态度也有直接的影响。父母能够为学生树立榜样，尊重劳动，对孩子进行引导，促使孩子能够参与到劳动中，让学生能够掌握生活技能，并且在良好的家庭氛围中，子女劳动的积极性也会提升，进而能够培养子女的良好习惯。

其次，学校做好劳动教育工作。发挥管理作用，从学生劳动素质的形成入手，对学校劳动教育职责进行详细划分，注重合理应用劳动资源，强化劳动教育的同时，促使学生形成正确的劳动观念。从劳动教育评估建设等方面分析则需要关注劳动教育系统的合理化设计，彰显劳动教育的地位，将劳动教育有效融合在思政教育中，促进劳动教育与思政教育融合。

最后，发挥社区效能。注重彰显社区工作价值，做好工作推广，以社区工作中的劳动教育资源对学生施加影响。定期组织实践活动，引导学生参与，利用专业知识，服务社会大众，帮助学生获得良好的劳动体验，且感受到自身的价值，提升专业技能，也能强化学生的社会责任感。

二、以思政教育为引领，建立"三位一体"劳动育人模式

为促使劳动教育与思政教育的深度结合，还需注重思政教育的引导性作用，保障思政教育深度，在符合实际发展的基础上，进一步拓展劳动教育广度，并且始终坚持全面育人的发展原则。从课堂教学、实践活动以及平台构建入手，构建"三位一体"的劳动教育模式，从而为学生的全面发展提供保障。

首先，做好课堂重构工作。为了提升劳动育人成效，高校要注重在人才培养计划中融合劳动教育，定期邀请劳动教育专家举办讲座，结合多种教学方式，深化学生劳动体验，为学生形成劳动观念奠定基础，也能提升教学质量。

其次，组织实践活动。在劳动教育的实施中，做到知行合一，通过实践活动，获得良好体验，从而提升学生幸福感，也是促使学生热爱劳动的一种形式。在组织实践活动过程中，注重组织主题活动，比如劳动月，为学生提供劳动实践机会，且能够在活动中养成良好的习惯，促使学生形成自强观念，也能形成劳动自觉意识。充分利用校园勤工助学机会，促使学生充分意识到劳动无贵贱的道理。此外也需要组织与劳动相关的竞赛活动，帮助学生对专业知识了解，促使学生职业认同感提升，也为学生创新力的发展提供保障，对于学生进行深度探索形成工匠精神奠定基础。

最后，搭建劳动教育平台。注重应用技术载体，强化劳动教育，促使劳动教育与思政教育的深度结合，提升学校育人能力。在构建平台的过程中要注重对劳动教育的拓展，将其渗透在专业课程中，促使学生尽快进入到学习中，使其愿意进行钻研，且将劳动教育当成自我锻炼的平台。在劳动教育实施中，要做到以劳强体，结合学生实际生活，注重学生身心发展，提升学生身体素质，为学生的未来就业提供保障。在劳动教育实施中，还需要做到与时俱进，将劳动教育深度融合在教育教学工作中，促使学生能够在劳动中发现生活中的美，形成良好的生活态度，同时能对周边的人产生积极的影响。

三、以学生能力为依据，构建分层劳动教育教学体系

在实施劳动教育的过程中要注重以学生为主，结合学生能力以及学生当前的情况，构建符合学生全面发展需求的教学体系，才能实现劳动教育与思想教育的融合。

首先，以分层教学方法为主，确定劳动教育内容。因为劳动教育是系统性工程，高校在实施教育的过程中需要对不同能力的学生进行关注，掌握学生思想特征，注重劳动教育融合，形成以学生发展为核心的劳动教育与思想政治教育结合体系，促使劳动教育能够全面融合在思政教育中。比如，针对大一学生，要注重帮助学生在适应大学生活的基础之上，注重对学生劳动习惯的培养，紧抓培养关键期，将培养学生劳动价值观作为现阶段的主要任务。针对大二学生则需要组织实践活动，磨练学生劳动意志，促使学生劳动品格的形成，能够在社会实践中获得直接体验，激发学生劳动情感。针对大三学

生，则需要做好就业规划，帮助学生明确方向，促使学生形成职业梦想，从而能够促使学生形成工匠精神。

其次，分层构建劳动教学模式。在教学中要注重对学生进行专业教育，促使学生技能提升，在掌握教育规律的基础之上，还需要结合学生的实际情况构建分层教学模式。为此要注重在各个年级中，结合专业要求融入劳动教育，实施思政"劳育"，关注劳动技能传递，促使学生重点掌握劳动知识。在教学中通过理论结合实践的方式，促使学生技能提升，在学习中也能通过实践的方式体验劳动，并且能够深切地感受到劳动的实际作用，从而促使学生能够在具体活动中感受劳动教育的意义。在高校中注重将劳动教育融入思政教育中，以思政教育为主线，辅以劳动教育，构建全新的教学模式，将职业内容全面体现在教育中，促使学生能够接受更全面的教育，发展学生的能力，促使学生能够在劳动中形成工匠精神，让学生在社会实践活动中可以更好地体验劳动，并且从中积累更多的工作经验，进而提升学生的专业技能。

四、以教师为推动主力，优化师资队伍结构的层次性

人才培养活动的开展需要教师的推动，劳动教育融入大学生思政教育中也需要教师进行重新组织和构建，因此更需要专业水平高，综合能力强的教师队伍，从而能够在大学生思政教育中融入劳动教育奠定基础。当前，受到经济社会发展的影响，高校的育人工作需要实现跨越和转型，从而提升人才培养质量，所以提升教师队伍素质是当前的重要工作内容。劳动教育是独立学科，对于学生成长以及社会发展影响重大，为此需要专业教师组织教研工作，结合学校发展，以及劳动教育融入思政教育的实际需求，从理论层面和实践层面，建立起完善的教学体系。对于教师队伍，也需要结合要求，制定培养方案，保障针对性，且注重开展专门的劳动教育课程，提升学科建设水平，培养专业人才。此外，对教师层次结构的优化，还需要注重做好人才引进工作，提升整体专业水平，为劳动教育融入思政教育提供可靠的助推力量。师范院校作为教师人才培养的主要阵地，也需要结合具体要求，构建"双师型"教师队伍，组织科学的教育活动。

第二节　丰富教育内容，供给劳动教育要素

在大学生劳动教育过程中，高校需要积极作为，通过多方面的措施引导大学生树立正确的劳动观念，提升劳动技能，培养具有劳动精神的新时代青年。

一、丰富劳动教育的内容

（一）扩大劳动教育内容的范围

在过去，劳动教育内容的设定主要基于当时社会现实的需求，其核心在于培养大学生的劳动技能和劳动生产知识。然而，随着生产结构的不断升级和劳动形态的演变，传统的劳动教育内容已无法完全满足新时代的发展需求。

在数字劳动成为主导的新时代背景下，劳动教育的重点已不再局限于具体生产劳动技术的培养与训练。相反，它更加注重整合平台资源，对数据进行分析与记录，使每一位数字劳动者都能充分发挥自身的劳动价值。在此过程中，大学生不仅能提升劳动素养、丰富劳动体验，还能将个人的思考、感悟和独特个性融入劳动之中，从而进一步拓展劳动教育的内容范畴。

此外，随着社会的不断进步，闲暇教育和消费教育也应纳入劳动教育的体系之中。通过劳动教育，可以引导大学生树立正确的消费观念和时间规划意识，为他们的全面发展奠定坚实基础。因此，数字劳动主导下的劳动教育内容不仅顺应了时代发展对教育提出的变革要求，更是贯穿于教育的始终，有效扩大了教育容量，丰富了教育内容。

（二）丰富人工智能时代的劳动教育内容，促进新旧融合

教育内容的逻辑性与教育对象的契合关联，是提升教育效果的关键所在。学生应善于利用自身独特的知识储备，将其作为整合、理解、保持和组织新知识体系的基石，从而构建稳定且清晰的劳动认知体系。在智能时代背景下，劳动教育内容呈现出新旧交融、形式多样、来源广泛的复杂态势。

首先，高校劳动教育应重视传统劳动教育的基础性和先导性作用，通过

强化传统劳动技能教育，锻炼学生的体魄，并引导他们深刻体验体力劳动的辛劳与快乐、独特创意及蕴含的深厚情感，进而树立正确的劳动观念和培养吃苦耐劳的劳动品质。

其次，高校劳动教育应紧密结合智能时代对劳动的新要求，将每位大学生的学科专业背景和日常生活习惯相契合，将教育内容与社会生产实践相结合，真正实现因材施教，来提升教育内容与学生实际的契合度。通过劳动教育，使大学生能够掌握专业技能，领悟劳动的意义，并优化劳动价值观。

最后，基于智能时代的新需求，应充分利用大数据与云计算技术，对海量的关于劳动的碎片化文本、图片、音频、视频等资源进行统计分类，整合传统劳动内容与新型劳动内容的劳动知识、劳动情感、劳动价值等内在要素，构建横向结构清晰、纵向体系明确，且重点突出、协调统一的有机整体。这将有助于学生重构和迭代更新个人知识图谱，积累职业经验，并发展出能够主动应对未来劳动需求的创造性劳动能力。

二、完善劳动教育课程框架

（一）显性课程中的劳动教育

显性课程中的劳动教育主要采取两种形式，即专门设课与融合课程相结合。各高校依据自身的学科特色及教学场景，在必修课、素质教育选修课及任意选修课中均设有劳动教育相关理论课程。

第一类显性课程，指的是在素质教育选修课和任意选修课中特别开设的劳动教育课程，这是课堂劳动教育的一种重要途径。此类课程包括劳动教育通论课、劳动专题讲座等，主要以讲授形式进行，并要求学生有相应的经历体验。其目的在于强化马克思主义劳动观教育，深化新时代劳动价值观教育，并普及与学生职业发展紧密相关的通用劳动科学知识，涵盖劳动伦理、劳动法律、劳动关系、劳动保障、劳动安全卫生等多个方面。尽管此类课程本质上属于劳动理论课程，但在课程设计和实施过程中实际操作环节相对较少，因此并非完全的劳动教育课程。

第二类显性课程，指的是涉及实际动手操作的劳动教育相关实践课程，这些课程包括探究式、项目化、综合性及创新性劳动实践活动，如科学研究课程、实习课程、实验课程、实训课程以及田野调查等。此外，还包括具有鲜明创作特色的艺术课程，如绘画、雕塑、舞蹈、戏剧等。在这类课程中，专业教学与立德树人和劳动教育内容有机结合，旨在实现劳动教育的总体目标。特别是本科生科学研究课程，自20世纪末引入中国高校以来，已成为一种典型的探索性劳动实践。

第三类显性课程，则是高校基于自身学科和专业特点，将劳动教育融入专业教育、思想政治教育、创新创业教育、职业生涯教育及就业指导等教育教学活动中，形成融合课程。例如，人文、社科类专业可以推广服务性学习，发挥志愿服务等劳动实践活动的育人价值；理工类专业则可以结合专业实验、生产实习、科技竞赛等，基于产教融合开展创新性劳动实践，构建动脑思考与动手操作相结合的专业教育体系，全面提升学生的专业劳动能力与素养，并强化敬业、诚信、创新、奋斗、合作、奉献等新时代劳动精神。

关于大学显性课程的分类逻辑，尽管存在多种观点，但其中一种主流分类方式是将课程划分为通识课程和专业课程。有观点认为专业课程应专注于专业内容，不应包含劳动教育课程，劳动教育课程应仅限于通识教育课程中。然而，这一观点需经深入分析。以北京大学考古专业为例，其三年级上半学期设置的"田野考古实习"课程，作为一门专业课程，要求学生与工作人员一同在考古现场挖掘、整理文物，这一过程中学生直接面对考古现象，充分实现了劳动教育的目的。因此，大学劳动教育课程不仅可以在通识教育课程中设置，也广泛存在于专业教育课程中，且主要以融合课程的形式呈现。

（二）隐性课程中的劳动教育之一：校园内劳动教育实践

隐性课程作为大学教育中不可忽视的重要课程形式，对于激发学生的相关学习与伴随学习具有显著作用。因此，大学应当围绕劳动教育的核心目标，对隐性课程进行系统和精心的规划与设计。

在校园内部，蕴含着丰富的真实劳动机会。学校应当系统地梳理这些劳动资源，通过勤工俭学、公益服务等多种方式，为学生提供广泛的劳动参与机会。这不仅能使学生在劳动实践中得到锻炼，还能促使他们在劳动间隙和劳动结束后进行深入的反思与总结，进而提升他们在劳动中发现新问题以及创造性地解决问题的能力。

校园内的劳动教育实践形式多样，既包含以体力劳动为主的宿舍、食堂、教室和校园卫生维护、绿化、安保等工作，也涵盖体力和脑力相结合的各类助研、助教和助管等任务。此外，还包括校园内的公益劳动（志愿服务），如导游服务、秩序维护、展览讲解等。这些劳动实践形式不仅有助于培养学生的劳动技能，还能促进他们的全面发展。

（三）隐性课程中的劳动教育之二：校园文化机制建设

校园文化具有导向、规范、激励、凝聚和交流等多重功能，是校园精神风貌的重要体现。为了大力弘扬劳动精神，培育尊重劳动、崇尚劳动的良好风尚，应积极营造浓厚的校园文化氛围。通过开展与劳动密切相关的社团活动，举办劳动技能竞赛和劳动成果展示交流等活动，让学生在参与中体验劳动的艰辛与快乐，激发他们内在的劳动需求和动力。

结合植树节、学雷锋纪念日、五一劳动节、志愿者日等重要节点，应深入开展劳动主题教育活动，引导学生树立正确的劳动观念，培养他们良好的劳动习惯。同时，充分发挥优秀学生在引导学生成长、塑造劳动价值观方面的积极作用，通过他们的榜样力量，影响和带动更多学生树立正确的劳动观念。在全日制学生群体中，应积极吸纳具有真实劳动经历的学生，通过他们的亲身体验和感悟，影响和带动周围同学形成正确的劳动价值观。为此，鼓励高校通过自主招生渠道，根据学科特点录取少数劳动模范、退伍军人和其他优秀劳动者成为全日制学生，为校园注入新的活力。此外，还应鼓励普通高校以学分制修读方式录取部分正在工作的非全日制学生，让他们将实践经验与理论知识相结合，提升综合素质。同时，积极创造机会，促进参与创新创业、勤工俭学、公益服务、参军复员等活动的同学发挥同伴效应，形成与劳动教育目标相契合的良好氛围。

在劳动教育改革方面，大学可以通过学分制模式为学生一边工作、一边读书创造条件。这不仅是当前劳动教育改革的前沿和难点，也是推动学生全面发展、提升劳动教育质量的重要举措。然而，这一改革涉及多个方面的制度变革，包括学分制收费制度、医疗保险制度、住宿收费制度以及大学生意外保险制度等。因此，需要在教育财政和管理制度层面进行深入研究和探索，为劳动教育改革的顺利推进提供有力保障。针对高职教育中先行暴露出来的问题，本科教育应引以为戒，及时跟进改革步伐。在管理制度方面，传统以全日制、住校学生为主要对象的管理模式已难以适应劳动教育的发展需求。因此，需要对传统管理制度进行修补和变革，以适应劳动教育的新形势和新要求。包括调整学生管理制度、完善课程体系、加强实践教学等方面的工作，以确保劳动教育在校园内的全面深入实施。

（四）隐性课程中的劳动教育之三：社会真实劳动机会拓展

全日制学生在校期间，应鼓励其积极参与校外实习、实训、调研及科学研究活动，参与真实且有报酬的勤工俭学，以及校外公益志愿服务。同时，应引导学生深入田间地头、车间、工地、商场、医院、公共卫生防疫等劳动场所，以及城乡社区、福利院等公益服务场所，以丰富其实践经验，提升社会责任感。

此外，应鼓励全日制学生选择中断学籍（休学），在间隔年（Gap Year）中专注于真实劳动体验，包括但不限于参军、支教、创新创业等活动。政府机构应发挥表率作用，提升政府实习生的比例，以促进学生的真实管理劳动能力的提升。例如，在2020年2月抗击新冠肺炎疫情期间，北京大学公共卫生学院流行病与卫生统计学系的9名研究生作为国家疾病预防控制中心的志愿者，参与数据研究与统计工作，便是公益志愿服务劳动的典型案例。在这一特殊时期，参与公益志愿服务劳动的学生案例屡见不鲜。

学生在完成真实劳动后，需撰写总结、考察报告及反思日记，并结合反馈与教育评估，使劳动成果转化为有效的劳动教育。通过真实劳动经历与校内理论学习的相互补充与激发，共同促进学生全面成长。

三、构建"三位一体"的劳动教育共同体

劳动教育的有效实施不仅要依靠学校教育的力量，更需要教育行政部门的政策保障，以及社会各领域的行动支持。通过构建学校、家庭和社会"三位一体"的劳动教育共同体，可以形成全社会共同关心和支持的教育合力。

在学校教育方面，高校作为培养高素质人才的重要基地，应当肩负起开展劳动教育的重任。学校应当制订具体的劳动教育计划，将劳动教育纳入课程体系，确保学生在校期间能够接触到丰富的劳动实践内容。学校还可以通过开展劳动教育主题活动、组织劳动实践比赛等形式，激发学生的劳动热情和创新精神。学校还应加强对劳动教育的评价和反馈，及时总结经验教训，不断完善劳动教育体系。

教育行政部门应当出台相关政策，鼓励和支持学校开展劳动教育。可以通过设立劳动教育专项资金、提供劳动教育师资培训等方式，为学校的劳动教育提供有力支持。同时，还应加强对劳动教育的监督和评估，确保劳动教育真正落到实处。

家庭作为孩子的第一所学校，应当注重培养孩子的劳动习惯和劳动技能。家长可以通过与孩子一起参与家务劳动、引导孩子参加社区志愿服务等方式，提升孩子的劳动素养。社会各领域的行动支持也很有必要，社会团体、企事业单位、社区等单位也应当积极参与劳动教育，为学生提供丰富的劳动实践机会和资源。

在构建"三位一体"的劳动教育共同体过程中，高校应当加强与家庭和社会的互动配合。一方面，高校可以通过新生入学教育等形式，向家长宣传劳动教育的重要性和意义，提升家长的家庭劳育意识；另一方面，高校还可以通过假期安排适当的劳动项目等方式，引导学生参与社会实践和志愿服务活动，培养学生的社会责任感和实践能力。同时，高校还应加强与社会团体、企事业单位、社区等单位的沟通与交流。通过与这些单位建立紧密的合作关系，高校可以获取更多的劳动教育资源和实践机会，为学生提供更加丰富的劳动教育体验。此外，高校还可以通过与企业合作开展实习实训等方式，将劳动教育与职业教育相结合，为学生的职业发展打下坚实的基础。

第三节　创新教育方式，防止劳动教育异化

一、实施劳动教育一体化人才培养机制

当前，要大力推动青少年劳动教育一体化，充分发挥劳动教育的育人功能，才能从根本上提升青少年劳动教育的实效性，促进青少年全面发展。

（一）实施劳动教育一体化人才培养机制的价值意蕴

人的全面发展离不开劳动教育的融合，劳动教育能够弘扬科学劳动观念，传承优秀劳动精神，提高公民劳动素养，进而加快现代化建设进程。青少年是我国未来高素质人才的主力军。因此，构建大中小学一体化劳动教育体系是培育全面型人才的当务之急。

1.构建劳动教育体系明确全面型人才培养目标

劳动教育是全面型人才培养的重要组成部分，随着中国发展进入新时代，为了更好地推进劳动教育长效化发展，需要创新劳动教育新模式，建立劳动教育一体化体系，弥补劳动教育机制的缺失。劳动教育一体化建设是对新时代劳动内涵的把握，有利于明确劳动教育目标，促进我国教育体系的进一步发展。高素质发展的时代新人在具备专业知识的同时，还应具备全面的劳动知识、优良的劳动精神，正确的劳动价值观念，以及适应并促进当今社会经济发展的劳动技能。只有具备高素质、高水平的全面型人才，才能更好地为国家建设贡献力量，为自己创造幸福生活。

2.弘扬科学劳动观念奠定全面型人才培育基础

青少年的全面发展离不开科学的劳动观教育，新时代青少年必须具备适应时代发展的劳动能力，通过劳动教育使青少年的综合劳动素养得到切实提升。要营造良好的社会劳动氛围，就需要塑造青少年正确的劳动观，凸显劳动教育对人才培养的优势。中华文化博大精深，源远流长，优秀的传统劳动精神也是其重要组成部分。劳动精神包括勤俭节约、勤劳奋斗、勇于创新等。这些劳动精神可以培养青少年具备优秀的劳动品质，继承优秀劳动精神，树立正确劳动价值取向。因此，劳动教育与优秀传统文化相

结合，能够让青少年情绪上受到感染，情感上产生共鸣，在劳动中感悟中华优秀传统文化的精髓，切实增强文化自信，进而为培育全面型人才奠定坚实基础。

3."五育"并举实现全面型人才培养机制

推动青少年劳动教育一体化是当前实现"五育"并举最关键的一环。然而，劳动教育一体化建设不可能一蹴而就，需要反复改进才能不断前进。因此，必须遵循其客观规律，有计划、有目标地进行青少年劳动教育一体化建设。人的全面发展需要实施教育一体化，从而发掘人的劳动主动性。因此，在教育中加入劳动教育，可以更好地促进青少年全面发展，提升整体公民素质。通过劳动教育一体化建设，向青少年系统地传授劳动技能，能够锻炼其动手能力，培养其创新能力，提升青少年的交往能力，促进青少年的全面发展。青少年的全面发展建立在良好的知识传输和技能传授的基础上，这就要求在基础教育中重视劳动教育。数字化时代，学生的学习形式与内容都发生了巨大的改变，但是劳动教育对青少年教育以及全面型人才培养的意义不会改变。因此，实施青少年劳动教育一体化是对传统素质教育的进一步完善，也是全面型人才培养的必由之路。

（二）劳动教育体系不完善对全面型人才培养的影响

受应试教育影响，学校对劳动教育重视程度不够，导致学生的动手能力较差，无法将理论知识很好地应用于实践。同时，部分教师缺乏正确劳动价值观，造成劳动教育观念落后，路径单一，使全面型人才培养受到了不同程度的影响。

1.教育与生产劳动相分离对人才培养的影响

劳动教育的特殊性要求不仅塑造学生的思想情感，更需要学生身体力行与实践。但从当前的教育现状可以看出，劳动教育忽视了对青少年劳动技能的培养，而是侧重于劳动精神的宣传以及劳动知识的传授。在部分劳动教育课堂中出现氛围沉闷、活跃度低、学生没有学习兴趣等问题。教学方式也过于固化，没有将理论与实践相结合，学生无法亲身体会，只能观察劳动行为，倾听劳动知识。因此，要改变劳动教育理念，让青少年投身劳动教育实践当中去，使劳动教育成为促进青少年全面发展的有效方法。

2.劳动自主性匮乏对人才培养的影响

一方面，享乐主义对青少年的影响不可忽视。部分青少年只关注拥有财富多少而不去关注对社会贡献大小，导致青少年劳动观念淡薄，缺乏劳动精神，不愿脚踏实地工作，对劳动教育及活动持消极态度，缺乏主动参与劳动的热情，在劳动过程中遇到问题敷衍了事，不愿承担责任。另一方面，当前青少年成长环境是知识经济时代，他们成长中接触更多的是脑力劳动，这使他们被动接受了脑力劳动的重要性，而忽略了劳动的本来意义，导致青少年劳动意识淡薄，对劳动价值的理解有偏差，不能真正理解劳动教育对自身成长的意义，不能主动把知识应用于实践。

3.劳动教育路径单一化对人才培养的影响

部分学校在劳动教育课程设计上缺乏创新、知识固化、与现实生活脱离，导致学生被动接受劳动教育知识，不利于劳动教育的开展。而且青少年各年龄段的劳动教育内容缺乏衔接，教材内容较为陈旧。当前劳动教育往往是学校的单方努力，缺乏与家庭和社会的有效结合。劳动教育的评价体系也较为单一，对劳动知识的考核一般通过试卷的形式来实现，较少对青少年的劳动进行评价。部分学校用同样的评价标准去评价不同年龄阶段的学生，对于青少年劳动素养评价多由老师评判，主观性较强，往往培养出劳动理论知识丰富但动手能力不强的学生。劳动素养评价体系过于形式化，评价结果不准确，在一定程度上阻碍了全面型人才的培养。

（三）构建全面型人才培养机制下劳动教育一体化路径

推进我国劳动教育一体化建设，需要家庭、学校、社会多方共同协作，大力弘扬劳动价值，使青少年真正懂得劳动的意义。同时，也要注意内容创新，以适应时代发展的需求，转变教育方式，建立多样化的教育结构，使劳动教育对人才的培养不再局限于理论知识教学。

1.学校、家庭、社会"三位一体"共同协作

学校教育是家庭教育的系统深化和理性提升，社会教育是检验学校教育有效性的平台和领域。因此，学校教育必然会受到家庭、社会等外部力量的制约与影响。

首先，家庭是青少年最开始接受教育的地方，对孩子的道德观的形成及

发展起着重要的作用。确立家庭在开展劳动教育中的重要地位，才能更好地建设我国青少年劳动教育体系。家长应锻炼青少年的日常生活劳动技能，鼓励孩子努力去做家务，帮助孩子树立劳动意识，培养劳动精神，养成热爱劳动的习惯，是培养孩子勤劳敬业，热爱劳动的有效方式。

其次，学校要建立完善的劳动教育鼓励体系，制定一套完整的评价标准，建立多方位、多元、多效的评价体系，把劳动素养评价作为青少年评优的重要依据。同时，也要建立一套劳动教育奖惩机制，通过奖惩制度引导学生树立尊重劳动、热爱劳动的理念。在劳动教育中培养青少年的社会责任意识，使其把自身的理想融入社会建设中去，深刻理解接受劳动教育对个人成长以及社会建设的重要意义，主动积极地参加劳动，提升劳动技能。

最后，要鼓励青少年积极参加社会劳动，总结反思自己的劳动实践。同时，要加强"工匠精神""劳模精神"的宣传，树立劳动榜样，宣传劳动精神，鼓励青少年学习劳动模范，激发社会劳动意识，树立社会责任感。提倡青少年通过社会活动，拥有劳动体验及感受，学习劳动知识，进而提升自身的劳动技能。

2.大力推行劳动价值教育

一方面，在日常学习生活中培养正确的劳动价值观念。青少年只有拥有了正确的劳动价值观念，所掌握的劳动能力才能更好地应用到社会生活中去。在幼儿园阶段就要注重对孩子劳动意识的培养，让其在日常生活小事中学会自立，感受劳动所带来的快乐，体会劳动所带来的光荣感，进而养成劳动习惯。在小学阶段要使学生养成认真负责，吃苦耐劳的品质，以及积极主动承担劳动任务的观念。在中学阶段要大力宣扬"工匠精神"使青少年树立正确的劳动观念。在大学阶段要让学生真正体验劳动，注重劳动技能实操性培养，丰富学生的劳动知识。

另一方面，通过劳动教育使全面型人才培养劳动观真正融入校园文化中。学校应组织开展与劳动相关的主题活动，如进行劳动模范评比，劳模故事分享等，使学生切实感受劳动的价值。还可以在校园内进行广播、征文、拉条幅写宣传标语等多种方式，大力宣传劳模精神、工匠精神，继承并发扬中华民族优秀劳动精神。在青少年中营造一种崇尚劳动、尊重劳动的文化氛围，使青少年真正地理解劳动价值。全面型人才培养机制下的劳动教育，最根本的目的就是提高劳动素养以及培养正确的劳动价值观念。当前的劳动教育是一种价值观教育，要大力宣传劳动价值，使青少年真正理解劳动的意义。

3.建设全面型人才培养的劳动教育机制

通过教育方式的转变以及教育结构多元化的设置，使劳动教育不再拘泥于理论课程中劳动知识的传授。应将教育与生产相结合，让青少年投入劳动实践中去，在劳动实践中认识理解劳动知识，在正确的劳动认知下指导实践。

第一，劳动教育方式多元化。多种劳动教育方式同时进行，能够让青少年全面接受劳动教育。教育者可以应用互联网信息技术手段，多媒体教学，网络评价机制，以及线上线下多种教育手段，有效实施劳动教育。想要激发青少年参与劳动的积极性及自主性，不能仅靠学校的单一努力，要将社会、学校和家庭结合起来，形成一种多元的教育结构。

第二，劳动教育内容多元化。当前劳动教育致力于促进青少年的全面健康发展。因此，劳动教育要注重不同年龄阶段青少年的身心发展状况，以及认知能力和接受能力。在教学内容的设置上要规划好不同年龄阶段的劳动教育内容，注重青少年的差异性。劳动教育的内容要更为广泛，应涉及经济、科技、军事、家政、生产等多重领域，根据不同年龄青少年的接受能力，设置不同的难度，构建一个多元化、一体化的劳动教育内容体系。劳动教育内容应该与时代发展相结合，与经济发展相适应。因此，劳动教育内容应该具有现实性和时代性特点，让青少年能够在掌握传统劳动技能的同时适应时代发展。

第三，教育评价体系多元化。要坚持劳动教育评价体系的多元化，这是促进青少年劳动教育发展的必然要求。劳动教育需要老师、家长、同学对青少年的劳动教育进行客观地分析与评价，应提倡多主体评价相结合的评价方法。要坚持青少年劳动教育的多方位评价内容。在多元化的主体性评价过程中，能够充分调动青少年的主观能动性，使劳动教育内在化。因此，在评价青少年劳动教育成果时应从多角度出发，并认真评价是否真正拥有劳动责任感。坚持青少年教育评价方式的多样性，不能以单一的"劳动的多少"来衡量，要将定量与定性、自身评价与他人评价相结合，并且把这一结果当作人才培养的重要依据。

二、嵌入第二课堂协同育人

党的二十大报告指出要促进教育事业的高质量发展，高校教育也进入了新的发展阶段，劳动教育是促进大学生在实践中能力发展与个人素养培养的重要途径，第二课堂是高校教育的延伸，也是培育学生"五育"发展的主要载体，二者之间相互结合的教学价值能够推动高校教育效率的飞速提升，保证大学生得到全方位的教育与锻炼。将高校劳动教育嵌入第二课堂，实现协同育人的良好发展，完善高校育人体系的建设，充分发挥学校与学生的教、学的双向互动作用，为社会主义建设事业培养一批高质量、高素质的新人才。

（一）高校劳动教育嵌入第二课堂协同育人概述

1.第二课堂的教育意义

第二课堂是大学第一课堂的一个重要补充和扩展，是培养高能力、全面发展型社会主义建设者和接班人的一个重要载体，也是一个关键性的教学模式。第二课堂教育是学生进行自主学习的一个重要平台，是促进学生个性发展的一个主要教育途径。第二课堂系统的构建，要紧紧抓住师、生这两大协同互动要素，立足于第一课堂，以"第二课堂记录卡"系统为指导，渗透学科专业教育，补充社会实践，融入校园文化，构筑"多位一体"的课程系统，建立更加完善、科学的考核制度，进一步培养学生的劳动创造力。

2.二者融合的重要价值

"劳动教育"和"第二课堂"是当前高校、学界和社会共同关心的热点话题，二者的有机融合能够最大限度发挥第二课堂的载体功能，提高劳动教育的效果，引导学生的全面素质发展，并在育人目标、育人内容、育人过程和育人方式上，实现全要素、全方位、全过程的教育，让学生的文化素养和道德品质相互促进、相互融合、共同发展。在实际的教育中，教学者要把第二课堂作为一个重要的载体，建设协同育人的高校实践教育系统，使学生在课堂学习中得到科学、正确的劳动价值观培养，在劳动实践中得到最大程度的学习和能力提高与发展。

（二）劳动教育嵌入第二课堂体系的可行性

在深化高校教育改革的过程中，劳动教育对学生的价值导向、能力提升和性格塑造起着重要的引导作用；第二课堂是培养全面发展型人才的一个重要途径，也是实现价值观念培养、知识传授、技能培养的一个重要的载体。在实践中，要充分利用第二课堂功能，通过丰富的劳动教学活动形式，提高课堂教学效果，要对劳动教育嵌入到第二课堂体系中的可行性进行系统的分析。

1.教育目的的一致性

新时代大学劳动教育的目的在于让学生认识到劳动能够创造美好的生活，认识到劳动没有高低贵贱之分，使学生热爱劳动，尊敬全体劳动者，养成勤俭、互助和奉献的劳动精神；培养学生基本的劳动能力，养成良好的劳动习惯；组织学生自觉地参与日常劳动，对学生的良好劳动品质进行培养。第二课堂是对第一课堂的一种拓展，是对学生进行理论教育和实践教育的一种有效途径。在第二课堂中，更多关注的是激发学生的学习兴趣，培养创新精神和自主探索的意识，通过对大学生群体行为的指导，增强大学生个体的荣誉感和责任意识，提高实际操作、动手能力。高校劳动教育与第二课堂协同育人在人才培养目标方面具有高度的一致性，都是以成长为导向，以立德树人为最终目的，努力为我国经济建设、社会事业的发展提供高素质的人才。

2.教育内容的契合性

劳动教育是新时期大学教育的重要组成部分，对大学生的劳动思想教育要突出对劳动价值的深刻认知、对劳动工作者的尊重、对劳动成果的珍惜等方面的教学内容。在对大学生进行劳动知识与技能教育的过程中，教学重点要放在学生对劳动知识和技术技能的掌握上，并指导其系统地学习与将来的职业发展有密切关系的基础劳动知识、技能。在与劳动实践锻炼相关的内容中，着重强调要将劳动教育与大学生创新创业教育、志愿公益服务、社会实践等有机地结合起来，用各种形式的劳动实践来锻炼学生的综合能力。将劳动教育融入第二课堂，还要加强社会实践训练，比如志愿服务、学科竞赛、社会实习、勤工俭学等，让学生在实践中巩固自己的专业知识，创新自己的思维方式，丰富自己的职业经历，提高自己的动手能力。从这一点可以看出，

第二课堂和劳动教育在教育内容上是相互融合、渗透的。

3.教学过程的实践性

在新时代的背景下，高校进行劳动教育是把"独立设课"作为一个契机，把"学科渗透"作为一条主线，突破劳动教育学科的特殊性，对课堂教学形式进行创新，对劳动教育的方式进行改进。不仅重视让学生学习系统的文化知识，还重视让学生进行亲身的活动体验，重视对劳动精神、价值观、品质、行为习惯等多方面劳动综合素养的自主培养。第二课堂是提高大学生整体素质的一个重要途径，特别是要将其与思想政治理论课、通识课、专业技能课、社会实践活动等进行整合，把理论学习和实践活动有机地结合起来，使大学生能够更好地参与到实践中去认识、了解社会。因此，劳动教育和第二课堂在教育过程中都重视学生实践能力的锻炼，具有突出的实践特性。

（三）高校劳动教育嵌入第二课堂协同育人的实施策略

第二课堂是大学协同育人的一种创新形式，在继承了第一课堂严谨的特点的同时，也体现出了新时期大学教育的多样化特点，主要体现在：讲授形式更加灵活，参与主体更加自由，活动内容更加广泛，教学过程更加切合实际。在教育目标、教学内容、教学过程方面，劳动教育与第二课堂具有高度的融合可行性，并且互补互促。把第二课堂作为一个重要的依托和载体，推动其与劳动教育的有机融合，在大学里建立起以劳动教育为核心的课堂实践教学体系，使知识教育与素质的培养、实践意识与实践技能有机结合，使学生的知情意行得到更好的培养。

1.组织劳动教育活动

在大学里，要把劳动教育融入学生的思想政治教育中去，要以党史学习教育和"不忘初心、牢记使命"为教育的中心，要结合学校的实际，广泛地开展劳动教育的主题党团活动，要让学生的劳动学习得到更好的教育，让学生群体中的团员、党员得到更好的劳动实践。在植树节、五四青年节、建党建军节、学雷锋日等有意义的纪念日，高校可以引导学生党员干部、共青团员、入党积极分子等，积极参与到劳动实践中来。比如，可以利用"学雷锋日"，让学生进行"践行雷锋精神，绽放时代光芒"的劳动教育主题活动。促进大学生在劳动实践活动中，认识劳动价值、收获劳动成果、传播奉献精神，增强学生的劳动意识，培养良好的劳动习惯，提升个人的劳动实践能力。

2.将志愿服务融入劳动教育

在学校开展劳动志愿服务等公益性活动，紧紧抓住"青年志愿服务日""世界卫生日"等重要的时间节点，以志愿服务和公益实践为切入点，以"奉献"和"劳动"为主要的活动内容，为学生提供更多的服务和教育实践机会，进而积极参加丰富多彩的校园志愿服务活动，让学生形成乐于奉献、勤于动手的积极劳动理念，在劳动实践中巩固技能，培养奉献意识和劳动精神。在保障学生的学业与自身安全前提下，积极提供各种劳动服务活动，如参与校园环境守护、宿舍整理、公共卫生打扫等，进一步引导学生树立积极向上、劳动光荣、乐于奉献的价值观念。在校外开展的义工活动和志愿服务，要与日常学校管理规章、行为规范相结合，与学校所在社区、其他公益组织进行联合，积极调动社会中的各方面力量，构建一个丰富多彩的志愿服务劳动实践平台，指导高校学生在福利院、养老院、居民委员会、乡村学校等地方，进行志愿性、公益性的服务活动，如关爱老人、社区宣传工作、支教活动、实践调查等形式，让学生能够通过劳动实践来感悟劳动意义、锻炼劳动技能，进一步培养良好的劳动价值观和服务意识，提高个人道德素养。

3.校园竞赛中渗透劳动主题

高校以对学生学科专业知识进行测试为契机，把培养学生的实践动手能力作为教育目标，要引导全体学生，积极地参与相关的专业学科竞赛，将学习的劳动理论知识应用于专业实践中。在竞赛活动中，能够考验学生对理论知识在实践活动中的应用能力，高校要鼓励和教育学生进行主动探究，在同学间的合作与交流过程中能够发现并解决问题。与此同时，竞赛活动还可以促进学生的知识吸收、思维活跃、能力增长，进一步激发学生在劳动教育方面的自主学习能动性，提高对劳动学习与实践的认同感，实现以赛促学、用知识收获、在竞赛中深化劳动教学的教育目标。

4.组织以劳动为主题的社会实践活动

开展"三下乡"等社会劳动实践活动，组织大学生在暑假期间深入农村、基层进行体验，为大学生创造机会，亲身体会、经历不同类型的劳动过程，通过实践来锻炼自己，了解国情、社情，提高自己的综合素质，为社会发展奉献自己的力量。高校还可以建立一系列与劳动教育相关的实践活动基地，并在此基础上开展各种类型的劳动教育课程、劳动体验活动，可以与专业化企业进行合作，组织学生在企业、单位生产车间、工作室亲身感受劳动生产过程，让学生进行专业实践、实习体验，或安排学生参加社区义工等公益性劳动。通过实践，激发学生的劳动热情、提高动手操作技能，培养日常爱劳动的好习惯，丰富劳动经验。在此过程中，高校教育者要对学生进行科学的、正确的劳动观引导，使其能够自觉、真实地进行劳动训练，从而形成良好的劳动意识和道德观念。

5.鼓励学生勤工俭学

鼓励学生在校进行勤工俭学，高校要在劳动教育教学管理体系中，以学校的实际岗位情况和学生的劳动需求为依据，对各个勤工职位进行合理设置，如辅导员助手、图书管理、食堂勤工等岗位。在对学生的专业背景、学习成绩、兴趣爱好等因素进行充分考虑的基础上，指导学生积极参与各项有意义的勤工俭学工作，对学生热爱劳动的意识进行培养，增强学生的集体荣誉感与归属感。同时，适当指导学生进行合理、安全的校外兼职和实习，学校教师以及指导部门要在运营资质、劳动合同、法律遵守方面对校外的各个用工单位进行严格把关，进一步确保学生能够安全、合理地勤工俭学，并强化对学生在校外劳动见习活动的人身安全管理和行为指导，让学生在实际工作中提高工作能力，进一步认识到劳动成果的来之不易，引导学生能够清晰意识到劳动所带来的价值和意义，培养学生勤劳、吃苦的劳动态度，深化学生对社会劳动的认知和情感体验，使其能够正确认识到现实社会的就业形势，树立起敢于拼搏、吃苦耐劳的劳动价值观。

第四节 提供教育条件，保障劳动教育资源

明晰高校劳动教育资源的内涵和特征，对于有效进行资源开发与利用具有重要意义。通过深入理解资源的概念、分析资源的属性和功能、探索资源的开发途径和方式，可以为高校劳动教育的深入开展提供有力的支持和保障。

一、唤醒劳动资源开发主体自觉

思想是行为的先导，它如同指南针，指引着人们前行的方向。在高校劳动教育资源开发活动中，人的意愿扮演着至关重要的角色。这种意愿并非凭空产生，而是源自对我国劳动教育事业的深深认同。

高校劳动教育的主体对中国特色社会主义劳动教育事业的理解与认同，是资源开发意识觉醒的关键所在。这种认同感既源于对劳动教育自身价值的深刻认识，也包含着对中国共产党人劳动教育工作的充分肯定。劳动教育不仅仅是传授知识，更是培养学生劳动精神、提升综合素质的重要途径。因此，高校劳动教育主体在资源开发过程中，必须始终保持对劳动教育事业的热爱与执着，如此才能推动这项工作不断向前发展。

在高校劳动教育资源开发实践中，需要认识到劳动教育与资源开发工作是相互依存、相互促进的。只有做好劳动教育资源开发工作，才能为高校劳动教育活动提供丰富的素材和有力的支持；同样，只有高校劳动教育取得显著成效，劳动教育资源开发工作才能获得更多的认同和支持。因此，需要努力形成教育促开发、开发带教育的良性循环，推动高校劳动教育事业不断向前发展。

在教学内容方面，应该注重贴近生活、贴近社会，让学生能够在学习中感受到劳动教育的现实意义和实用价值。通过实践教学、案例分析等方式，让学生深入了解劳动教育的内涵和价值，从而更加积极主动地参与到资源开发工作中来。

二、调整劳动资源开发内容结构

人才发展要求的全面化对高校劳动教育资源供给的多元化产生了深远的影响。随着时代的进步和社会的发展，人们对于教育的需求日益多样化和个性化，这也决定了高校在劳动教育资源供给上必须追求多元化。显性与隐性劳动教育资源、校内与校外劳动教育资源在开发与利用上并不是非此即彼，而是呈现出一种和谐共生的辩证统一关系。

为了突破高校劳动教育资源开发失衡的现实困境，需要转换思维，不断拓宽资源开发范围，优化资源开发内容结构。在这一过程中，显性劳动教育资源与隐性劳动教育资源各自发挥着独特的作用。显性劳动教育资源以直观性、具体性为特点，能够为学生提供直接的劳动机会；隐性劳动教育资源则以广泛性、渗透性为特点，在潜移默化中影响学生的劳动态度和价值观。

在开发隐性劳动教育资源时需要意识到这是一把双刃剑。尽管隐性劳动教育资源在育人上具有独特优势，但是其中往往附带着意识形态的内容。如果运用不当，不仅可能无法达到预期的教育效果，还可能对我国教育造成威胁。因此，高校在开发和利用这些资源时必须坚定政治立场，对隐性劳动教育资源的内容进行仔细甄别，发挥马克思主义在其中的引领作用，同时警惕不良意识形态的渗透。

具体而言，隐性劳动教育资源育人优势的发挥主要得益于其"润物无声"的特点。在资源运用上，可以采用多种方式方法，如通过讲述劳动故事、开展劳动游戏等形式，使学生在轻松愉快的氛围中感受到劳动的乐趣和价值，从而形成端正的劳动态度。此外，还可以通过校园文化活动、社会实践等途径，将隐性劳动教育资源融入学生的日常生活和学习中，使其在潜移默化中受到熏陶和感染。

然而，无论是显性还是隐性劳动教育资源，在高校这一场域内始终是有限的。因此，高校劳动教育向社会寻求支持成为必然趋势。在社会层面开展高校劳动教育资源开发工作，不仅有助于弥补校内资源的不足，还能为高校劳动教育注入新的活力和动力。在社会层面开发高校劳动教育资源时，可以从以下几个方面入手。

首先，充分利用自然与物质资源，依托企业、社区等社会力量建立校外劳动教育实践基地。通过组织学生参与社会实践、志愿服务等活动，让学生在实践中感受劳动的艰辛与美好，培养他们的劳动习惯和实践能力。同时，这种"社校共育"的模式还能有效弥补校内场地的短板，拓展高校劳动教育的空间。

其次，积极争取社会资金对高校劳动教育的投入。通过设立劳动教育专项教育基金、接受企业捐赠等方式，为高校劳动教育提供稳定的经费保障。这些资金可以用于配置劳动教育设施、改善劳动教育条件、奖励表现突出的教师和学生等方面，从而最大程度地发挥社会资金的育人价值。

最后，注重社会人力资源的开发与利用。广泛吸纳技艺工匠、劳动模范等社会优秀人才参与到高校劳动教育活动中来，通过他们的言传身教，为学生树立榜样，激发他们的劳动热情和创新精神。同时，建立社会师资库，灵活运用社会人力资源，为高校劳动教育提供源源不断的师资支持。

三、建设学校劳动实践基地

学校劳动实践基地的建设，在现今教育体系中已逐渐凸显出其不可或缺的重要地位，成为劳动教育的关键环节。这一举措不仅有助于促进学生对劳动的理解与尊重，更能通过实践操作，使他们在体验中感受到劳动的乐趣和价值。

学校应当选取适宜的地点，将一定面积的土地作为劳动实践基地。这片土地可以划分为种植区、养殖区等多个区域，以满足学生多样化的实践需求。在种植区，学生可以亲手播种、浇水、施肥，观察植物的生长过程，体验耕耘的艰辛与收获的喜悦。在养殖区，学生可以养殖家禽、家畜等，学习养殖知识，了解动物的生活习性，培养对生命的敬畏之心。

通过参与劳动实践，学生可以学习到丰富的劳动技能。他们将在实践中掌握种植、养殖等基本技能，了解农业生产的基本流程。同时，劳动实践还能培养学生的团队协作能力和沟通能力，使他们在共同完成任务的过程中学会相互合作、互相支持。此外，劳动实践基地的建设也有助于培养学生的劳动乐趣和责任感。学生在参与劳动的过程中会逐渐认识到劳动的价值和意义，体验到劳动带来的成就感和满足感。这种体验将促使他们更加珍惜劳动成果，更加尊重劳动者的辛勤付出。同时，劳动实践基地的管理与维护也需要学生的参与，这将培养他们的责任感和担当精神。

为了确保学生能够充分利用劳动实践基地进行实践操作，学校应当注重基地的管理与维护。一方面，学校可以设立专门的管理机构或小组，负责基地的日常管理和维护工作；另一方面，学校可以定期开展劳动实践课程和活动，引导学生积极参与劳动实践，提高他们的劳动技能和综合素质。

四、与社会资源的互动合作

劳动教育在现代教育体系中占据着举足轻重的地位，它不仅能够帮助学生树立正确的价值观，还能够为他们未来的职业生涯奠定坚实的基础。为了更有效地实施劳动教育，学校需要积极与社会资源进行互动合作，共同搭建起一个广阔的教育平台。在这个平台上，学校可以与企事业单位、农村合作社等建立长期稳定的联系。通过与这些机构的紧密合作，学校可以组织学生参与到各种社会实践和劳动实习活动中。这些活动不仅能够让学生亲身感受不同行业的劳动工作，还能够让他们了解不同职业的特点和挑战，从而更加深入地理解劳动的意义和价值。例如，学校可以组织学生到企事业单位进行参观学习，了解企业的生产流程、管理模式以及员工的工作状态。在参观过程中，学生可以亲眼看到工人们辛勤劳动的场景，感受到劳动成果的来之不易。同时，企业还可以为学生安排一些简单的劳动任务，让他们亲身体验劳动的乐趣和艰辛。此外，学校还可以与农村合作社合作，组织学生参加农业生产实践活动。在这些活动中，学生可以亲手种植农作物、收割庄稼、饲养家禽等，深入了解农业生产的过程和艰辛。这样的体验不仅能让学生更加珍惜粮食和劳动成果，还能培养他们的环保意识和实践能力。

通过与社会资源的合作，学校可以为学生提供更加多样化、更贴近实际的劳动教育机会。这些机会不仅能够激发学生对劳动的兴趣和热爱，还能培养他们的职业素养和综合能力。同时，这样的教育方式也能让学生更好地融入社会，为未来的职业生涯打下坚实的基础。

五、政府的政策支持和投入

劳动教育在当今社会发挥着至关重要的作用，它不仅能培养青少年的劳动精神，还能帮助他们树立正确的价值观，提升社会责任感。然而，要想实现劳动教育的有效推进，政府的政策支持和投入显得尤为关键。

首先，政府应当制定一系列针对劳动教育的政策，以确保这项工作的顺利实施。这些政策包括明确劳动教育的目标、内容和方法，为学校提供指导。此外，政府还可以出台激励措施，鼓励学校加大劳动教育的力度，如设立专项基金，对在劳动教育方面表现突出的学校进行奖励。

其次，政府需要提供必要的支持，以保障劳动教育的顺利开展。这包括为学校提供充足的劳动教育资源，如教材、教具和实训基地等。同时，政府还可以通过财政补贴、税收优惠等方式，减轻学校在劳动教育方面的经济负担，使其能够更加专注于教育教学工作。

最后，政府还应当加大对劳动教育师资队伍的培训力度。这包括定期组织教师进行劳动教育培训，提升他们的教育教学水平；邀请专家、学者进行讲座和授课，为教师提供学习和交流的平台；鼓励教师参与劳动教育课题研究，推动教育教学的创新与发展。

除了上述措施外，政府还可以通过开展劳动教育宣传活动，提高社会各界对劳动教育的认识和重视程度。这包括利用媒体资源进行宣传报道，举办劳动教育主题活动，引导家长和社会各界共同参与劳动教育。

第五节　创新教育评价，完善劳动考评标准

一、完善劳动教育评价体系

劳动教育评价机制的建立与完善，对于推动劳动教育向更深层次发展、充分发挥其育人价值具有重要意义。教师在实施基地劳动教育时，应准确把握劳动教育的综合育人价值导向，通过科学有效的劳动评价，引导学生在劳动实践中提升基础技能，并帮助他们及时调整学习策略，从而培养学生良好的劳动品格，增强劳动意识。作为学校劳动教育的重要场所，基地承载着更为艰巨的劳动育人使命与责任。为了进一步提升基地劳动教育的质量与效果，教师需在劳动实践课程中构建以劳动素养为核心的教育评价体系，注重动态的过程性评价，以培育学生良好的劳动素养为最终目标，全面跟踪学生的劳动实践过程，确保评价覆盖劳动实践的全过程。

（一）分层性评价

评价作为劳动课程中的关键一环，具有激励与动态监测的双重功能。为全面把握学生的劳动实践状况，教师应精心制定量化、细化的评价量表，通过此量表，引导学生深刻认识自身在劳动实践中的不足，进而有针对性地进行后续的补足与改进。鉴于实践基地通常缺乏现成的劳动教材，教师往往需要自行设计劳动教学内容、设定劳动目标，并制定活动方案。因此，一方面借鉴劳动与技术课程中的劳动课本作为参考；另一方面，深入挖掘学生日常学习和生活中的劳动元素，精心设计符合学生实际情况的劳动课程。

在此过程中，基地的教师不仅要深入研究劳动与技术课程标准，仔细研读劳动与技术课程教材，还需充分了解学生的具体学情。教师应从学科课程的目标和学生的实际学情出发，研发劳动与技术校本教材，以引导学生对劳动与技术的相关内容形成科学、系统的认知。为实现上述目标，教师可采取分层性评价的方式，构建科学、合理的评价体系，从而有效指导学生的劳动与技术实践活动，推动其全面发展。

分层性评价，作为一种体现个体差异性的评价方式，旨在深入剖析学生个体的独特性与群体的多样性。它秉持"因材施教、因人施策"的原则，通过精准适配的教育策略，助力教师针对学生的个性化需求进行差异化教学。同时，分层性评价能够有效指引学生的劳动方向，增强学生劳动的自觉性、针对性和实效性，从而全面提升学生的综合素质和劳动能力。

在实施分层性评价的过程中，教师应充分关注学生的劳动兴趣、需求及意向，结合实际情况，科学设计并研发与之相匹配的评价标准、措施及方法。此外，教师还需全面进行过程性评价设计，以确保评价的全面性和准确性。在教学过程中，教师不仅要结合学生的年龄和心理特征，研发适应其发展需要的"模块性课程"，还应根据学生的具体学情和兴趣点，研发更具针对性的"兴趣课程"和"项目课程"等，以更好地满足学生的个性化学习需求。

分层性评价作为过程性评价的一种核心方法，要求教师在评价过程中充分发挥其诊断功能与导向作用。通过实施分层性评价，教师应积极诊断学生的劳动实践情况，并根据诊断结果对劳动课程进行精细化的调整，以促进学生更有效地参与劳动实践。经过实践验证，分层性评价已被证实为一种切实可行且高效的过程性评价手段。

（二）可视化评价

在学校劳动基地的劳动与技术教育实施过程中，教师应致力于全面提升学生的劳动能力，并优化其劳动品质。所谓劳动能力，即指学生顺利完成与其年龄及生理特点相匹配的劳动任务所应具备的综合素质和能力。

在劳动教育的实践中，教师需充分了解学生的劳动兴趣及意愿，同时深入了解其年龄和心理特征。通过实施可视化的评价，将学生的劳动实践过程以直观的形式展现出来，以促进学生之间的交流与学习。

学校劳动基地的建设应着眼于学生的全面、可持续发展，精心设计和研发涵盖绿色生态、蓝色科技、人文关怀等多个领域的劳动课程，确保劳动内容贴近学生生活。

在劳动实践过程中，教师应鼓励学生利用手机、平板等现代化工具，记录自己的劳动过程与成果。教师可以从中挑选出具有代表性的作品，在班级进行展示，使学生能够深刻体会劳动的意义和价值。

以绿色生态劳动课程中的手工类课程为例，教师可组织学生参加剪纸活动，并通过可视化手段展示学生的剪纸过程及作品。在此基础上，引导学生进行小组讨论和交流，促进剪纸技能的提升。同时，通过分组合作和科学分工，培养学生的团队协作能力和责任感。

在劳动教育评价环节，教师应积极运用可视化的评价方式，全面展示学生的劳动过程和成果。这不仅有助于学生对自身劳动实践进行反思和改进，还能激发其热爱劳动、乐于分享的情感。通过评价，教师可以帮助学生增强劳动自信，提升劳动技能和创新能力。

此外，教师还应根据可视化评价的结果，绘制劳动图谱、设计劳动手册、制定科学合理的劳动量表等辅助工具，引导学生更加深入地理解劳动的内涵和价值。通过这些措施的实施，能够有效激发学生的劳动兴趣，培养其勤于劳动、善于劳动的良好习惯。

（三）增值性评价

增值性评价作为过程性评价的核心方式之一，要求教师系统地进行初始性评价、阶段性评价与终结性评价。在劳动教育领域，增值性评价主要聚焦于学生的综合劳动表现，通过对比学生在劳动方面的初始状态与经过一段时间后的发展成果，以量化形式衡量其"增值"程度，即学生在劳动方面的成长与进步。

增值性评价的本质在于其相对性，旨在揭示学生在劳动技能、态度和习惯等方面的提升，而非单纯地进行横向比较或选拔。因此，其根本目的在于促进学生劳动综合素养的全面发展与提升。

在基地劳动教育实践中增值性评价得到了有效应用。例如，拓展劳动与技术课程，将其延伸至学生家庭，通过互联网技术为学生布置多元且具有挑战性的劳动任务。学生可根据自身兴趣和实际情况选择适合的劳动课程，并通过日常打卡机制记录劳动实践过程。完成一定次数任务的学生将获得相应奖励，并有机会参与各类劳动荣誉评选。这种评价方式既增强了劳动教育的趣味性，又激发了学生的劳动自信和创造力。

在增值性评价过程中，教师需全面关注学生的劳动认知、实践、情感、习惯及品质等多方面因素。通过综合评价，引导学生树立正确的劳动价值观，鼓励他们以多种形式记录劳动过程，留下宝贵的成长印记。

同时，教师在劳动与技术课程开发与实践过程中应充分发挥学生的主观能动性，巩固学生在劳动实践中的主体地位。通过将学习、生活与劳动教育相结合，充分发挥劳动课程的育人功能，彰显劳动的育人价值。

劳动评价应成为引导学生在实践中发现问题、解决问题、提升技能的重要途径。教师在评价过程中应注重多元化评价内容，丰富评价主体，促进多种评价方式的融合，以激发学生的劳动积极性。

二、劳动教育评价体系的具体实施

科学构建高校劳动教育评价体系非常关键，各级院校对劳动教育的认同程度非常高，执行国家职业教育政策的速度也是非常快的。在制订人才培养方案中普遍纳入了劳动教育公共课，提供师资与经费等。但劳动教育课程体系和评价体系急需优化完善，仅仅在人才培养方案中增设16学时的劳动教育公共必修课还远远不够。将劳动教育课程纳入人才培养方案，不仅作为公共课必修课程，也根据各专业特色、依托校企合作、实习实训开展劳动实践教育，以实习实训课为主要载体，强化校企协同育人，并赋予学分；在德育综合评价中设置劳动实践教育板块，将教室卫生和宿舍卫生"8S"管理纳入综合评价总分；开展以学生社团为载体的志愿服务劳动实践教育，将劳动教育拓展到社会服务中，纳入学生评奖评优加分体系，激发学生参与社会劳动实践的主观能动性，构建符合新时代特征的劳动教育评价体系，突出劳动教育的综合性、实践性、开放性、针对性、示范性。

（一）形成劳动教育课程体系，促使人才培养任务的完成

要建立高校劳动教育课程体系，以促使人才培养目标的实现，可以从以下几个方面进行构建和规划：

一是要明确课程体系建设的目标和原则。目标上旨在培养学生的劳动观念、劳动技能和创新能力，实现学生的全面发展，为社会培养具有社会责任感和创新精神的高素质人才。原则上，理论与实践相结合。确保劳动教育课程既有理论知识的传授，又有实践技能的培养。在必修与选修相结合上，设置必修课程，确保基础劳动教育的普及，设置选修课程，以满足学生的兴趣和个性化需求。在多元化与系统化相结合上，课程体系应多元化，涵盖不同领域和层次的劳动教育。同时，课程体系应系统化，确保各课程之间的衔接和互补。

二是要构建劳动教育课程体系。在通识教育课程上，开设《劳动通论》等选修课程，介绍劳动的历史、文化和社会价值，培养学生的劳动观念。结合马克思主义基本原理，开设相关必修课程，强调马克思主义劳动观在现代社会的重要性。在专业劳动实践课程上，根据不同专业的特点，开设专业劳动实践课程，如实验、实训、实习等，培养学生的专业技能和实践能力。加强与企事业单位的合作，建立校外实习基地，为学生提供更多实践机会。在创新创业教育上，将劳动教育与创新创业教育相结合，开设相关必修或选修课程，培养学生的创新精神和创业能力。鼓励学生参与科研项目、创新创业大赛等活动，提升学生的实践能力和创新能力。在劳动教育实践教学环节，设置必修和选修的实践教学环节，如志愿服务、社区服务、社会实践等，让学生亲身体验劳动的价值和意义。加强实践教学环节的管理和指导，确保学生能够在实践中真正学到知识、锻炼能力。

三是完善课程体系建设的保障措施。加强师资队伍建设，培养一支具备劳动教育理论知识和实践能力的教师队伍，提高劳动教育的教学质量。鼓励教师参与劳动教育的相关研究和实践活动，提升教师的专业素养和创新能力。在优化资源配置上，加大对劳动教育课程资源的投入力度，包括教材、教学设备、实践基地等。充分利用社会资源，如企业、社区等，为劳动教育提供有力支持。制定科学合理的评价标准和方法，对劳动教育课程进行定期评价和改进。鼓励学生参与评价过程，及时反馈学习情况和建议，促进课程的持续改进和优化。通过以上措施的实施，可以形成一套完善的高校劳动教育课程体系，为人才培养任务的完成提供有力保障。

（二）形成可实施、可示范的劳动教育评价体系

高校将劳动教育评价融于学校专业教育、人才培养体系中，构建多元化（学生自评、辅导员评价、教师评价、社会评价）、多维度（德育综合测评、课程测评、专业测评、志愿服务测评）、多指标的"过程+效果"劳动素养评价体系，结合社会实践和专业实习实训，发挥职业教育的特长优势，全方位开展劳动教育。培养学生成为在各自岗位上全面发展的劳动者，使学生具有爱岗敬业的精神、不怕苦不怕累的劳动品质、精益求精的工匠精神。通过构建劳动教育评价体系，完成新时代职业教育使命。形成可实施、可示范的高校劳动教育评价体系，需要综合考虑评价的目标、内容、方法以及实施与反馈等多个方面。

一是要明确评价目标。培养学生正确的劳动观念，树立尊重劳动、热爱劳动的意识。提升学生的劳动技能和实践能力，包括基础劳动技能和专业技能。培养学生的创新精神和团队协作能力，通过劳动实践培养学生的创新思维和合作精神。

二是要构建评价指标体系。劳动技能与知识：评价学生对基础劳动技能和知识的掌握情况，包括实际操作能力和理论知识水平。劳动态度与习惯：评价学生对劳动的态度和习惯，包括劳动纪律、劳动热情、劳动安全意识等。劳动实践与成果：评价学生在劳动实践中的表现和成果，包括参与度、创新能力、团队协作能力等。

三是要选择评价方法。过程性评价：注重学生在劳动实践过程中的表现，通过观察记录、实际操作、个人反思报告等方式进行评价。成果性评价：关注学生在劳动实践中取得的成果，通过作品展示、项目汇报、技能竞赛等方式进行评价。多元评价：结合学生的自我评价、同伴评价、教师评价、家长评价和社会评价，形成多维度的综合评价体系。

四是要进行实施与评价。制订评价计划：根据评价指标体系和方法，制订详细的评价计划，明确评价的时间、地点、人员等。开展评价活动：按照评价计划开展评价活动，确保评价的全面性和公正性。汇总评价结果：对各种评价方式得到的评价结果进行汇总和分析，形成综合评价结果。

五是要进行反馈与改进。及时反馈：将评价结果及时反馈给学生和教师，帮助学生了解自己的优势和不足，为教师提供改进教学的依据。持续改进：根据评价结果，对劳动教育课程、教学内容、教学方法等进行持续改进，提高劳动教育的质量和效果。

六是要示范与推广。示范校建设：选择一批条件成熟的高校作为示范校，通过实践探索形成具有特色的劳动教育评价体系，为其他高校提供借鉴和参考。经验分享：组织示范校进行经验分享和交流，推动高校劳动教育评价体系的普及和应用。政策引导：通过政策引导和支持，鼓励高校加强劳动教育评价体系建设，提高劳动教育的地位。

通过以上步骤，可以形成一个可实施、可示范的高校劳动教育评价体系，为高校劳动教育的实施提供有力的保障。

（三）通过劳动教育评价，促进学生全面发展

高等院校学生是具备知识、技能和创造能力的复合型高技能劳动者。劳动教育首先是一定要关注学生的劳动价值观，其次是注重学生劳动素养的培养，在人才培养体系中融入劳动教育，构建完善的劳动教育评价体系。高校学生正处于价值塑造的阶段，通过理论学习和实践教育相结合培养学生热爱劳动、珍惜劳动成果的意识，同时培养良好的劳动素养与劳动品质，让学生懂得尊重劳动者，认识劳动创造价值，付诸劳动实践，树立新时代劳动精神。推动学生全面发展，使高校学生在思想观念、学习生活、社会实践和实习实训等多方面实现劳动素养的发展。

（四）通过劳动教育评价，完善劳动教育师资队伍

根据新时代劳动教育的要求，在高校建立一支劳动教育师资队伍，目前迫在眉睫。劳动教育师资队伍建设，需要配备专任理论教师，也要发挥双师型教师的作用，要鼓励和引导企业导师和社会工作者参与到"过程性劳动教育评价"中。可以依托技能大师、劳模、名师等师资力量，带领学生学习技能，为社会服务，培养工匠精神。[①]

第六节　强化课程治理，规范劳动教育课程

随着社会对高素质技能型人才需求的增长，高校肩负着重要的教育使命，其中劳动育人是立德树人教育理念的重要组成部分。当前，通过全课程劳动育人模式培育学生的职业技能和道德素养正受到广泛关注。然而，在实践中，该模式的推广和实施面临诸多挑战。课程设置缺乏针对性和实用性，师资队伍对劳动教育理念的理解和实践能力均有待提升，学生的参与度及教育效果亦未达到预期目标。

一、高校全课程劳动育人分析

高校作为职业技能教育的重要阵地，在实施全课程劳动育人方面虽取得了一些成效，但问题仍然突出。当前，劳动教育与专业课程往往缺乏有效融合，体现在课程内容上劳动元素与专业知识结合不够，无法充分发挥其在职业技能培养中的潜能。此外，教师在将劳动教育理念融入课程教学的具体操作上遭遇困难，这在一定程度上归因于师资培训体系未能有效覆盖劳动教育的特殊需求。同时，高校在资源配置上存在不足，如先进实训设备的缺乏和校企合作的不充分，这些均限制了劳动教育的深入实施。对于学生而言，对

---

① 于佳静. 新时代大学生劳动能力发展核心素养评价体系的构建研究[J]. 现代职业教育，2021（50）：162-163.

劳动教育的重要性认识不足，他们参与劳动教育的积极性有限，误以为劳动教育与个人职业发展关联不大。同时，高校的评价体系依旧以理论知识为主，缺乏对学生劳动技能和实践能力的有效评估，未能充分激发学生在劳动教育中的主动性和创造性。在这种情况下，制定针对性的优化策略和实施路径显得尤为迫切。这不仅仅是改变一种教育模式，更是提升教育质量和响应教育改革要求的有效方法。因此，教育管理部门和高校需共同努力，以提升学生的实践技能和问题解决能力为核心，从课程设置、师资建设、校企合作等多个维度出发，全面推进劳动育人的深入实施。

二、全课程劳动育人价值

全课程劳动育人在高校教育中的核心价值体现在多个维度。劳动教育是传授职业技能的有效途径，它直接响应了社会对技术技能人才的需求，有助于学生掌握就业市场所需的具体技能和操作能力。此外，劳动育人模式也是培养学生职业精神和职业道德的重要手段。通过劳动实践，学生能够体验到劳动的辛苦与成果，进而培养对劳动的尊重态度，增强工作的责任感和集体主义精神。此种教育不仅仅限于培养一技之长，更致力于形成正确的价值观和职业态度，为学生未来的职业生涯打下坚实的基础。在社会人才培养的大背景下，劳动教育还具有培育创新精神和实践创新能力的价值。劳动活动中的实践探索为学生提供了解决实际问题的机会，这种解决问题的过程激发学生的创新思维，为其未来在职业岗位上的创新活动奠定基础。同时，劳动育人还有助于强化学生的团队协作能力，这在劳动合作中得到自然的体现和锻炼。在团队劳动过程中，学生学会了如何与他人协作，理解团队合作的重要性，这对于他们将来融入职场、参与复杂项目的协作有着重要的促进作用。全课程劳动育人不仅提升了学生的专业技能，也提升了他们的人文素养、职业道德水平和社会责任感，同时还激发了学生的创新能力和团队协作精神。这些价值的综合体现，为教育质量的提升和学生能力的全面发展提供了坚实的理论支撑，也为后续提出的优化策略和路径建议奠定了理论基础。

全课程劳动育人的实施在高校教育体系中承载着培养全面发展型人才的使命，它涉及学生知识、技能、情感和价值观的综合提升。劳动育人通过引导学生参与实际劳动，使其在亲身实践中理解和领会劳动的意义，这不仅增强了学生的专业技能，也提升了他们解决实际问题的能力。通过与劳动相结合的学习方式，学生能够将理论知识与实际操作相融合，掌握适应社会需求的应用型技能。劳动育人还在培育学生的心理素质和社会适应能力方面发挥着重要作用。在劳动过程中，学生面对困难和挑战，学习如何应对压力，提升抗挫折能力，这对于其未来的职业生活和社会生活均有重要意义。因此，全课程劳动育人的意义远远超越了简单的技能培训，它关乎学生的综合素质培养，关乎学生作为社会人的发展，是高校教育质量提升和学生个人发展的关键。通过劳动育人，高校能够培养出更多具备专业技能、良好职业道德、高度社会责任感及创新精神的高素质技能型人才，满足社会发展的需求。

三、全课程劳动育人的实施策略

（一）课程体系的重构与整合

高校在推进全课程劳动育人的进程中，课程体系的重构与整合是基础性工作。目前课程内容多集中于理论知识的传授，劳动实践环节缺失，导致学生难以在真实的工作场景中应用所学知识。因此，必须重构课程体系，确保理论与实践的紧密结合。这需要教育决策者和课程设计者对现有课程进行全面审视，将劳动教育的核心理念融入课程设计的每个环节，确保每门课程都有明确的实践目标和内容。课程整合要突出实践技能的培养，如通过模拟工作环境的课堂活动、校内外的实习实训等方式，让学生在实际操作中学习和掌握职业技能。为了实现课程体系的有效整合，学校应建立跨学科课程开发团队，由专业教师、行业专家及教学管理人员组成。这个团队的任务是确保课程内容的时效性和适应性，以及教学活动与行业标准的一致性。课程设计应以工作过程为导向，强调学生的主动学习和探索，同时注重培养学生的创新能力和团队合作精神。在课程设置上，可以引入项目式学习和案例分析，使学生在解决实际问题的过程中深化对专业知识的理解。

（二）校企合作和社会实践平台建设

社会实践的范围也应扩展到社区服务和公益项目，通过这些活动，学生能够增强社会责任感和公民意识。这种实践的经历不仅提升了学生的专业技能，更重要的是提高了他们解决实际问题的能力、团队协作能力，从而促进了学生综合素质的全面发展。这种与企业和社会紧密结合的教育模式，为学生的职业发展打下了坚实的基础。

（三）政策支持和激励机制的完善

政策支持和激励机制对于落实高校劳动育人工作至关重要。政府与教育管理部门需制定具体政策，为劳动育人提供方向和支持，包括经费补助、税收减免等激励措施，鼓励高校在劳动育人上加大投入力度。这样的政策不仅为劳动育人工作提供了资源，也展现了劳动教育的价值，增强了院校推进这一教育理念的动力。进一步地，设立评价和考核标准对院校的劳动育人实践进行监督，确保各项教育活动得以有效开展。对教师而言，激励机制包括职称晋升、绩效奖金和教学竞赛等，旨在激发教师的积极性，鼓励他们在劳动育人中创新教学方法，提升教学效果。对学生来说，奖学金、优质实习岗位等奖励能显著提高他们参与劳动教育的积极性。综合来看，这样的政策和激励机制能为劳动育人的深入实施创造有利的外部环境。

（四）教学方法和评价体系创新

高校在劳动育人的过程中，教学方法和评价体系的创新至关重要。现代教育要求教学方法多样化，以适应不同学生的学习需求，同时也要能够激发学生的学习兴趣。例如，项目式学习可以让学生在完成具体任务的过程中学习，案例教学则能够让学生通过分析真实情境来理解理论，而模拟仿真技术则提供了一个近乎真实的环境，让学生能够在不冒实际风险的情况下应用所学的知识。这些教学方法的共同点是它们都鼓励学生主动学习，并且在实践中掌握知识。同时，评价体系也需要相应的创新。传统的以知识记忆为主的考核方式已不足以全面反映学生的学习成果。新的评价体系应当注重学生的综合能力，包括实践技能、创新思维和团队协作能力。这种综合评价不仅更加客观地反映了学生的能力，也更符合劳动育人的目标，即不仅传授知识，更重要的是培养学生将知识应用于实践的能力。通过教学方法和评价体系的创新，高校可以更有效地促进学生全面发展，为社会培养出更多具备实际操作能力和创新精神的高素质技能型人才。

第七节 注重数智伦理，把握劳动育人属性

快速变革的智能技术为劳动提供了新的机遇和挑战，不仅表现为创造新的劳动世界，改变劳动的性质和技能，而且颠覆现有的劳动过程和方式，挑战现有的劳动规则。技术变革继续催生对受过良好教育的创造性劳动人才的需求，同时缩减中等技能性劳动的可获得性。人工智能作为机器智能，强调技术性和过程性能力。未来的重复性劳动、中等技能性劳动将越来越多地被智能技术及机器取代，而需要社交技能、创造性智慧或从事高质量个人服务的职业则很难被取代，未来的劳动者将越来越多地从事创造性劳动，打破简单性、重复性劳动的藩篱。因此，我国坚定实施科教兴国战略、人才强国战略、创新驱动发展战略，力图跻身创新型国家的前列，从"制造"大国向"智造"强国迈进。因此，创造性智慧是未来劳动者最理想的文化素养，劳动教育则需要培养富有创造性智慧的人才，以促进人的全面发展和社会全面进步。总之，劳动教育的深入革新和转型发展迫在眉睫。机器智能因其存在的局限性，始终无法完成创造性的劳动，故智能时代的劳动教育必须着眼于追求个体创造性智慧的发展。

一、智能时代劳动教育数字化转型的潜在风险

随着智能技术的不断发展与成熟，劳动教育的数字化转型呈现出日益美好的前景，人们正怀着欣喜的心情迎接智能时代所带来的"美丽新世界"。然而，在这种看似繁荣的表象之下，数据霸权的问题正悄然滋生，不断侵蚀着劳动教育的人文精神，潜藏着多重风险。

（一）技术至上消解劳动教育价值认同

在智能时代的大背景下，我们观察到"网络原住民"的文化生态现象，这一现象容易使学生过度依赖智能技术，进而可能导致劳动情意的淡化与人文精神的缺失。

首先，这种文化生态加快了劳动精神的边缘化趋势。智能工具在替代日常劳动的同时，也为学生提供了丰富的网络消遣方式。数字原住民，特别是新生代如"90后"或"00后"，成长于一个被数字技术包围的世界，其互动交流多依赖于信息技术。因此，在劳动教育数字化转型的过程中，学生往往更倾向于追求感官体验，偏好直观形象的图片、生动的线上虚拟情境体验和新型劳动知识，而忽视了文字、线下、传统的劳动教育内容。长此以往，信息流的强烈刺激和短视频的冲击可能使学生习惯于沉浸在虚拟世界，不自觉地失去独立思考和行动的能力。此外，数字技术背后的算法模式限制了知识信息的呈现，导致劳动知识的文化性逐渐减弱，学生接触的有意义世界也在逐步缩小。这种情况可能培养出机械化的思维，使学生丧失对知识背后智慧的感悟，从而导致部分学生陷入轻视劳动、娱乐至上的误区。

其次，劳动教育的内容在智能时代容易窄化为技能教学，忽视了劳动精神的培养。随着智能时代对新型劳动者数字素养要求的不断提高，劳动教育在数字化转型过程中可能出现教学内容窄化的趋势。在实施过程中，劳动教育往往过于注重劳动技能的训练，忽视了劳动价值的引导和人文关怀，导致只见技术不见精神。这种倾向可能使劳动教育被限制在人工智能技术所构建的"技术丛林"中，育人本质逐渐被知识逻辑压制甚至替代，从而偏离了推动人全面发展的正确轨道。要知道，劳动教育是一个综合性的过程，它旨在培养劳动精神、塑造价值观、激发情感并学习知识技能。然而，技术化倾向的劳动教育忽视了这些价值理性，使其退化为技能性教学，导致身体和心智的二元对立，偏离了劳动教育的育人本质。

因此，在智能时代，需要重新审视和调整劳动教育的内容和方式，以确保其能够全面培养学生的劳动精神、价值观、情感和技能，避免过度依赖智能技术所带来的负面影响。

（二）虚拟教学情境弱化劳动教育具身性

在人工智能时代，虚拟现实技术为学生创造了一个全新的智能虚拟仿真学习环境，特别是在操作性强的劳动领域，学生可通过高度可控的虚拟现实技术进行沉浸式体验，从而获取对劳动的全方位认识。

然而，随着虚拟现实技术带来的沉浸感不断提升，用户可能因此产生与真实世界的疏离感。换言之，当劳动教育越来越局限于智能设备所构建的虚拟空间时，学生的身心将逐渐与真实的劳动世界脱节。在这一过程中，身体的感知经验被不断符号化，导致身体伦理价值的缺失。

赵沁平教授指出："目前VR教学产品的设计尚未成熟，虚拟与现实之间的失切容易引发学习者的认知偏差甚至谬误。"[1]与此观点相契合，其他学者也认为，人工智能所营造的"具身"并非真实的血肉之躯，而是数字化的虚拟分身。这意味着在人工智能背景下，教育在某种程度上呈现出离身的特点。

由于人工智能缺乏情感因素，虚拟的劳动教育场景可能会加剧人的物化和工具化倾向，使人逐渐沦为数据和算法的附庸，从而割裂了身体的完整性。当学生无法全身心投入并深刻体验劳动的艰辛与幸福时，也就难以真正培养出实际的劳动能力。因此，真正的劳动教育不仅需要学生"活的身体"包括体、脑、手等的全面参与，还需要个体与劳动的物理环境、劳动资料、师生互动的情感环境以及劳动文化等多元因素的相互作用。

（三）劳动教育过程的伪个性化阻碍学生全面发展

智能技术在赋予学生个性化学习权利的同时，也带来了"赋魅"的影响，其中蕴含了学生成长的技术风险。

一方面，数字化转型中的劳动教育对学生的自主学习、反思学习和深度学习提出了严峻挑战。人工智能算法通过提供"量身定制"的私人化学习方案，虽然为学生带来了便利，但也容易使学生产生依赖心理，甚至被误导。需要警惕的是，人工智能技术并非完全可靠，过度依赖这种"直给式"的学习方式可能会使知识输入变得简单化和快餐化，从而引发意义学习的危机。

---

[1] 沈阳，逯行，曾海军. 虚拟现实：教育技术发展的新篇章——访中国工程院院士赵沁平教授[J]. 电化教育研究，2020，41（1）：5-9.

在智能技术广泛应用于劳动教育教学的背景下，许多原本需要学生主动搜寻的学习资源逐渐转变为被动接受的结果，这可能导致学生在不需要深入思考的情况下快速获取答案，长此以往，这种便利性可能会助长学生的惰性，不利于培养劳动习惯和劳动品质。

另一方面，技术在一定程度上拓展了教育客体的学习空间，但也可能造成伪个性化的信息茧房现象。智能技术下的个性化推荐往往会屏蔽与学生不匹配的内容，这种基于大数据算法的规模化"精准推送"到底是"真正的个性化服务"还是"伪装的标准化服务"，其有效性尚待商榷。

个性化的推送可能引发两类危机。首先，平台的"算法圈地"现象导致学习方案往往局限于用户的短期浏览喜好，而难以触及长远的情感价值，从而限制了学生的全面发展。其次，人工智能算法的个性化推荐也存在内容同质化的局限，这可能导致学生只能接触到与自己之前偏好内容类似的知识，从而窄化其思维范围。更为严重的是，被屏蔽掉的部分可能正是学生需要加强的内容，这进一步加剧了学生在"信息茧房"中的单向度发展。

因此，在利用智能技术推动学生个性化学习的同时需要保持理性、审慎的态度，充分认识到技术带来的风险和挑战，并积极探索有效的应对策略，以确保学生能够在健康的学习环境中全面发展。

（四）智能化手段导致师生互动不足，教师角色定位困难

人工智能技术凭借其卓越的数据处理能力和出色的逻辑分析能力，能够迅速、准确、有效地推送劳动教育内容，模拟生动直观的学习情境，并评估学习成效。这一优势不仅显著降低了教育教学的成本，而且在动作技能传授过程中有效避免了师生可能面临的安全风险。更为重要的是，它极大地提升了劳动教育教师的工作效率。已有研究证实，人工智能的协助使文科教师的作业批改时间缩短了50%至70%，从而使教师能够摆脱低附加值工作的束缚，转而专注于提升自身专业技能和关注学生个性化发展。

然而，必须清醒地认识到，正是人工智能技术的精准化和自动化特点，使其在部分基础教学活动中能够较好地替代传统教师角色，从而导致劳动教育中人与人之间的互动逐渐转变为人与机器之间的互动。然而，人工智能与人类大脑存在本质差异，它缺乏人类的情感。随着人机交互频率的增加和师

生间深层次情感交流的减少，学生所接受的劳动教育往往变得机械化和程式化，师生间的人际关系也逐渐被人机关系替代。

因此，在劳动教育数字化转型的大背景下，教师亟需重新审视并定义自身的社会角色。如何正确处理人类主体与机器主体在教学中的协同关系，已成为数字化转型过程中亟待解决的全新实践课题。此外，随着智能化的不断发展，劳动教育教师可能会不自觉地将教育权利让渡给智能教育助理，从而导致教师的价值被边缘化，逐渐丧失在劳动教育中的主导地位。例如，在劳动教育教学中，许多学生可能更倾向于通过线上平台搜索优秀名家的讲解视频，而非接受劳动教育教师的现场示范指导。这种现象意味着原本属于劳动教育教师的专属工作正在逐渐被在线平台教师取代。

有学者指出，人工智能已经重新定义了知识的创造方式，教师不再是知识的唯一来源。这种观点得到了部分研究者的认同，反映出传统劳动教育教师角色的弱化已成为一种不可逆转的趋势。

二、智能时代劳动教育数字化转型的突破路径

在劳动教育数字化转型的进程中，必须正视可能涌现的一系列风险，并予以高度重视。为此，需要深刻认识劳动教育的本体论意义，并从以下四个关键环节着手进行风险防范与化解：一是坚持马克思主义劳动观，确保劳动教育的正确方向；二是聚焦虚实融合，推动劳动教育的创新发展；三是构建数智化伦理规范，确保劳动教育的健康发展；四是培育劳动教育教师的智能素养，提升劳动教育的质量与水平。

（一）坚持马克思主义劳动观，聚焦劳动教育的育人属性

鉴于数字技术的深入渗透，部分学生产生了"劳动精神在智能时代已失去价值"的误解，同时脑力劳动与体力劳动、消费性劳动与生产性劳动等概念之间的界限也变得愈发模糊，这不可避免地影响了学生对劳动教育本质的正确理解。因此，在推进劳动教育的过程中必须更加明确地回答"教什么、怎么教"的问题，始终坚守劳动育人的初心。

一方面，坚定秉持马克思主义劳动观，凸显劳动教育的育人导向。正如

马克思所言："劳动创造了人本身"，[①]劳动是马克思主义劳动观的逻辑起点，也是人类生存与发展的基石。劳动不仅塑造了人的本质，更是人类历史上的第一个实践活动。因此，在数字化转型的时代背景下，劳动教育仍应以此为指引，通过引导学生领悟劳动的意义与价值，激发其内在动力，培养热爱劳动的正确价值观念。为此，必须打破物质至上、工具至上等狭隘观念的束缚，将劳动教育与单纯的技能训练相区分，坚持马克思主义劳动观，以培育学生正确的劳动价值观为核心目标，通过劳动教育唤醒学生求真、向善、尚美的内在力量。

另一方面，加强劳动教育内容形态的创新。智能时代的来临增强了知识的开放性和流动性，如何有效运用和创造知识成为当前教育面临的重要课题。吉尔伯特指出，知识的价值不在于其本身的认知，而在于如何运用和发挥其作用。[②]在智能技术的推动下，知识载体发生了深刻变革，知识学习已不再是教育的唯一追求，而是更加注重培养学生适应未来社会的素养和能力。因此，劳动教育在数字化转型过程中应加强与数字生活的联系，反映数字社会的真实面貌，帮助学生建立与数字世界的紧密联系。具体而言，劳动教育应以培育学生的创造性能力为基础，注重新知识、新技术、新工艺和新方法的应用。同时，结合真实的智能劳动情境，引导学生探索智能劳动工具与劳动对象之间的新联系，学会利用智能技术工具提升个人能力，提高人工智能商数（AIQ），培养具备智能技术运用能力、交互思维和综合能力的复合型人才。

（二）立足虚实融合，促进劳动教育的数字化转型

虚拟技术、增强现实及混合现实等智能技术，为学生构建了一个数字化、高体验的智慧学习环境，使他们在自由开放的情境中得以深入体验劳动的乐趣。然而，当前虚拟仿真技术主要聚焦于模拟特定物理劳动环境，尚未全面展现劳动实践的复杂多样性，尤其是缺乏对真实劳动中所需情绪情感等人文要素的精准呈现，从而影响了其育人价值的充分发挥。

劳动教育作为身心并重的教育形式，始终强调身心一体、心智统一的理

[①] 恩格斯. 自然辩证法[M]. 中共中央马克思恩格斯列宁斯大林著作编译局, 译. 北京：人民出版社, 2018：303.

[②] 顾小清, 郝祥军. 从人工智能重塑的知识观看未来教育[J]. 教育研究, 2022, 43（9）：138-149.

念。真正的劳动教育应当是一种身体在场的教育体验，即实现从身体到心理、从大脑到劳动情境的深度融合。

在数字化转型的背景下，劳动教育应贯彻虚实融合的原则，构建"上下并连"的混合式教育模式。具体而言，混合式劳动教育强调线上与线下的有机结合，校内与校外的相互融通。课前，学生可通过线上平台共享劳动资源，进行个性化自主学习；课中，教师在线下环境中引导学生进行协作性劳动实践；课后，则通过线上学习与线下实操的有效衔接，促进劳动课程的持续发展与优化。

学校在利用线上资源帮助学生掌握基本劳动知识的基础上，应充分利用企业实训基地、非遗传承基地等资源，让学生亲身参与完整的劳动过程。通过亲身体验劳动的艰辛与乐趣，学生不仅能够习得相关技能，更能磨炼意志品质，深化对劳动的情感认同。正如海德格尔所言，技艺与劳动的价值并不在于简单的制作与操作，也不仅仅在于工具的使用，而是在于通过劳动与工具的运用，去生成对人与自然关系的深刻理解，进而自觉规划未来的职业道路，迈向更加自由全面的发展境界。

（三）完善数智化伦理规范，赋能学生驭技成人

为有效应对劳动教育在数字化转型过程中可能产生的伪个性化风险，我们必须致力于数智化伦理规范的进一步完善，从而有效赋能学生驭技成人。

一方面，需强化人本价值为导向的数据伦理规范。近年来我国在人工智能领域的法律研究与道德规范方面取得了显著进展，而且这一领域仍处在不断完善的过程中。因此，当前要全面规范劳动教育的数字化环境建设，制定并发布人工智能教学伦理规范指南，明确人机协同教学中的教学伦理原则，确保人工智能技术在劳动教育教学中的合法性与道德性。此外，我们应积极开展与人工智能相关的伦理教育，引导学生正确认识并妥善处理人类与人工智能的交互关系，防止在智能技术使用过程中对他人造成潜在伤害。同时，我们还应积极探索建立劳动教育人机协同教学中的准入机制、风险监督和评估机制。这要求研发团队深入理解教育的基本规律，坚守促进人的全面发展的理念，将更多教育概念融入算法框架中，从源头上避免在劳动教育场景设计开发过程中引入算法偏见。我们还应加强对相关智能产品的评估与检测，

确保在产品发布前进行多轮严格的审查和试验，对已发现的歧视或偏见问题及时予以纠正，以减轻人工智能教育层面可能引发的焦虑。此外，为确保各方主体的行为规范，我们还需出台并完善相应的法律条款与问责机制，为开发者、使用者、受用者等提供明确的行动指引。

另一方面，应创新教育范式，以增强学生的自适应学习能力。在育人理念上，应树立科学的人工智能应用观，注重培养学生的反思意识与批判精神。人工智能技术是人类智慧的结晶，但它本身并不具备主观意志和批判性思维，更无法与人类进行深度的情感交流。因此，无论是教师还是学生，都应保持自己的主观判断能力，通过人为认知和专业分析来监控因"算法失误"可能导致的信息误判，从而精准防范数字化转型过程中可能出现的风险。例如，在面对智能教学平台提供的海量劳动教育教学资源或智能教学系统自动生成的劳动教育分析报告时，教师应积极引导学生对这些系统提供的学习方案与评价进行反思，结合个人学习情况审视方案的合理性，提升他们的自主学习评价能力，避免盲目遵从和被动执行。同时，学生自身也应积极转变学习思维方式，强化自主反思能力，主动适应虚拟劳动教育实践等新型教学模式。在教学组织上，教师应摒弃传统的规模化集体学习方式，转而以问题为导向，组织丰富多样的弹性劳动或个体化劳动，引导学生实现从被动知识接受者向人机协同下的知识创造者的转变。在教学内容上，应更加注重学生情感与社会能力方面的培养，在体力劳动的基础上，进一步强化志愿劳动、社会性劳动、情感劳动等内容的教授，以促进学生的全面发展。

（四）提升劳动教育教师智能素养，探索人机协同新模式

一方面，教师作为劳动教育数字化转型的核心力量，其智能素养的提升对于防范风险具有至关重要的作用。具体而言，从学校层面出发，应提高劳动教育教师的入职门槛，将智能技术应用水平纳入招聘和考核的关键环节。同时，强化教师的信息化技能，将智能技术与教学的融合创新作为学校教研的核心内容。此外，可开设教师智能素养提升培训班，邀请专家进行专业指导，促进教师间的经验交流，并鼓励教师赴海外学习先进经验。从教师个人层面而言，应克服对技术应用的畏惧心理，积极利用人工智能技术如智能课程设计、智能教学平台等融入日常教学场景，不断提升自身的信息化素养和

智能化教学设计能力，以适应新型智慧教师的角色定位。

另一方面，科技的根本目的在于服务人类，未来教育将步入人机共教的新时代。因此，建立以人为核心、以机器为辅助的双向协同机制，是优化师生互动、降低风险的有效途径。在探索人机协同教学模式的过程中，应明确人与智能技术在教学中的角色定位，认识到即便技术再先进，也无法替代人类在情感和智慧方面的独特贡献。同时，应积极推动教师角色的转变，重视构建师生情感互动关系。在人工智能时代，劳动知识的获取途径愈发多元，劳动教育教师需从知识的传授者转变为知识线索的提供者，通过加强师生情感互动和生生交流，让学生在虚拟教学空间中也能获得充分的情感体验，从而更好地理解劳动的价值和意义。

后记

随着这部关于高校劳动教育的著作缓缓落笔,我的内心充满了复杂的情感。这不仅是一次知识的累积与总结,更是一次对高校劳动教育深层意义的思考与领悟。

在深入探索高校劳动教育理论与实践的过程中,我越发感受到其对人才培养的深远影响。劳动教育作为连接知识与实践的桥梁,它不仅是传授技能的过程,更是塑造学生品格、锤炼意志、培养创新精神的重要途径。它鼓励学生将课堂所学应用到实践中去,让学生在亲身实践中体会劳动的价值,领悟劳动精神。

然而,当我更加深入地审视当前高校劳动教育的现状时,也发现了一些令人担忧的问题。一方面,部分高校对劳动教育的重视程度不够,往往将其视为一种附加的、次要的课程,缺乏系统的规划和实施。另一方面,部分学生对于劳动教育的认知存在偏差,将其视为一种负担,缺乏积极性和主动性。这些问题的存在无疑制约了高校劳动教育的发展,也影响了教育效果。

在本书中,我尝试从多个角度对高校劳动教育进行剖析,并提出了相应的解决策略和建议。我认为,高校应该充分认识到劳动教育的重要性,将其纳入整体教育体系中,进行系统的规划和实施。同时,应该加强对学生劳动观念的培养,让学生明白劳动的价值和意义,激发他们的积极性和主动性。此外,高校还应该积极探索劳动教育的新模式、新方法,将现代科技手段引入劳动教育中来,提高教育效果。

然而,这仅仅是理论层面的探讨。在实际操作中,高校劳动教育的实施还面临着诸多挑战和困难。如何协调劳动教育与其他课程的关系?如何确保劳动教育的质量和效果?如何激发学生的参与热情?这些问题都需要我们进行深入的思考和实践。

在这个过程中，我深感自己还有很多需要学习和提高的地方。劳动教育是一个复杂而又庞大的体系，涉及众多领域和学科。我需要不断更新自己的知识和观念，学习新的教育理念和方法，以更好地适应时代的要求。同时，我也需要加强与同行的交流与合作，共同推动高校劳动教育事业的发展。

然而，我也深知自己的研究还有许多不足之处。劳动教育涉及众多领域和学科，我只能选择一些关键点进行深入探讨，无法做到面面俱到。此外，随着时代的不断发展，新的教育理念、方法和技术不断涌现，我也需要不断更新自己的知识和观念。

在此，我要特别感谢那些在我写作过程中给予我帮助和支持的人。感谢我的家人、朋友和同事们，他们在我写作遇到困难时给予我鼓励和支持；感谢各位专家学者在学术上给予我指导和帮助，他们的建议和意见让我的研究更加深入和全面；感谢出版社的编辑和工作人员，他们的辛勤付出使本书能够顺利出版。

展望未来，我坚信高校劳动教育将会迎来更加广阔的发展前景。随着社会对人才素质要求的不断提高，劳动教育在促进人全面发展方面的作用将会更加凸显。我期待看到更多的学者和教育工作者能够加入高校劳动教育的研究和实践中来，共同探索新的教育模式和方法，为我国的教育事业贡献自己的力量。同时，我也希望高校能够真正重视劳动教育，将其视为一种重要的教育方式，为学生的全面发展提供有力的支持。

本著作系陕西师范大学教师发展学院/陕西教师发展研究院2022年度研究生创新基金资助项目重点课题"高校劳动教育课程实施保障机制研究"（2022YJBZD001）、陕西师范大学2023年研究生领航人才培养项目"数智时代高校劳动教育课程体系建设研究"（LHRCTS23113）、2023年度海南省高校思想政治理论课教学方法改革择优推广项目的阶段性研究成果。本书的出版经费得到了上述科研项目的资助，在此表示感谢。本书由郑伟民和吴海翠共同完成，全书约24.2万字，其中，郑伟民约14万字，吴海翠约10.2万字。

参考文献

[1]马斯洛.动机与人格[M].许金声等,译.北京:中国人民大学出版社,2012.

[2]陈春莲.杜威道德教育思想研究[M].北京:中国社会科学出版社,2017.

[3]陈庭伟,张桦,葛寄海.周恩来教育思想[M].南京:江苏教育出版社,1998.

[4]戴本博.外国教育史(中)[M].北京:人民出版社,2001.

[5]顾明远等.教育大辞典[M].上海:上海教育出版社,1998.

[6]何卫华,林峰.大学生劳动教育理论与实践教程[M].厦门:厦门大学出版社,2019.

[7]金炳华.哲学大辞典(修订本)[M].上海:上海辞书出版社,2001.

[8]李珂.嬗变与审视:劳动教育的历史逻辑与现实重构[M].北京:社会科学文献出版社,2019.

[9]林崇德,杨治良,黄希庭.心理学大辞典[M].上海:上海教育出版社,2003.

[10]林钧敬.知识创业:大学生创业指南[M].北京:高等教育出版社,2001.

[11]刘向兵.劳动通论[M].北京:高等教育出版社,2020.

[12]刘向兵等.新时代高校劳动教育论纲[M].北京:社会科学文献出版社,2019.

[13]商务国际辞书编辑部.现代汉语词典(双色本)[M].北京:商务印书馆国际有限公司,2019.

[14]苏霍姆林斯基.帕夫雷什中学[M].赵玮等,译.北京:教育科学出版社,1998.

[15]习近平.关于《中共中央关于制定国民经济和社会发展第十四个五年规划和二〇三五年远景目标的建议》的说明[N].人民日报，2020-11-04（2）.

[16]习近平.坚持中国特色社会主义教育发展道路，培养德智体美劳全面发展的社会主义建设者和接班人[N].人民日报，2018-09-10（9）.

[17]习近平.习近平谈治国理政.第一卷[M].北京：外文出版社，2018.

[18]习近平.在2018年春节团拜会上的讲话[N].人民日报，2018-02-15（2）.

[19]习近平.在北京大学师生座谈会上的讲话[N].人民日报，2018-05-03（2）.

[20]习近平.在纪念"五四运动"100周年大会上的讲话[N].人民日报，2019-14-30（1）.

[21]习近平.在全国劳动模范和先进工作者表彰大会上的讲话[N].人民日报，2020-11-25（2）.

[22]习近平.在知识分子、劳动模范、青年代表座谈会上的讲话[N].人民日报，2016-04-30（2）.

[23]弗里德里希·席勒.审美教育书简[M].冯至等，译.北京：北京大学出版社，1985.

[24]许慎，徐铉.说文解字[M].北京：中华书局，2013.

[25]宇中.行为的原理[M].上海：同济大学出版社，2019.

[26]袁国，徐颖，张功.新时代劳动教育教程[M].北京：航空工业出版社，2020.

[27]张国启.秩序理性与自由个性：现代文明修身的话语体系与实践机制研究[M].北京：人民出版社，2010.

[28]赵荣辉.劳动教育及其合理性研究[M].北京：中央民族大学出版社，2012.

[29]中国社会科学院语言研究所词典编辑室编.现代汉语词典[M].北京：商务印书馆，2015.

[30]陈雅倩.新时代大学生劳动教育的实现路径研究[D].上海：华东师范大学，2022.

[31]路晓芳.大学生工匠精神及培养研究[D].沈阳：辽宁大学，2021.

[32]任新洋.大学生劳动教育基本功能及实现路径研究[D].石家庄：河北师范大学，2022.

[33]申佩辰.新时代劳动教育课程设置的策略研究[D].杭州：杭州电子科技大学，2022.

[34]余苗."00后"大学生劳动意识及其培养研究[D].南京：南京信息工程大学，2022.

[35]钟小连.新时代高校劳动教育课程建设研究[D].南宁：广西民族大学，2022.

[36]高远，吕甜甜.新时代工匠精神与大学生专业素养培育融通机制探析[J].江苏高教，2021（4）：98‑101.

[37]胡杨，王滨.新时代劳动观教育：价值指向、认识基础与逻辑理路[J].沈阳大学学报（社会科学版），2019（4）：70-73+84.

[38]贾鲁音.加强劳动观教育，促进大学生就业[J].科学理论，2012（8）：171-172.

[39]李净，谢霄男.新时代大学生工匠精神的基本内涵、构成要素与培养路径[J].学术探索，2020（5）：138‑140.

[40]刘建军.伟大奋斗精神：科学内涵、社会价值与人生启示[J].中共杭州市委党校学报，2019（2）：11-12.

[41]彭兆荣.论"大国工匠"与"工匠精神"——基于中国传统"考工记"之形制[J].民族艺术，2017（1）：18—25.

[42]文新华.论劳动、劳动素质与劳动教育[J].教育研究，1995（05）：9-15.

[43]习近平.在庆祝中国共产主义青年团成立100周年大会上的讲话[J].中国共青团，2022（10）：1-5.

[44]周利平.新中国成立70年来青年劳动价值观的嬗变[J].湖南第一师范学院学报，2019（4）：16-19.

[45]黄玥，高蕾，范思翔.新华网."文明其精神，野蛮其体魄"——习近平同少年儿童的故事[EB/OL]. http://cn.chinadaily.com.cn/a/202106/01/WS60b57ec3a3101e7ce9752a96.html